O Código da Cura

Dr. Alexander Loyd, Ph.D.
com Dr. Ben Johnson,
colaborador de *O Segredo*

O Código da Cura

A solução para os seus problemas de saúde, profissionais e amorosos em apenas 6 minutos

Prólogo
Jordan Rubin

Tradução
Maria Clara De Biase W. Fernandes

5ª edição

RIO DE JANEIRO | 2024

CIP-BRASIL. CATALOGAÇÃO-NA-FONTE
SINDICATO NACIONAL DOS EDITORES DE LIVROS, RJ

Loyd, Alex

L957c   O código da cura / Alex Loyd e Ben Johnson; tradução: Maria Clara De
5ª ed.   Biase W. Fernandes. – 5ª ed. – Rio de Janeiro: Best*Seller*, 2024.

Tradução de: *The healing code*
ISBN 978-85-7684-558-4

1. Corpo e mente. 2. Cura pela mente. 3. Cura – Aspectos psicológicos. 4. Psicofisiologia. 5. Psicoterapia. I. Johnson, Ben. II. Título.

12-4267   CDD: 158.1
                                                                 CDU: 159.947

Texto revisado segundo o Acordo Ortográfico da Língua Portuguesa de 1990.

Título original norte-americano
THE HEALING CODE
Copyright © 2010 by Alexander Loyd.
Copyright da tradução © 2012 by Editora Best Seller Ltda.

Publicado mediante acordo com Grand Central Publishing, New York, Ny, USA.

Capa: Sense Design
Editoração eletrônica: Abreu's System

Todo o conteúdo deste livro se baseia em pesquisas conduzidas pelos autores, salvo indicação em contrário. O editor, os autores, os distribuidores e as livrarias apresentam as informações apenas para fins instrutivos. O objetivo
não é diagnosticar ou fazer prescrições para estados clínicos, quiropráticos ou psicológicos. Nem tampouco preve-
nir, tratar, aliviar ou curar esses estados. Também não é a intenção recomendar informações específicas, produtos
ou serviços para tratamento de doenças, diagnóstico, cuidados, reabilitação de indivíduos, ou aplicar princípios
médicos, de saúde mental ou desenvolvimento humano para diagnosticar, tratar, operar ou fazer prescrições para
nenhuma doença, dor, lesão, deformidade ou condição física humana. As informações aqui contidas não substituem
o relacionamento pessoal com um médico ou profissional de saúde qualificado. Portanto, o leitor deve estar consciente de que não são conselhos médicos, mas um compartilhamento do conhecimento, das informações da pesquisa e da experiência dos autores. Os depoimentos representam uma amostra representativa do conjunto de resultados que parecem ser típicos de tais informações, produtos ou serviços. Os resultados podem variar dependendo do
uso e do comprometimento. Essas informações têm em vista apenas objetivos de associação expressivos. O editor e
os autores incentivam o leitor a tomar suas decisões relativas à saúde baseado em sua própria pesquisa e em parce-
ria com um profissional de saúde qualificado. Você será o único responsável se decidir fazer algo baseado no que ler.

Direitos exclusivos de publicação em língua portuguesa para o Brasil
adquiridos pela
Editora Best Seller Ltda.
Rua Argentina, 171, parte, São Cristóvão
Rio de Janeiro, RJ – 20921-380
que se reserva a propriedade literária desta tradução

Impresso no Brasil

ISBN 978-85-7684-558-4

Seja um leitor preferencial Record.
Cadastre-se e receba informações sobre nossos lançamentos e nossas promoções.

Atendimento e venda direta ao leitor:
sac@record.com.br

Este livro é dedicado a você, leitor.
Espero e rezo para que seja o fim
de sua busca ou o começo da solução, como foi
para minha mulher, Hope (Tracey), para mim e tantos outros.
Que Deus possa guiar e guardar seu coração, como fez com o nosso.
— Dr. Alexander Loyd

SUMÁRIO

PARTE UM
Os Sete Segredos da vida, saúde e prosperidade

PARTE DOIS

**Soluções para praticamente todos os problemas de saúde,
profissionais e amorosos**

INDO MAIS FUNDO...

AGRADECIMENTOS

Este livro jamais teria existido sem algumas pessoas, às quais sou muito grato.

Ben Johnson, por se juntar a mim como amigo e irmão nessa missão. Tom e Mary Ann Costello, pelo espírito maravilhoso e por me apoiarem nos últimos sete anos. Ken Johnston, pela integridade e pulso firme. Lorrie Rivers, por me ajudar a começar, e por todas as risadas. Judith White, por lidar com os detalhes com tanto amor e generosidade ao longo dos anos. Diane Eble, por me ajudar a terminar — e por muito mais.

Meu mentor, Larry Napier, por seu carinho e por me colocar no caminho do coração.

Agradeço muito à minha mulher, Hope (Tracey) e meus filhos por suportarem todas as anotações feitas em momentos bizarros. A Deus, por algo sobre o que escrever — eu sou seu!

Tudo neste livro que é bom e verdadeiro foi um presente de Deus. Eu lhe dou a honra e o crédito, e ofereço isso a você com grande alegria. Tudo nestas páginas que não é bom e verdadeiro é meu, e de antemão peço tolerância e desculpas. Este livro, como a empresa The Healing Codes® [Os Códigos da Cura], é um chamado, não um negócio. Estamos em uma missão para mudar o foco do mundo para as questões do coração, uma pessoa de cada vez. Essa é a fonte de seus problemas, e também a solução. Esse chamado começou com o amor da minha vida, minha mulher há 23 anos — Hope. Continua com meus filhos, Harry e George, que me ensinaram muito mais sobre o amor e a verdade do que jamais lhes ensinarei. Amarei vocês para sempre!

— Alexander Loyd

Quero agradecer ao Dr. Alex Loyd por sua perseverança ao transmitir esse conhecimento que muda vidas para pessoas que sofrem (todos nós). O período de incubação foi longo e o processo de entrega, difícil, mas superar e triunfar são conquistas gloriosas. Este livro é sobre mudar a vida em um nível primário — não trabalhando ou se esforçando mais, mas compreendendo e aplicando a física simples ao corpo para lhe permitir se curar. O corpo é dotado desse poder. O Código da Cura é a ferramenta que liberta o remédio para que o corpo possa fazer seu trabalho. É extremamente simples — como todas as grandes descobertas. Alex, sou muito grato a você pela descoberta que salvou minha vida.

— Ben Johnson

PREFÁCIO

Jordan Rubin

O Código da Cura desenvolvido pelo Dr. Alex Loyd é uma revelação para todos aqueles que buscam desesperadamente respostas para os desafios que enfrentam na vida diária.

Durante minha luta de dois anos com várias doenças incuráveis, fui a setenta especialistas em medicina convencional e alternativa. Após vencer minhas próprias doenças com uma fé ativa em Deus e seguindo os mestres em medicina natural, saí em uma missão para transformar a saúde de minha nação e do mundo, uma vida de cada vez. Em minha tentativa de descobrir as chaves básicas para liberar o potencial de saúde do corpo, da alma e do espírito, avaliei centenas de modalidades de cura, a maioria das quais, na melhor das hipóteses, com resultados confusos.

Fui apresentado aos Códigos da Cura por um amigo, e tenho de admitir que a princípio fiquei um pouco cético. Quando ouvi e li os depoimentos surpreendentes de mudanças de vida e soube que o sistema de Códigos da Cura foi descoberto após 12 anos de oração, está totalmente em harmonia com a Bíblia e se baseia na ciência, quis aprender mais. Logo depois, tive a oportunidade de passar um tempo com o Dr. Alex Loyd. Se eu tinha quaisquer dúvidas, foram dirimidas: Alex é a prova viva do sistema que desenvolveu.

Não só Alex facilitou a melhora da saúde física e emocional de sua própria família, como sua compaixão pelos necessitados e disposição de ajudar os outros a todo custo o tornam diferente de todas as pessoas que conheci. Ele é um dos homens mais contentes, generosos e pacíficos que já encontrei. Tenho visto Alex Loyd e os Códigos da Cura melhorarem muito a saúde de amigos e parentes, produzindo resultados físicos, espirituais, mentais e emocionais concretos.

Contudo, somente ao lidar com uma grande crise pessoal percebi o verdadeiro poder dos Códigos da Cura. Ao enfrentar o que pareciam ser obstáculos insuperáveis, trabalhei com Alex diariamente por um período de quarenta dias e usei diligentemente os Códigos para resolver e curar os problemas do meu coração, muitos dos quais eu nem sabia que existiam. Durante esse processo, consegui, quase sem esforço, pôr fim a experiências passadas e realmente perdoar aqueles que me magoaram ao longo dos anos e, mais importante ainda, buscar o perdão daqueles que magoei. Experimentei ainda outro milagre de Deus em meu corpo, minha alma e meu espírito, e sou muito grato ao Dr. Alex Loyd e aos Códigos da Cura.

Este livro se baseia nesse sistema e lhe fornece a essência do que o faz funcionar. *O código da cura* é muito mais do que apenas um livro. Agora você tem em suas mãos as chaves para descobrir o potencial de saúde que lhe foi dado por Deus.

Se você utilizar as ferramentas de *O Código da Cura*, poderá alcançar o verdadeiro perdão, banir crenças erradas e resolver os problemas de seu coração que causam estresse, fracasso e até mesmo doenças físicas em sua vida. Porém, por mais que os princípios do Código da Cura sejam poderosos, não podem funcionar sozinhos. Você deve praticar conscientemente as técnicas e usar as ferramentas, como o Descobridor de Questões do Coração. Recomendo firmemente que dedique tempo a desenvolver seu programa de Código da Cura personalizado usando as ferramentas nos Capítulos 11 e 12. Você ficará surpreso com a técnica rápida e eficaz de Impacto Instantâneo de dez segundos para acabar com o estresse e as emoções negativas, e aumentar a energia diária. Mas isso só lhe fará bem se o utilizar quando precisar!

Atualmente, nos Estados Unidos, ouvimos falar muito em reforma da saúde. Se você usar as ferramentas poderosas disponíveis em *O Có-*

digo da Cura, verá sua saúde e sua vida se transformarem de dentro para fora.

Beneficiei-me muito com a revelação e a sabedoria do Dr. Alex Loyd. Agora é a sua vez de começar sua própria jornada para uma saúde extraordinária com *O Código da Cura*.

Dr. Jordan S. Rubin

Autor de mais de vinte livros sobre saúde e bem-estar na lista de best-sellers do *New York Times*

Apresentador do programa de televisão *Extraordinary Health*

Fundador e CEO da Garden of Life

PREFÁCIO

A descoberta que mudou tudo

O que você mais deseja na vida? Relacionamentos amorosos? Resolver um problema de saúde? Paz? Sucesso em uma área em que sempre se sentiu mais capaz do que seus resultados indicam? Satisfação que poderia ser medida de mil modos diferentes? Como conseguir aquilo que lhe tira o sono ou faz seu coração bater mais rápido?

O que eu (Alex)* quero partilhar com você é um modo de conseguir essas coisas, que me foi fornecido em 2001 como um presente de Deus.

Veja bem, em 2001 era eu quem queria tudo isso. A história dos 12 anos anteriores de minha vida fora de tristeza, depressão, frustração, objetivos não atingidos e desamparo — desamparo em uma situação que trouxe sofrimento e agonia não só para mim como também para minha família nesses longos anos. Sempre que parecia que as coisas iam melhorar um pouco, voltavam a resultar no desespero que caracterizara nossa vida juntos.

Qual era o problema? Tracey e eu dissemos "sim" em 1986, acreditando que seríamos "felizes para sempre". Seis meses depois, Tracey chorava à toa, comia uma quantidade excessiva de biscoitos de chocolate e frequentemente se trancava no quarto. Fiquei muito preocupado — apesar de a convivência comigo provavelmente causar essa rea-

---

* Salvo indicação em contrário, quando a primeira pessoa é usada, refere-se a Alex Loyd.

ção em qualquer pessoa no planeta. Nada disso tinha lhe acontecido antes, e Tracey não parecia saber por que estava tão triste, além do fato de estar casada comigo, é claro. Logo descobrimos que ela estava clinicamente deprimida e provavelmente estivera durante a maior parte de sua vida. Na verdade, a depressão e a ansiedade passavam por sua família como um cortador de grama. Vários de seus parentes tinham se suicidado nos últimos trinta anos.

DESESPERADO POR AJUDA

Tentamos de tudo: aconselhamento, terapia, vitaminas, minerais, ervas, orações, técnicas alternativas para alívio emocional... tudo! Naqueles 12 anos de busca, Tracey leu um monte de livros de psicologia, autoajuda e espirituais. Não sei quanto dinheiro gastamos — na última vez em que fizemos as contas, tinham sido mais de 10 mil dólares. Algumas das coisas que experimentamos são práticas maravilhosas que ainda seguimos e ajudaram, mas Tracey ainda estava deprimida.

Achamos que antidepressivos seriam a resposta. Lembro-me muito bem de ser acordado no meio da noite por Tracey gritando. Acendi a luz e fiquei horrorizado ao vê-la sentada ensanguentada. Havia sangue em sua camisola, nos lençóis e ao seu redor. Ela gritava e chorava ao mesmo tempo. Peguei o telefone para discar para o serviço de emergência, achando que Tracey estava tendo uma hemorragia interna. Perguntei-me se ela sobreviveria e como eu poderia criar nosso filho de 6 anos sozinho. Estava pensando nisso quando percebi o que acontecera — Tracey havia arranhado as pernas com as unhas enquanto dormia até que arrancou tanta pele que o sangue escorreu para os lençóis. Os antidepressivos tinham muitos outros efeitos colaterais, mas esse foi o pior.

Os próprios sintomas da depressão eram muito piores. Certa vez, Tracey fez um teste na parte de trás de um livro que estava lendo e o resultado foi depressão severa. Comecei a examinar o teste para ver como ela tinha respondido às perguntas e fiquei chocado ao constatar que respondera "sim" a uma pergunta sobre se, quase todos os dias, tinha vontade de morrer. Ela me disse que era muito jovem para se suicidar, mas que muitas vezes pensava em como seria bom apenas sair da estrada, bater em uma barragem de concreto e acabar com todo aquele sofrimento.

A depressão teve um efeito negativo em todos os aspectos de nossa vida e família. Muitas vezes nos estressamos ao ponto de nos separar. Após três anos de casamento, nós dois queríamos terminar. A única coisa que nos impediu de fazer isso foi a crença em que Deus tinha algo melhor em mente. Tracey e eu renovamos nosso compromisso e nossos votos de realmente ficar juntos "na saúde e na doença".

A única coisa que nunca perdi foi a esperança, e foi isso que me fez continuar a lutar e buscar modos de ajudá-la. Realizei minha busca através de dois programas de doutorado, inúmeros seminários e workshops, e dúzias e mais dúzias de livros sobre como resolver o problema. Nada disso produziu as respostas que eu procurava. Lições aprendidas? Sem dúvida. Mais maturidade? Pode apostar que sim. Uma crença em que encontraria a resposta? Sempre.

E então aquilo aconteceu. Aconteceu durante um período de três horas. Foi como se eu fosse a única pessoa na Terra, embora houvesse gente ao meu redor...

O PLANO PARA A CURA

Eu tinha ido a Los Angeles para um seminário sobre métodos de psicologia alternativos e estava no aeroporto esperando para entrar no avião que me levaria para casa. Meu celular tocou, e quando o atendi ouvi a palavra "alô". Assim que a ouvi, senti arrepios em todo o meu corpo. Tracey estava muito deprimida. Chorava e dizia que nosso filho, Harry (que tinha 6 anos na época), não entendia que ela estivesse tão doente. Se eu estivesse em casa, poderia ter acabado com seus sintomas com algumas técnicas que conhecia. Mas não podia ajudá-la a 5 mil quilômetros de distância. Falei e rezei com ela até que a aeromoça me fez desligar o telefone. Então comecei a fazer o que fizera, todos os dias, nos últimos 12 anos: rezar por Tracey.

O que aconteceu depois é o motivo de eu escrever este livro. O melhor modo como posso descrevê-lo é: Deus fez o download para minha mente e meu coração do que agora chamamos de The Healing Codes®.

Não me entenda mal... não vi anjos do lado de fora da janela do avião nem rolos de nuvens e névoa passando pela fuselagem. Não ouvi nenhuma música celestial. Mas o que experimentei foi tão diferente de tudo que já sentira que soube que era uma resposta para aqueles 12 anos de orações diárias. Vi a resposta com o olho da minha mente como vi muitas outras ideias antes, no entanto, não era a mesma coisa. Se você já pensou algo e disse: "Esta é uma ótima ideia!", sabe do que estou falando. Só que foi como se uma ótima ideia de *outra pessoa* tivesse sido posta na minha cabeça. Como se eu estivesse assistindo àquilo pela TV. Estava na minha mente, mas não era *meu*. Eu estava "lendo" um plano de um sistema de cura do qual nunca tinha escutado falar. A revelação foi de um mecanismo físico no corpo que curaria um problema espiritual — crenças erradas. Foi-me mostrado um sistema que explicava como neutralizar a verdadeira fonte de todos os problemas da vida fazendo exercícios simples que envolviam o uso das mãos. Então... comecei a anotar, continuei anotando e anotei um pouco mais. Escrevi até minha mão ficar dormente e literalmente disse em voz alta (lembro-me disso porque olhei ao redor, constrangido com a possibilidade de alguém ter me ouvido): "Deus, o Senhor terá de ir mais devagar ou me lembrar disso depois; não consigo escrever tão rápido!"

Quando voltei para casa, seguir esse plano fornecido por Deus acabou com o problema que dominou minha vida durante mais de uma década. Em 45 minutos, a depressão clínica de minha mulher desapareceu. Estou escrevendo isto mais de oito anos depois, e Tracey não voltou a tomar nenhuma medicação e se sente ótima todos os dias. Sim, a depressão voltou após aqueles 45 minutos iniciais, mas depois de três semanas usando os Códigos da Cura diariamente, desapareceu para sempre. Depois de nossos anos de dolorosa busca por algo — qualquer coisa — que trouxesse normalidade e paz para nossa vida, não encontro palavras para descrever a alegria e a satisfação que isso proporciona a mim, minha mulher e meus filhos (agora temos dois). De fato, em 2006 Tracey mudou legalmente seu nome para Hope. Após todos aqueles anos de depressão em que se sentiu desesperançada, ela não se sentia mais a mesma pessoa. Agora era Hope.

Depois daquela noite decisiva em que descobri o que mais tarde chamamos de Códigos da Cura, eu estava muito animado na manhã da segunda-feira seguinte, quando fui para minha clínica particular com planos para integrar esse novo protocolo ao trabalho com dúzias de pessoas que poderiam descrever a vida delas com palavras parecidas com as minhas. Muito sofrimento, muitas frustrações, muitas dores de cabeça e muitas pessoas em busca de respostas. Quando comecei a partilhar os Códigos da Cura com meus clientes, o que aconteceu foi exatamente o que achei que aconteceria: a depressão foi curada; a ansiedade foi substituída por paz; os problemas de relacionamento desapareceram. E até mesmo problemas mentais e emocionais mais graves pareceram ser curados de um modo constante, previsível e até mesmo rápido, na maioria dos casos.

O CÍRCULO DE CURA SE AMPLIA

O que eu não esperava foi o que aconteceu seis semanas depois. Uma cliente de quem eu gostava muito perguntou se podia falar comigo em particular por alguns instantes. Ela estava com um olhar enigmático, que eu nunca vira, e me disse que não conseguia se lembrar de ter me dito que tinha esclerose múltipla (EM). Entristece-me dizer que logo pensei em uma de minhas aulas de doutorado em psicologia sobre ética e questões legais e me preocupei com a possibilidade de uma ação judicial iminente. Procurei a ficha dela, um pouco constrangido e nervoso, e lhe disse que não me lembrava, mas para darmos uma olhada. Então percebi que não era por isso que ela estava fazendo aquela pergunta.

Naquele momento, sentindo compaixão e amor, fechei e coloquei de lado a ficha, olhei nos olhos dela e disse: "Também não me lembro disso. Por que está perguntando?" Ela começou a chorar, quase incontrolavelmente. Quando se acalmou, explicou que acabara de vir do Vanderbilt Hospital, em Nashville, onde ficara sabendo que não tinha mais EM. Fiquei profundamente comovido com a situação e também comecei a chorar. Então as lágrimas se transformaram em risos, e rimos juntos. Eu lhe perguntei: "Como você fez isso? Por favor, me conte para eu dizer a outros clientes que também podem fazer. É maravilhoso... estou muito feliz por você."

Então ela disse que os Códigos da Cura que eu lhe pedira para usar durante as últimas seis semanas eram responsáveis por isso. Só podia ser — era a única coisa diferente que ela fizera.

Bem, pensei que isso era algo fora do normal. Uma exceção. Uma reação rara, única. Até que, algumas semanas depois, ouvi uma história parecida sobre câncer. E não muito depois, outra sobre diabetes. E enxaqueca. Os primeiros estágios da doença de Parkinson. E assim por diante.

Foi nesse ponto que eu soube: o que tinha recebido naquele dia, a novecentos metros de altura, foi muito, muito mais do que havia esperado ou pelo que rezara. Percebi as ramificações de saúde maravilhosas que poderia ter no mundo, mas sabia que ninguém acreditaria apenas porque eu tinha dito. De fato, a maioria das pessoas nem mesmo acreditaria nessas histórias maravilhosas de cura. Elas pareceriam fictícias... fantásticas demais... sensacionais demais. Somos bombardeados todos os dias com o "sensacional", que se revela banal quando aplicado à nossa própria vida.

A BUSCA POR LEGITIMAÇÃO

Para transmitir isso ao mundo, eu precisava estar convencido — em minha mente e em meu coração — de duas coisas. A primeira era de que estava em harmonia com minhas próprias crenças espirituais. Durante duas ou três semanas, "apertei o botão de pausa" e me dediquei a rezar, falar com meu guia e mentor espiritual e procurar na Bíblia se isso estava em harmonia com ela. No final desse período, fiquei convencido de que esse método de cura na verdade está mais em harmonia com a Bíblia do que tudo que é oferecido pela medicina tradicional ou alternativa. Cura exatamente o que a Bíblia enfatiza, e o faz de acordo com o modo como Deus criou o universo e nosso corpo.*

A segunda coisa de que eu tinha de estar convencido era de que os Códigos da Cura poderiam ser legitimados, do ponto de vista científico e médico. Estava começando a perceber que se aquilo era tão bom quanto eu pensava, precisava fazer algumas mudanças radicais em minha vida para transmiti-lo ao mundo. Basicamente, teria de me afastar de minha clínica particular. Entenda que eu havia trabalhado durante cinco anos para obter meu doutorado, e foram anos difíceis. Não só precisamos lutar com a depressão de Tracey como eu tinha dois trabalhos, cursava a pós-graduação em tempo integral, arcava com os custos da minha instrução e sustentava uma família crescente (meu primeiro filho nasceu nessa época). Em muitos momentos comemos pasta de amendoim ou feijão com arroz no jantar. Um ano depois de obter meu diploma, havia uma lista de espera de clientes para seis meses. Minha clínica estava prosperando e finalmente colhíamos o fruto do nosso trabalho.

Por mais que a cura produzida pelos Códigos em Tracey e meus clientes fosse maravilhosa, eu tinha de estar convencido de que aquilo era realmente tão bom quanto parecia. Precisava de provas.

Durante um ano e meio tentei provar para mim mesmo que os Códigos realmente eram melhores do que tudo mais que existia. Voltei-me para o teste de Variabilidade da Frequência Cardíaca (VFC), o melhor método para medir o estresse no sistema nervoso autônomo (SNA). Havia feito pesquisas suficientes para saber que quase todos os problemas imagináveis tinham, em algum momento e de alguma forma, origem no estresse. Acreditava que, se os Códigos realmente curavam praticamente tudo, como pareciam curar, tinham de estar removendo o estresse do corpo, porque na maioria dos casos os problemas

---

* Se você quiser saber mais sobre como cheguei a essa conclusão, há informações no site www.thehealingcodebook.com (em inglês). Procure em "Spiritual Underpinnings" [Bases Espirituais].

físicos curados não eram aqueles que estavam sendo diretamente tratados. De fato, os únicos problemas tratados pelos Códigos da Cura, passados, presentes e futuros, são os espirituais do coração.

RESULTADOS SURPREENDENTES

Os resultados de um ano e meio de testes de Variabilidade da Frequência Cardíaca foram muito além do que eu havia esperado. Um médico me disse que nunca tinham ocorrido na história da medicina. Quais foram esses resultados? Simplesmente que, na maioria das vezes, os Códigos da Cura removiam estresse suficiente do sistema nervoso autônomo desequilibrado para permitir recuperar o equilíbrio em vinte minutos ou menos, e a maioria das pessoas (77%) continuava em equilíbrio 24 horas depois, quando novamente testadas. Segundo a literatura disponível nos últimos trinta anos e conforme pesquisas do Dr. Roger Callahan em seu livro recente, *Stopping the Nightmares of Trauma*, o tempo mínimo necessário para qualquer terapia remover tanto estresse do corpo era de seis semanas. Basicamente, se você ligar os pontos, os Códigos da Cura parecem remover do corpo, em vinte minutos ou menos, a única coisa que é a fonte de quase todos os seus problemas.

Embora meus próprios resultados de testes não tivessem sido um estudo clínico ou de duplo cego, foram tudo de que eu precisava para mostrar a pessoas de mente aberta que há esperança para seus problemas. Eu sabia que havia descoberto o que procurava, o que muitas pessoas achavam impossível: algo que curava a causa, não apenas os sintomas — e algo duradouro. Eu tinha o que precisava para poder me afastar de minha clínica particular e começar a organização dos Códigos da Cura em meu porão, sem nenhuma publicidade e com pouquíssimo dinheiro. Sentia que agora tinha a responsabilidade de ajudar quem sofria como Tracey e eu sofremos durante 12 anos. Não tenho palavras para descrever minha emoção ao oferecer a você esse presente que recebi de Deus em maio de 2001, para que possa curar sua vida como muitas pessoas em todo o mundo curaram as delas.

Eu (Ben) concordo com isso. Na verdade, um dos motivos de ter ajudado a dar maior visibilidade aos Códigos é ter obtido resultados notáveis, e posteriormente vi meus pacientes conseguirem o mesmo usando esse mecanismo. Eis o que aconteceu comigo.

A HISTÓRIA DE BEN

Em 1996, podia-se dizer que eu "tinha uma vida boa" em Colorado Springs, Colorado. Minha clínica médica ia excepcionalmente bem, os pacientes eram maravilhosos e meu negócio imobiliário paralelo fora muito bem-sucedido. Eu me divertia com minha família e tinha muito tempo para caçar, pescar e esquiar. A vida era boa!

Durante esse tempo, meu pai foi submetido a uma cirurgia de ponte de safena tripla e depois precisou limpar as carótidas porque as artérias de sua perna estavam obstruídas. Ele me perguntou sobre algumas terapias não convencionais, não aprovadas pelo FDA, órgão governamental responsável pela regulação de alimentos e medicamentos nos Estados Unidos. Quando começou a se recuperar e as artérias ficaram limpas, fiquei intrigado. Quanto mais examinava ervas e suplementos alimentares, assim como usos não indicados na bula de princípios ativos aprovados pelo FDA, mais percebia que estivera apenas tratando sintomas, sem curar a doença.

Comecei a ficar desiludido com os medicamentos e seus vários efeitos colaterais. Havia todo um mundo de terapias eficazes sobre o qual ninguém tinha me falado em minha educação médica formal. Eu sabia que precisava aprender mais sobre aquilo. Foi o início da aventura.

Retornei à Geórgia, meu estado natal, onde comecei a devorar todo o material que podia encontrar sobre ervas, suplementos nutricionais, homeopatia e outras terapias alternativas. Foi como voltar para a faculdade de medicina! Acabei concluindo que as informações eram tantas que eu precisava de treinamento formal, e fui obter meu doutorado em medicina naturopata.

Desde então, tento oferecer aos meus pacientes o melhor dos dois mundos. Combino abordagens médicas convencionais viáveis com terapias alternativas apropriadas para criar os programas de cura mais eficazes. Fazendo isso, obtive muito mais sucesso tratando de doenças degenerativas crônicas, inclusive câncer — área em que acabei decidindo me especializar — do que já obtivera usando apenas a medicina convencional. Contudo, apesar de a minha taxa de sucesso ser bem maior, como qualquer outro médico ainda me deparava com casos em que, quaisquer que fossem os métodos empregados, o paciente não reagia. Foram esses casos que me mantiveram em busca de um método de cura que funcionasse para todos, independente da situação.

A DOENÇA É MAIS DO QUE UM PROBLEMA FÍSICO

Um dos grandes obstáculos que tenho enfrentado como oncologista integrativo são os problemas emocionais/espirituais que meus pacientes têm de superar para se curar. Tive pacientes que morreram depois de se livrar do câncer porque não conseguiram superar a raiva, o medo, o sentimento de não ser amados, a falta de perdão ou outros problemas na vida. Para ajudá-los a lidar melhor com seus problemas emocionais/espirituais não resolvidos, pesquisei e fui treinado em muitas terapias, inclusive aconselhamento tradicional, Terapia do Campo do Pensamento (TFT), Técnica de Libertação Emocional (EFT), toque curativo, Técnica de Acupressão Tapas (TAT), técnicas quânticas e outras.* Algumas ajudaram até certo ponto, umas mais do que outras. Mas nada cumpriu a tarefa de funcionar para todos.

A verdade é que poucas vezes nos deparamos com uma terapia realmente nova, especialmente capaz de mudar o panorama da medicina como a conhecemos. Pense nas possibilidades de um mundo sem Prozac, Lipitor, insulina ou anti-hipertensivos. Quando isso coincide com nossa necessidade pessoal, de fato pode ser um evento extraordinário. Na época eu não sabia, mas a nova terapia que procurava é a dos Códi-

---

* Várias dessas modalidades estão ligadas a uma visão espiritual do mundo. Nem eu nem Alex endossamos nada disso, mas usamos as modalidades que podiam ser comprovadas cientificamente apenas por seus benefícios físicos.

gos da Cura,* desenvolvida pelo Dr. Alex Loyd, que hoje tenho o prazer de chamar de amigo e parceiro.

Em minha clínica oncológica em Atlanta somos bastante progressistas. Examinamos as muitas causas do câncer e tentamos planejar terapias específicas para cada paciente. Acredito que as causas do câncer são uma combinação de metais pesados, vírus, privação de oxigênio celular, acidose metabólica e problemas emocionais/espirituais. Conseguimos lidar bastante bem com metais pesados usando vários agentes intravenosos e orais. É muito mais difícil lidar com vírus e partículas semelhantes a vírus, mas possível com certas preparações antivirais e outros agentes não aprovados pelo FDA. Tratar a privação de oxigênio celular (pela qual Otto Warburg ganhou o Prêmio Nobel de medicina, em 1932, quando provou que a falta de oxigênio é uma causa importante de câncer) é um processo mais lento. Há agentes intravenosos que mudam a curva de dissociação hemoglobina-oxigênio. Isso está intimamente ligado à acidez metabólica e a mudanças permanentes na dieta, que são absolutamente necessárias. Embora não seja fácil, é possível tratar de todos esses problemas. Os problemas emocionais/espirituais é que continuavam a ser um grande obstáculo para a cura dos meus pacientes. Encontrar uma solução para eles se tornou cada vez mais importante para mim enquanto continuava minha prática médica.

MEU DIAGNÓSTICO FATAL

Durante minha busca em prol de meus pacientes, comecei a ter alguns problemas físicos, principalmente fadiga e fasciculação muscular (contração involuntária ou estremecimento das fibras musculares). No início, tentei ignorá-los, considerando-os um resultado da lesão da medula espinhal que sofri em 1996. Mas com o passar do tempo, piorei. Os

---

* O Código da Cura neste livro se baseia no sistema The Healing Codes® descoberto por Alex Loyd, em 2001. Daí as referências no plural. Tudo é o mesmo sistema. O Código da Cura Universal neste livro é o resultado desses anos subsequentes de testes com clientes de cinquenta Estados e noventa países. Descobrimos que é o Código que funciona para quase tudo e todos.

músculos da minha panturrilha estremeciam e, ao mesmo tempo, eu tinha espasmos musculares nas costas ou nos antebraços. Dava para ficar sentado e ver aqueles músculos pulando sob a minha pele. Além disso, eu ficava muito cansado ao subir apenas um curto lance de escadas, e minha voz se tornou fraca. Decidi que era hora de consultar meu cirurgião ortopédico, que também é meu amigo. Depois de me examinar, com grande relutância ele me informou que o diagnóstico era esclerose lateral amiotrófica (ELA), comumente conhecida como doença de Lou Gehrig. Não fiquei feliz com esse diagnóstico, por isso procurei imediatamente outro amigo médico para obter uma segunda opinião. Ele fez o mesmo diagnóstico.

Fui para casa e li atentamente meus livros de medicina. O que descobri foi terrível. Oitenta por cento das pessoas com doença de Lou Gehrig morrem cinco anos após o surgimento dos sintomas, e eu os tinha há pelo menos um ano! Segundo as estatísticas sobre essa doença, já vivera de 25 a 50% do resto da minha vida. Muitos dos meus pacientes com câncer tinham um prognóstico melhor do que esse.

Logo após meu diagnóstico, assisti a um seminário em que ouvi o Dr. Alex Loyd falar sobre seu novo trabalho — os Códigos da Cura. Achei muito intrigante o fato de que, quando ele começou a trabalhar com seus pacientes de aconselhamento e eles começaram a se curar emocionalmente, também começaram a se curar fisicamente. Isso era totalmente inesperado, mas se revelou verdadeiro quando ele viu cada vez mais pacientes se curarem. Com meu novo diagnóstico em mãos, redobrei meus esforços para investigar a descoberta do Dr. Loyd.

EXAMINANDO A BASE FILOSÓFICA

A base filosófica era importante para mim, porque, se a filosofia fosse falha, o trabalho também seria. Como este livro explicará mais detalhadamente, um dos conceitos básicos do método dos Códigos da Cura é que toda a memória é armazenada como imagens, e algumas dessas imagens contêm inverdades ou mentiras que, se não corrigidas, acabam resultando em doença emocional e/ou física. Eu não tinha nenhum problema com minha memória ser armazenada como imagens, porque o cérebro trabalha de modo muito parecido com o de um super-computador. A ideia de inverdades ou mentiras nessas imagens era um pouco nova para mim, mas fazia total sentido. Todos, a começar por Freud, diziam que nós bloqueamos energia em uma fase inicial e pos-teriormente não conseguíamos lidar com os problemas da vida. A no-vidade era que esses acontecimentos, essas imagens, não eram reais. Por exemplo, se uma pessoa não se sentia amada, realmente era indig-na de amor? É claro que não! Se nos sentíamos incompetentes, isso significava que nossa mente e nosso corpo eram realmente incapazes de realizar aquela ação? Provavelmente não. O mais provável é que simplesmente não achávamos que podíamos. Eu estava de acordo com esse conceito de acreditar em inverdades. Mas como isso podia se tra-duzir em doenças?

Tentei comparar isso com um modelo de computador que pudesse entender. Somos criados com certos programas. Um dos nossos pro-gramas é o de "autocura". Quando acreditamos em inverdades, os ar-quivos desse programa se tornam corrompidos, fazendo-o rodar cada vez mais devagar e finalmente falhar. Se você puder descobrir como reparar os arquivos... *Voilà*! A capacidade inata do corpo de se curar, conforme programada por Deus, será restaurada! Isso era lógico em um modelo de computador e viável em um modelo humano.

Mas como remover dados incorretos e substituí-los pelos corretos? Para mim era uma questão de física, já que tudo, inclusive informações digitais, em última análise existe como seu denominador mais comum: energia, com uma frequência vibracional correspondente. Qualquer frequência pode ser mudada se soubermos como fazer isso.

O PASSO DECISIVO

Agora eu me sentia bem com a ciência e a filosofia dos Códigos da Cura. Era hora de dar o passo decisivo, por isso me inscrevi em um se-minário educativo. O seminário foi bom, e comecei a aprender algu-mas técnicas simples usadas pelos treinadores dos Códigos da Cura. Também decidi comprar uma hora do trabalho de cura do Dr. Loyd para meu uso pessoal.

Havia duas coisas em que eu queria trabalhar imediatamente. A primeira era em meu novo diagnóstico da doença de Lou Gehrig. Também tinha um problema antigo de insônia, tão grave que nas últimas décadas não conseguia dormir sem tomar um calmante. Recebi um Código para minha insônia, a ser executado três vezes por dia. Na primeira noite, após executá-lo apenas uma vez, dormi a noite toda. Nas cinco semanas seguintes, não tomei nenhum calmante. Não vou dizer que não tomei depois disso, porque viajo muito e camas estranhas e ruídos incomuns às vezes tornam as coisas difíceis. Contudo, meu padrão de sono melhorou muito.

A fasciculação muscular, a fadiga e outros sintomas da doença de Lou Gehrig desapareceram. Depois de apenas três meses praticando os Códigos da Cura, voltei ao cirurgião que fez o primeiro diagnóstico da doença. Ele fez o teste para Lou Gehrig, uma eletromiografia (EMG), e descobriu que desaparecera totalmente. Eu estava livre dos sintomas desde março de 2004. Para quem não sabe, não há cura para a doença de Lou Gehrig.

Depois de experimentar pessoalmente os resultados das técnicas dos Códigos da Cura, eu estava pronto para aprender tudo sobre aquilo. Treinei a equipe de minha clínica oncológica em Atlanta para que meus pacientes também pudessem se beneficiar desse ótimo trabalho. Baseado nos resultados que minha equipe e eu estamos vendo, agora sei que descobri o método de cura que procurava. Não conheço nada que trate e cure problemas emocionais e físicos tão eficaz e completamente.

Recentemente, numa sexta-feira à noite, vi-me sem nada para fazer, por isso meus filhos e eu decidimos assistir a um filme. Em vez de sair no frio para ir à locadora, as crianças procuraram em nossa coleção. Encontraram *2001: Uma odisseia no espaço* e quiseram saber do que se tratava, porque nunca tinham visto. Quando pensei no tema do filme — que a humanidade está à beira de outro salto evolutivo — pensei no ritmo exponencial em que nosso conhecimento está aumentando em todos os campos. O mesmo está acontecendo na medicina. Há muito tempo eu acreditava que estávamos prontos para passarmos para um nível diferente no paradigma da cura.

No Capítulo 2, em uma breve história da medicina e cura, você verá claramente por que acredito que o Código é um próximo passo corajoso no paradigma da cura. Foge ao misticismo que geralmente cerca essas terapias. É sólido, filosófica e cientificamente. E funciona! Sou a prova viva disso!

Uma última palavra sobre o Código da Cura ser sólido cientificamente: não importa o quanto os testes possam parecer conclusivos, sempre haverá críticas. Tipicamente, citarão um possível problema comum a todos os testes: os resultados podem ter o efeito placebo (tudo está na sua cabeça). Portanto, se um cientista conservador quiser dizer "Isso não foi provado", é possível. Tenho um amigo na área de saúde natural que viu isso acontecer com um produto maravilhoso aprovado por testes independentes de 16 universidades. Como você pode imaginar, seus concorrentes não apreciaram seu sucesso. Frequentemente, quando você consegue descobrir quem são as pessoas atirando pedras, elas têm um objetivo, que muitas vezes não tem nada a ver com os estudos. Uma das coisas mais maravilhosas e inesperadas que surgiu em nosso período de testes foi uma bela "cereja no bolo" que responde a essas possíveis críticas. Constantemente, a cura mais rápida e evidente ocorria em animais e crianças. Acontece que É IMPOSSÍVEL HAVER EFEITO PLACEBO EM UM ANIMAL OU UMA CRIANÇA! Não havia possibilidade de os resultados que víamos serem efeito placebo. Aquilo tinha de ser real, o verdadeiro tratamento da causa. Somos extremamente gratos aos ótimos cientistas e médicos corajosos e de mente aberta que apoiaram e endossaram o Código da Cura. Eles sofreram críticas de colegas, mas estavam dispostos a ir aonde as pesquisas e os resultados apontavam, ainda que isso os desviasse do modelo científico tradicional. BRAVO!

BASES
(Não pule isto!)

Há um ditado no jornalismo que diz:
nunca, nunca enterre o lide;
Este capítulo é o lide. Se você entendê-lo,
entenderá tudo, Portanto, entenda isto...

As três "Uma Coisa"

Título estranho, não é? Tentaremos explicar.

No filme *Amigos, sempre amigos,* com Billy Crystal, Curly, interpretado por Jack Palance, era o velho caubói durão e calado. Mas sob aquela aparência rude, Billy Crystal descobriu a sabedoria dos tempos. Em uma conversa improvável entre os dois, Curly falou a Billy sobre o Segredo da Vida. Disse-lhe que o Segredo da Vida era uma coisa. Quando pressionado a contar o que era, Curly se recusou a fazê-lo. Disse que Billy teria de descobrir sozinho. E, na verdade, todos precisam descobrir isso sozinhos.

Veja bem, uma "coisa" pode fazer toda a diferença. Alguma vez, quando você estava conversando com uma pessoa sobre a vida dela, subitamente notou uma mudança de comportamento muito positiva? Em algum ponto surgiu um brilho nos olhos dela ao falar de *uma* pessoa, *um* momento, *um* acontecimento, *uma* porta aberta, *um* progresso... UMA COISA.

Neste momento, queremos lhe oferecer três "Uma Coisa". Acreditamos que elas fazem toda a diferença em sua vida, saúde e prosperidade. Não só lhe diremos quais são como também as provaremos e partilharemos com você uma nova descoberta que poderá ser o brilho em seus olhos pelo resto da vida.

PRIMEIRA COISA

Existe algo no planeta Terra que pode resolver praticamente todos os problemas em sua vida.

O que é? O sistema imunológico e de cura do corpo.

Pense sobre ou anote os dois ou três problemas principais em sua vida. Problemas de saúde, profissionais, de relacionamentos, financeiros — não importa quais sejam. Presumo que, a menos que o problema tenha acabado de surgir, você já tentou algo (ou várias coisas) para resolvê-lo ou diminuí-lo. Se não tentou, tudo bem! Pode começar agora com aquilo que realmente resolverá. Se tentou outras coisas, acreditamos que está no fim da sua busca. Eis por quê. Imagine por um minuto que qualquer que seja seu problema, Deus pudesse lhe fornecer um remédio sobrenatural, um líquido, um segredo, um mapa do tesouro... em outras palavras, uma solução garantida que não é deste mundo. Puxa, isso seria impressionante! Sabe de uma coisa? Isso já existe!

Todas as pessoas têm no corpo um sistema absolutamente milagroso capaz de curar qualquer problema físico ou não físico que possam ter. É o chamado sistema imunológico. Nascemos com um programa de autocura interno criado para corrigir qualquer problema antes mesmo que ele surja. E, se um problema realmente surgir, o programa é capaz de corrigi-lo.

Há algum tempo meu computador não estava funcionando bem. Não sendo um aficionado por computadores, fiquei frustrado tentando tudo que sabia fazer. Finalmente, telefonei para um amigo que é um gênio nessa área. Após responder a algumas perguntas simples, ele me disse confiantemente que eu precisava desfragmentar meu disco rígido. Nunca tinha ouvido falar nisso, mas fiquei entusiasmado ao descobrir que era uma simples questão de apertar algumas teclas. Depois de fazer isso, meu computador começou a funcionar quase como se fosse novo, e fiquei surpreso ao constatar que uma função tão maravilhosa podia estar dentro dele sem que eu soubesse.

Assim como o programa de "desfragmentação", seu sistema imunológico é capaz de resolver qualquer problema que você possa ter com incrível rapidez e eficiência. Eu (Ben) posso lhe dizer que se você fizesse uma pergunta importante a praticamente todos os médicos e profissionais de saúde do mundo, e eles fossem sinceros, responderiam "não". Então, qual é a pergunta? "Há alguma doença ou enfermidade que um sistema imunológico funcionando otimamente não possa curar?" Resposta: não. Na verdade, muitos especialistas acreditam (e eu também) que a cura de qualquer problema de saúde só ocorre devido ao sistema imunológico.

Talvez você esteja se perguntando: "Mas como posso aplicar isso a relacionamentos, finanças, carreira ou outras coisas não físicas que são um problema em minha vida?" Como verá mais adiante neste livro, especificamente no Terceiro Segredo (mas não espie antes da hora!), novas pesquisas em várias das melhores e mais renomadas faculdades de medicina mostraram que a fonte de doença e enfermidade também é a fonte de outros problemas na vida. Além disso, acreditamos e provaremos que realmente descobrimos uma parte do sistema de cura do corpo que as pessoas desconheciam — que esse novo mecanismo de cura e como ativá-lo podem ser o que causa uma reviravolta nas lutas de sua vida.

Se você for uma pessoa razoavelmente inteligente e refletir sobre isso, tenderá a fazer esta pergunta: "Se esse sistema realmente pode curar tudo e já está dentro de mim, por que tenho problemas? Por que já não os curou ou impediu que ocorressem?"

Ficamos felizes por você perguntar. Porque isso nos leva à Segunda Coisa.

SEGUNDA COISA

Existe algo no planeta Terra que desativará a Primeira Coisa.

Então, o que é? O estresse. (Mas provavelmente não aquilo que você pensa ser estresse.)

Se os sistemas imunológico e o de cura do corpo são capazes de curar todos os seus problemas, aquilo que os desativa deve ser a única causa de todas as doenças e enfermidades. E é. Segundo a Stanford University Medical School, em uma pesquisa conduzida em 1998 pelo Dr. Bruce Lipton, um biólogo celular altamente renomado e respeitado, o estresse é a causa de pelo menos 95% das doenças e enfermidades. O Dr. Lipton relata que os 5% restantes são genéticos e causados, como você adivinhou, por estresse em algum ponto na ancestralidade dessa pessoa. Até mesmo o órgão do governo federal dos Estados Unidos, o Centers for Disease Control (CDC), afirma em seu site que 90% de todas as doenças e enfermidades estão relacionados ao estresse. Quase todas as fontes competentes concordam — Harvard, Yale, Vanderbilt, The Mayo Clinic, e a lista continua.

Especialmente notável é o que a Harvard Medical School diz em seu site: "Estresse demais, durante tempo demais, cria o que é conhecido como 'estresse crônico', que tem sido ligado a doenças cardíacas e acidente vascular cerebral, e também pode influenciar o câncer e as doenças respiratórias crônicas. E a enfermidade é apenas a ponta do iceberg. O estresse também afeta você emocionalmente, estragando a alegria que obtém da vida e de entes queridos."*

---

* "Stress Management: Approaches for Preventing and Reducing Stress", Harvard Health Publications, Harvard Medical School, http://www.health.harvard.edu/special_health_reports/stress_Control.htm.

Em outras palavras, seja qual for seu problema, de um modo ou de outro, provavelmente, teve origem no estresse. Até agora não estamos bem certos do que fazer a esse respeito, porque o que funciona para um problema e uma pessoa é ineficaz para outro problema e outra pessoa. A conclusão é dolorosamente clara há décadas. Para descobrirmos um modo de curar a enfermidade e a doença em sua fonte, teremos de descobrir um modo constante e previsível de curar o estresse.

E, segundo o relatório da Harvard Medical School, a enfermidade é apenas uma manifestação do estresse. Se também quisermos lidar com outras questões — problemas de relacionamento e desempenho que afetam o sucesso —, precisamos lidar com a fonte. Como lhe provaremos, o estresse também é a fonte desses tipos de problemas, conforme evidencia o fato de que, quando as pessoas curam a fonte de seu estresse, seus relacionamentos melhoram, sua renda dispara e sua satisfação aumenta vertiginosamente.

É importante notar que o tipo de estresse de que estamos falando — que cria enfermidade e doença — não se baseia em circunstâncias que você gostaria de poder mudar. É o estresse profundamente arraigado que vive em você e é totalmente independente de suas circunstâncias no momento. De fato, mudá-las eliminando coisas que lhe parecem estressantes pode ter muito pouco efeito nesse estresse que desativa seu sistema imunológico. Em nossa pesquisa, mais de 90% das pessoas que dizem não estar estressadas antes de se submeterem a testes de estresse na verdade *estão* sob estresse fisiológico, segundo o resultado de seus testes. Muitos dos estudos de pesquisa de faculdade de medicina anteriormente citados dizem exatamente isso — aquilo que estressa uma pessoa não estressa outra. Depende de sua programação "interna".

A VERDADEIRA PERGUNTA A FAZER

Isso significa que a primeira pergunta que você deve fazer sempre que tem um problema que parece insuperável é: "Que estresse está impedindo meu sistema imunológico de curar isso, e como corrigi-lo?" O problema é que, às vezes, esse tipo de estresse é quase impossível de ser descoberto, você não tem uma pista dele até estar ali e, se o descobre, está literalmente protegido contra correções (falaremos mais sobre isso depois).

Por outro lado, talvez você não perceba o quanto essa notícia é boa. Por que digo isso? Porque não é culpa sua. O problema e a solução não se baseiam em esforço e todos têm esse tipo de estresse, tenham sido pessoas boas ou não. Portanto, relaxe e perdoe a si mesmo. Você não tem de ser perfeito. Nós temos o que estava procurando. O que temos? É a...

TERCEIRA COISA

Existe algo no planeta Terra que reativará a Primeira Coisa.

O que é? Resolver as questões do coração!

Vamos rever isso rapidamente. Os sistemas imunológico e o de cura do corpo, quando estão funcionando corretamente, visam — e podem — curar quase tudo. Porém, certo tipo de estresse desativará esses sistemas, ou pelo menos os desacelerará ao ponto de podermos desenvolver problemas de saúde ou de outro tipo.

O Código da Cura é capaz de reativar o sistema imunológico e o de cura porque resolve "questões do coração espiritual". Os Códigos da Cura sintetizam a descoberta de um sistema que está no corpo desde o início dos tempos. Como sabemos que o Código da Cura pode reativá-lo? Porque, quando usamos um teste médico padrão que não reage a nem mesmo 1% do efeito placebo, os resultados não têm precedentes na história da medicina.

Quais são exatamente os resultados desses testes? Quando esse sistema do Código da Cura no corpo é ativado, o estresse fisiológico desaparece completamente, ou pelo menos de forma significativa. Usando apenas um pouco de lógica, se a coisa no planeta que desativará os sistemas imunológico e o de cura for forçada a desaparecer, esses sistemas deverão ser reativados. Foi exatamente isso que tivemos o prazer de observar em pessoas em todo o mundo desde 2001. Não só o Código da Cura é um mecanismo revolucionário como as pessoas nos dizem que a teoria por trás dele teve um impacto ainda maior na vida delas. Chamamos a teoria de "Os Sete Segredos".

Um aspecto impressionante de tudo isso é que nenhum Código da Cura "trata" problemas de saúde. Só trata das "questões do coração" sobre as quais Salomão escreveu mais de 3 mil anos atrás, quando disse, em Provérbios 4:23: "Guarda teu coração acima de todas as outras coisas, porque dele brotam todas as fontes da vida." Note que esse versículo diz que *todas* as fontes da vida brotam do coração. É por isso que tantas pessoas relatam cura de quase todos os problemas de saúde que você possa imaginar após usarem o Código da Cura.

ANTES DE IRMOS MAIS LONGE...

Talvez você esteja curioso sobre o que é o Código da Cura e queira ir direto para ele. Tudo bem, é só folhear a Parte Dois e terá todos os detalhes do que é e de como usá-lo. Mas, em algum ponto, queremos que aprenda Os Sete Segredos, na Parte Um. Para usar o Código da Cura de forma mais eficaz, você precisa entender como os problemas surgem e o que pode fazer para se curar pelo resto da vida chegando à sua fonte.

Os Sete Segredos, na Parte Um, são tão revolucionários quanto o próprio Código da Cura, porque essa teoria não lida apenas com sintomas, como quase todos os outros sistemas de autoajuda. Os outros sistemas lidam com uma ou mais de cinco áreas: emoções, pensamentos, crenças conscientes, ações e comportamentos ou a fisiologia do corpo. Nossas pesquisas, descritas em linhas gerais nas páginas a seguir, nos fizeram acreditar que essas cinco coisas são apenas sintomas. A teoria e aplicação do Código da Cura trata problemas na fonte, não apenas sintomas.

Por isso, a Parte Um deste livro apresenta uma breve história dos cuidados com a saúde e Os Sete Segredos da vida, saúde e prosperidade. Mostraremos e explicaremos as pesquisas que revelam a fonte não só de todos os problemas de saúde como também de todos os outros problemas. Sabemos que isso é difícil, mas estamos bastante dispostos a provar para você.

A Parte Dois é sobre resultados. Algumas pessoas podem achar interessante ler um livro que lhes permita saber por que a vida delas está confusa, mas se o livro parar por aí a maioria se sentirá frustrada por não conseguir resolver seu problema. Este livro não deixará você a ver navios. A Parte Dois lhe dará as informações de que precisa para tratar a fonte de seus problemas e o que está acabando com suas esperanças e seus sonhos. Como um bônus, também lhe daremos um exercício de dez segundos para lidar com o estresse situacional que surge em um determinado dia. Portanto, a Parte Dois lhe apresentará um modo de curar tanto o estresse do qual você tem consciência quanto o estresse inconsciente, que é a verdadeira causa básica de todos os seus outros problemas.

Você pode ficar tentado a pôr este livro de lado agora. Por quê? No passado, ouviu muitas histórias "mágicas". Muitas promessas de inovações, mudança de vida, milagres e tudo mais. Nós também ouvimos! Contudo, temos de dizer a verdade, e as descobertas, os insights e as histórias neste livro foram o pote de ouro no fim do arco-íris em minha busca para descobrir um método de cura que fosse real, e a fonte de cura da doença de Lou Gehrig de Ben. *Não* podemos deixar de partilhar essa informação!

Não estamos pedindo para você aceitar isso como verdade neste momento, pedimos apenas que leia o restante deste livro antes de decidir.

Agora que conhece as Três Coisas e tem algum conhecimento com o qual trabalhar, passaremos para o âmago da questão. Para chegar aonde quer, você precisa entender o que chamo de "Os Sete Segredos da vida, saúde e prosperidade". Entendendo esses sete temas críticos, você saberá como seus problemas surgem, de onde vêm, no que consistem, por que resistem à cura e, finalmente, o mecanismo simples que pode começar a desfazer a trama do que não deseja em sua vida.

Porém, antes de continuarmos, queremos dar um aviso muito sério e sincero.

As informações neste livro têm o poder de produzir grande cura em sua vida. O mecanismo que chamamos de Código da Cura pode remover seu estresse e fazer seu sistema imunológico funcionar do modo pretendido por Deus. Como resultado disso, você verá mudanças surpreendentes em sua vida.

Contudo, há um objetivo na dor, um objetivo espiritual, e se o Código da Cura ajudá-lo a lidar com a dor, mas não com a fonte básica dela, estaremos lhe prestando um desserviço.

Veja bem, a cura mais profunda de que todas as pessoas na Terra precisam não é física ou emocional, mas espiritual, e envolve reatar um relacionamento rompido com um Deus amoroso. Isso é algo que só Deus pode fazer. Algo entre você e Ele.

As pessoas nos dizem repetidamente que o Código da Cura as ajudou a resolver questões que as impediam de acreditar em um Deus amoroso. Uma delas disse: "É como se a estática tivesse sido removida de minhas próprias questões para eu finalmente poder ouvir as mensagens que Deus me transmitia sobre como Ele realmente é, não as distorções causadas pelas questões do meu coração."

Este livro não pretende lhe dizer como acreditar.* Mas esperamos que você passe a conhecer Aquele que criou o corpo humano, a energia e todas as coisas que fazem o Código da Cura funcionar como funciona, e rezamos fervorosamente para isso. Essa é a cura mais importante que pode ocorrer, e embora o Código, como uma ferramenta, possa ajudar no processo, não pode fazer esse trabalho. O Código da Cura é uma ferramenta maravilhosa. Mas, em última análise, você precisa segurar a Mão que empunha a ferramenta.

---

* Nós mesmos somos seguidores de Jesus. Quando eu (Alex) descobri o sistema dos Códigos da Cura, tive de me certificar de que isso era algo que poderia usar de acordo com minhas próprias crenças, conforme mencionado no Prefácio. Para mais informações sobre nossa filosofia e nossas crenças, veja "Uma palavra sobre nós e nossa filosofia", na página 250.

PARTE UM

Os Sete Segredos da vida, saúde e prosperidade

Primeiro Segredo:
Existe apenas uma fonte
de enfermidade e doença

Para ver a porta que agora estamos prontos para atravessar, vamos dar uma olhada no caminho que nos trouxe até aqui. Permita-nos lhe dizer de antemão que a porta que vemos diante de nós foi pensada pelas maiores mentes científicas há décadas e, em alguns casos, séculos. Portanto, essa é uma porta de ouro que a ciência procurava, e o que está do outro lado vai mudar para sempre o mundo da saúde. Dizer que isso é uma mudança de paradigma é um eufemismo.

Como eu (Ben) já mencionei, fui curado da doença de Lou Gehrig após usar o Código da Cura durante menos de três meses. Fiquei tão impressionado com esse programa que comecei a dar palestras por todo o país sobre o Código e seu funcionamento. Isso também me levou a ser o único médico apresentado no DVD *O Segredo*. Uma de minhas palestras é sobre as "Cinco Eras da Cura", porque nos dá informações importantes sobre aonde chegamos neste ponto da história, e também pode explicar por que os Códigos da Cura só foram descobertos agora.

AS CINCO ERAS DA CURA

Há cinco eras principais sobre as quais falaremos aqui. A primeira foi a da oração. Antes de os seres humanos conhecerem ou entenderem nutrição ou qualquer tipo de medicina, tudo que podiam fazer era rezar. Esse pode parecer um ponto estranho para se começar a história da medicina, mas vamos pensar na evolução do homem. Quando a humanidade experimentou a doença, tudo que pôde fazer foi buscar a cura nas divindades. A história está repleta de ídolos, práticas religiosas e cerimônias de cura. Na mitologia grega, Apolo era considerado a principal fonte de cura, e ele transmitiu seus poderes para seu filho Asclépio, que não só evitou a morte de pessoas como ressuscitou algumas. No Norte do Peru, mulheres chamadas *curandeiras* ainda realizam cerimônias de cura. Elas usam orações e objetos sagrados, purificam o paciente com água sagrada e invocam o poder do espírito para ajudá-las a descobrir e curar a causa da aflição.

Hoje, muitas culturas, religiões e pessoas ainda buscam Deus como a única fonte de cura. Através dos anos, algumas pessoas acreditaram que o poder da oração estava na própria oração, enquanto outras acreditaram que a fonte do poder era a intervenção sobrenatural de um poder maior. Recentemente, muitos estudos científicos indicaram a eficácia da oração na área da cura. O Dr. Larry Dossey escreveu vários livros sobre o poder da oração na cura (*As palavras curam: o poder da prece e a prática da medicina*; *Miracles of Mind: Exploring Nonlocal Consciousness and Spiritual Healing*; *Reinventando a medicina: transcendendo o dualismo mente-corpo para uma nova era de cura* etc.). Estudos chamados "The Mantra Study Project" conduzidos na Duke University (Horrigan, 1999) descobriram que pacientes com angina obtinham mais benefícios recebendo orações. Através dos tempos, pessoas rezaram porque acreditavam em um poder superior. Outra teoria é a de que a cura provém da crença na própria cura. A ciência também provou que a crença em si tem grande poder de cura. A medicina rejeitou e até mesmo menosprezou isso, chamando-o de "efeito placebo". Contudo, o efeito é muito real, e não deve ser desconsiderado.

Em um nível mais físico, não demorou muito para que se descobrisse o valor de certas folhas, galhos, raízes ou cascas de árvore para a cura. Então começamos uma longa história de uso de ervas. Durante o século XX, isso caiu em breve descrédito e desuso na civilização ocidental. Contudo, ressurgiu com força. É difícil não passar por uma loja de ervas ou suplementos alimentares. Em nossas viagens recentes ao redor do mundo dando palestras, ouvimos pessoas falarem sobre vitaminas, minerais e ervas. Esse ressurgimento foi mais notável porque não foram os ignorantes, mas os intelectuais sofisticados, que chegaram às mesmas conclusões sobre ervas e suplementos conhecidos há séculos. A China usa ervas desde tempos imemoriais — desde sua história registrada.

A civilização ocidental aumentou a aposta na medicina chinesa tentando concentrar certas partes de alimentos vegetais, o que resultou em uma enorme indústria vitamínica/nutricional. Estantes de livros estão repletas de descobertas de milagres modernos das plantas. As lojas de suplementos alimentares têm centenas de produtos extremamente benéficos para praticamente todos os tipos de doença.

Contudo, isso está sendo bruscamente freado. Foi aprovada uma nova lei chamada CODEX, promovida pela Organização Mundial de Saúde (OMS), que limitará as concentrações de vitaminas, minerais, aminoácidos e óleos essenciais a níveis que perderiam os efeitos curativos que experimentamos há décadas. Tudo acima disso terá de ser prescrito por um médico e comprado por um preço muito maior. Você pode achar que estou falando de um acontecimento futuro, mas qualquer governo que tenha ratificado o acordo da OMS já está sujeito a essa lei. Até mesmo países como os Estados Unidos, com constituições extremamente fortes, se veem sujeitos a ela porque pode prevalecer sobre a lei constitucional. O comitê do CODEX se reuniu em Roma, em junho de 2005, e estabeleceu os padrões impostos à indústria farmacêutica em um documento intitulado "Diretrizes sobre Vitaminas e Minerais". Isso já entrou em vigor na Alemanha, onde agora só é possível comprar vitaminas em doses significativas com receita médica. Eu prevejo que muitos governos regulamentarão pouco a pouco essa indústria para evitar protestos do público. Acredito que tentarão a abordagem de "mudança gradual". Isso é particularmente perturbador quando visto à luz do perigo muito maior das drogas farmacêuticas — especialmente as que são vendidas sem receita médica — que, com o CODEX em vigor, seriam muito mais fáceis de obter do que as vitaminas.

Você poderia se perguntar por que os governos aprovariam uma lei como essa, que torna ilegais vitaminas, minerais e nutrientes sem receita médica, mas deixa livres de restrições produtos farmacêuticos muito mais tóxicos. A indústria farmacêutica não lucra quando alguém fica curado; só lucra quando alguém trata sintomas mês após mês, ano após ano.

Isso leva à nossa próxima era da medicina, a era das drogas/substâncias químicas. Por que as chamo de substâncias químicas? Simplesmente porque é o que são. O modo como a maioria das drogas é desenvolvida é através da descoberta de uma erva que tenha um benefício. Então eles tentam quebrá-la e descobrir os ingredientes "ativos". Porém, isso não é patenteável. E lembre-se de que não há lucro sem exclusividade. Dessa forma, o próximo passo no processo de produção de uma droga é alterar o ingrediente "ativo" para que não seja natural.

Agora temos uma substância química. Você poderia pensar que isso não é tão ruim assim, mas entenda que os sistemas orgânicos do corpo são criados para lidar apenas com materiais orgânicos. Então temos uma substância, uma droga que o corpo não pode mais quebrar. Isso é chamado de toxina. Temos toda uma indústria voltada para a produção de toxinas quando poderíamos estar usando materiais orgânicos naturais que funcionam muito melhor com o fisiologia do corpo e todos os componentes naturais que são parte da substância orgânica ou planta original. Exemplo: uma das drogas mais vendidas na história se chama Valium. É extraída da raiz da valeriana. Essa raiz é um dos melhores sedativos e agentes ansiolíticos. Nunca houve um caso na história de alguém viciado em raiz de valeriana. Contudo, nenhuma empresa pode patentear essa raiz. Ela ocorre naturalmente na natureza. A sintetização da raiz da valeriana para criar uma droga mais forte e patenteável resultou na necessidade de clínicas para viciados em Valium em todo o mundo.

Para continuar nossa jornada, examinaremos a cirurgia. A humanidade se interessa por cirurgia há séculos. Contudo, ela era muito rudimentar até a descoberta da anestesia. Antes disso, os médicos só podiam fazer o que os pacientes conseguiam suportar baseados em seu nível de tolerância à dor, e em quantas pessoas tinham de imobilizá-los. Às vezes o álcool era usado como anestésico geral. O objetivo e valor da cirurgia era remover algo potencialmente letal. Por exemplo, se uma pessoa tinha gangrena no pé, o cirurgião a imobilizava, pegava um serrote e amputava a perna dela. No início, o fogo era usado para cauterização. Não é preciso dizer que percorremos um longo caminho em nossas técnicas cirúrgicas. Entretanto, a cirurgia não é usada apenas em situações potencialmente letais. Alguns até mesmo diriam que é usada frivolamente na cirurgia cosmética, um ramo de atividade em grande expansão. Embora as estatísticas indiquem que muitas cirurgias são feitas desnecessariamente, na medicina do trauma a cirurgia foi uma grande dádiva para a civilização e salvou inúmeras vidas.

A ÚLTIMA FRONTEIRA

Agora eis aquilo pelo que você esperava: a porta de ouro. O que as maiores mentes científicas de nosso tempo, a começar por Albert Einstein, previram, agora foi descoberto, legitimado e tornado disponível para o público em geral. Muitos outros grandes cientistas falaram sobre esse tema, mas deixaremos isso para o Segundo Segredo, mais adiante neste livro. Começarei com uma citação de uma dessas grandes mentes:

> "A medicina do futuro se baseará no controle da energia no corpo."
> — Professor William Tiller, Stanford University

Sim, a energia é a última fronteira. A forma suprema de cura. A medicina se interessa por ela há anos, e até mesmo foi atraída involuntária e irresistivelmente por ela. Sempre soubemos que a luz solar tem um efeito curativo. Madame Curie nos ajudou a entrar nessa era com a descoberta do rádio e dos raios X. Ela também descobriu o quanto a energia podia ser nociva. Você aprenderá mais sobre o que é "energia" e o quanto pode ser nociva ou curativa nos próximos capítulos. Também entenderá por que ela é o futuro da saúde e da cura.

ALÉM DO COMPLEXO DE SINTOMAS

O diagnóstico de praticamente todos os problemas de saúde atualmente se baseia no que é chamado de "complexo de sintomas", e usado há séculos não só na medicina tradicional como também nos cuidados de saúde alternativos.

Um complexo de sintomas funciona como o nome sugere. O médico ou profissional de saúde, solucionador de problemas, conselheiro ou auxiliar anota todos os sintomas da pessoa. Quando os sintomas são identificados, eles frequentemente consultam um livro ou gráfico, ou usam sua experiência para determinar qual é o problema mais provável — isso se chama diagnóstico —, baseados nesse conjunto específico de sintomas. Depois passam para o tratamento, perguntando: "Qual é o melhor modo de tratar esse problema na prática habitual?" O tratamento é em grande parte determinado pela metodologia do profissional. Os médicos tradicionais usam cirurgia e remédios — coisas desse tipo. Os profissionais de saúde alternativos usam ervas, minerais e vitaminas, não para "tratar" a doença, mas para otimizar a saúde. Os conselheiros e terapeutas afirmam que se deve pensar no problema de um modo diferente e usar técnicas comportamentais, ou simplesmente fornecer o apoio de um ouvido amigo.

Portanto, o complexo de sintomas basicamente envolve três etapas:

1. Apresentação dos sintomas.
2. Diagnóstico baseado na apresentação dos sintomas e proveniente de experiência, ensino ou um livro.
3. Real intervenção, terapia ou tratamento do problema com base no diagnóstico.

Há, literalmente, milhares de possibilidades em cada uma dessas três fases. Quando você fala em problemas de saúde, tem a saúde física e mental. Outros problemas incluiriam os de relacionamento, profissionais e de máximo desempenho (como em atletas, empreendimentos, oratória e vendas). Cada um desses problemas apresenta possibilidades diferentes, dependendo de com quais você está lidando e a metodologia do profissional. Em outras palavras, esse processo pode se tornar extremamente complicado e até mesmo controverso, porque especialistas diferentes discordam de qual deveria ser o diagnóstico, e ainda mais da intervenção, da terapia ou do tratamento necessário.

Se você quiser ter uma ideia do quanto essa questão pode ser frustrante, entre na internet e digite qualquer problema de saúde em um mecanismo de busca. Não importa qual seja. Escolha uma doença, um problema de saúde mental, dor de cabeça, o que quiser. Provavelmente encontrará muitas informações interessantes, mas também muita discordância, não só sobre as causas do problema, mas principalmente sobre o que fazer em relação a ele. Você pode ficar um pouco desiludido, percebendo o quanto os especialistas discordam uns dos outros. Se eles discordam, como uma pessoa que tem um problema e não é especialista pode saber qual é o melhor procedimento para ela sem desperdiçar uma enorme quantidade de tempo ou dinheiro; ou, na pior das hipóteses, perder a vida porque tentou uma solução que não era a certa para ela?

Vamos falar mais sobre o desperdício de tempo e dinheiro. Digamos que você fez essa busca na internet e descobriu que havia dez sugestões diferentes de como lidar com seu problema. Tentou seis delas antes de tentar aquela que o beneficiou mais. Nesse caso, provavelmente desperdiçou muito tempo e dinheiro nas primeiras cinco que não ajudaram a resolver seu problema.

Não seria maravilhoso se houvesse uma fonte de todos os problemas? Nesse caso, você poderia tratá-la para resolver quaisquer que fossem os seus. Isso teria várias vantagens. Você não desperdiçaria tanto tempo e dinheiro porque só trabalharia em uma coisa. Se houvesse uma fonte de todos os problemas ela teria de ser a dos seus, para você acreditar que, tratando-a, melhoraria em todos os sentidos. Poderia até mesmo dizer: "Se estou curando a única fonte, sei que estou fazendo o melhor para meu problema."

Você poderia ter paz de espírito por saber que estava fazendo o melhor — trabalhando na única fonte; que estava economizando muito dinheiro; que estava economizando um tempo precioso e energia tratando diretamente essa única fonte.

O último motivo pode ser o maior de todos. Se houvesse uma fonte de todos os problemas, e você tivesse dez, poderia resolver todos de uma só vez, porque proviriam da mesma fonte. Se tratasse essa única fonte, trataria todos os dez piores problemas que o impedem de ter a vida, os relacionamentos, a paz, a prosperidade e o sucesso que deseja. Poderia lidar com tudo isso ao mesmo tempo em vez de fazê-lo à moda antiga tratando um problema de cada vez, passando por aquele complexo de sintomas e usando uma intervenção diferente para cada problema.

Portanto, há muitas vantagens em haver uma única fonte para todos os problemas de saúde.

Bem, prepare-se para comemorar, pois a única coisa em que a maioria das pessoas na área de saúde concorda é que há uma única fonte de quase todos os problemas. Esse é nosso Primeiro Segredo!

PRIMEIRO SEGREDO:
EXISTE APENAS UMA FONTE DE ENFERMIDADE E DOENÇA

Vamos voltar ao nosso exemplo da busca na internet por um problema de saúde. Lembra-se de nossa frustração porque os especialistas discordavam sobre como tratar o problema? Bom, a única coisa em que quase todos concordam é que praticamente todos os problemas de saúde se originam de um problema: ESTRESSE! Na verdade, nos últimos 10-15 anos isso se tornou tão universalmente aceito que até mesmo o governo federal dos Estados Unidos o reconheceu publicamente.

Como já dissemos, o CDC em Atlanta afirma que 90% de todas as doenças e enfermidades estão relacionadas com o estresse. O Dr. Bruce Lipton, em uma pesquisa que conduziu em 1998 para a Stanford University Medical School, discorda. Baseado em seu trabalho de laboratório, ele acredita que mais de 95% de todas as enfermidades e doenças estão ligadas ao estresse.

A grande mídia cobre regularmente esse tema. O "Health Guide" on-line do *New York Times* salienta que "o estresse pode ser resultado de qualquer situação ou pensamento que deixe você frustrado, zangado ou ansioso. O que é estressante para uma pessoa não necessariamente o é para outra".

Em setembro de 2004, a *Newsweek* trouxe uma matéria de capa intitulada "The New Science of Mind & Body" ["A nova ciência de mente e corpo"]. Publicou artigos sobre "Forgiveness and Health" ["Perdão e saúde"], "Stress and Infertility" ["Estresse e infertilidade"], "Clues to Heart Disease" ["Pistas da doença cardíaca"] e outras. Mais adiante voltaremos à ideia de perdão e saúde. Outra revista de notícias importante, a *Time*, em sua capa, chamou a hipertensão de "assassina silenciosa" que estava fugindo ao controle. O estresse foi repetidamente identificado como uma causa de hipertensão.

Tenho páginas e mais páginas de pesquisa sobre o estresse como fonte de doenças. Um artigo no *USA Today* de 30 de maio de 2004 intitulado "Manage Stress, Manage Illness" ["Controle o estresse, controle a doença"] citou fontes de Harvard, da Arizona State University, University of North Carolina, National Heart, Lung and Blood Institute, Michigan Technological University, American Medical Association (AMA), Tulane University, Indiana University Cancer Center e Department of Health and Human Services. Outros estudos são da Mayo Clinic, Vanderbilt University, do Yale Stress Center, da Harvard Medical School, do CDC, do Anderson Cancer Center, da National Academy of Sciences, Boston University — a lista continua e aumenta a cada semana quando surge uma nova pesquisa.

Então, o que significa tudo isso? Significa que a primeira pergunta que deveríamos nos fazer baseados nas últimas pesquisas é: "Que estresse está causando isso e como posso removê-lo?"

Antes de podermos responder a essa pergunta, precisamos responder a outra: "O que é exatamente o estresse no corpo?"

A FISIOLOGIA DO ESTRESSE

O que é exatamente estresse? É receber uma conta pelo correio? Brigar com o vizinho? As coisas não saírem como planejamos? Preocupação com a saúde? Sim, pode ser isso, e muito mais. Porém, há uma diferença crucial entre problemas circunstanciais que normalmente consideramos estresse e o estresse fisiológico que resulta em enfermidade e doença.

Em resumo, o estresse fisiológico ocorre quando o sistema nervoso está em desequilíbrio. O sistema nervoso central pode ser descrito usando-se a analogia de um automóvel. Se você ficar apertando continuamente os pedais do acelerador e do freio acabará quebrando alguma coisa. O carro é projetado para funcionar bem com o acelerador e o freio em um equilíbrio harmonioso. O mesmo pode ser dito sobre o sistema nervoso central. Esse sistema tem duas partes, como o acelerador e o freio do carro. O acelerador é semelhante ao sistema nervoso simpático (acelerando as coisas), enquanto o sistema nervoso parassimpático funciona como o freio (desacelerando-as). Na medicina convencional, o melhor teste para avaliar o estresse fisiológico, chamado de Variabilidade da Frequência Cardíaca (VFC), mede o equilíbrio ou desequilíbrio nesses sistemas. Falaremos mais sobre esse teste depois.

A maior parte do sistema nervoso é chamada de sistema nervoso autônomo (SNA). "Autônomo" significa "automático", porque não temos de pensar nele. Ocorre automaticamente. Na verdade, 99,99% de tudo que acontece no corpo em um determinado momento é controlado pelo sistema nervoso autônomo. Cinco trilhões de bits de informações entram no cérebro a cada segundo, mas só temos consciência de 10 mil bits.

Por exemplo, você não pensa no alimento que ingeriu no jantar em seu intestino delgado. Não tem de pensar em movê-lo para o próximo segmento do intestino; em acrescentar amilase para quebrar proteínas ou lipase para quebrar gordura; e em aumentar a insulina para lidar com o excesso de açúcar. Você não pensa em seus rins se livrando do excesso de sódio porque salgou demais seu alimento. Não pensa em seu fígado se desintoxicando dos pesticidas que estavam nos vegetais, nem em seu sistema imunológico combatendo as bactérias que vieram com o alimento. Poderíamos continuar indefinidamente, mas já é possível ter uma ideia. Quase tudo que acontece no corpo, inclusive o crescimento capilar, é automático. Você não tem de pensar sobre isso. Não é maravilhoso? Não haveria horas suficientes no dia se você tivesse de pensar em todas essas coisas acontecendo!

TUDO TEM A VER COM EQUILÍBRIO

Há duas partes no SNA e, novamente, tudo tem a ver com equilíbrio. Há o sistema nervoso parassimpático (SNP), encarregado do crescimento, da cura e manutenção. Inclui a maioria das coisas automáticas das quais acabamos de falar.

Também há o sistema nervoso simpático (SNS), criado para uso muito menos frequente, mas com um papel muito importante na saúde e na doença. O SNS é o que chamamos de sistema de "luta ou fuga". É o sistema de alarme. Visa salvar nossa vida em um determinado momento, de modo muito parecido com quando você dirige um carro na estrada. Na maior parte do tempo usa o acelerador, mas o freio pode salvar sua vida.

Muitas coisas acontecem durante a reação de luta ou fuga. O fluxo sanguíneo muda totalmente. Não vai mais para o estômago a fim de digerir o alimento. Não vai mais para os lobos frontais do cérebro para promover o pensamento criativo. Não vai mais para os rins e o fígado. A maior parte do sangue agora vai para os músculos, porque seu corpo pensa que terá de lutar mais ou fugir mais rápido do que está ameaçando sua vida. Então você não precisa digerir aquele alimento no intestino, desintoxicar o fígado, equilibrar os eletrólitos nos rins ou ter pensamento criativo, porque nada disso terá importância se não sobreviver nos próximos minutos. Mais uma vez, essas coisas acontecem automaticamente.

O NÍVEL CRUCIAL DE ESTRESSE CELULAR

Embora visem salvar sua vida, essas mudanças, mantidas ao longo do tempo por estresse contínuo, podem causar dano aos seus órgãos, afetando especial e diretamente o sistema imunológico. É isso que acontece no nível orgânico. Vamos falar apenas por um minuto no que acontece no nível celular. Tenho uma amiga Ph.D. em nutrição e médica naturopata. Ela não entendia por que muitas pessoas não melhoravam quando lhes prescrevia as vitaminas, os suprimentos nutricionais e os minerais apropriados. Mas, sem dúvida, eram os certos. Minha amiga é uma ótima médica. O que não entendia bem era o efeito do estresse no nível celular.

Na Marinha, quando um navio é atacado, a manutenção, os reparos e as atividades normais param. Todos os membros da tripulação que estão dormindo ou comendo têm de ir para as "estações de batalha". Quando o alarme de incêndio (SNS) soa, nossas células interrompem seu crescimento normal, a cura e a manutenção. Por quê? O alarme de incêndio só deve soar em uma emergência, e todas essas atividades podem esperar alguns minutos enquanto lutamos ou fugimos para salvar nossa vida. As células, literalmente, se fecham, como um navio fecha as escotilhas no momento de um ataque. Nada entra ou sai. Durante uma batalha, você não vê um barco de apoio se aproximando de um navio de guerra para fornecer alimento ou descarregar lixo. Do mesmo modo, nossas células não recebem nutrição, oxigênio, minerais, ácidos graxos essenciais (AGE) etc. nem se livram de resíduos e toxinas sob estresse. Tudo para, exceto o que é necessário para sobreviver. Isso resulta em um ambiente dentro da célula que é tóxico e não permite crescimento e reparo. De fato, o Dr. Bruce Lipton diz que é exatamente assim que adquirimos doenças genéticas e outras enfermidades. Por outro lado, a mesma pesquisa em Stanford descobriu que as células abertas, em crescimento e em condições de curar, são literalmente fechadas para enfermidades e doenças. Deixe-me repetir essa afirmação, porque é a mais importante que ouvi no campo médico em muito tempo. "Uma célula em crescimento e em condições de curar é fechada para doenças." Isso é incrível!

Como você pode ver, a reação de luta ou fuga é necessária para salvar nossa vida em emergências, mas não deve ser mantida por longos períodos. O problema é que as pessoas comumente a mantêm por muito tempo. Quando isso acontece, há um resultado inevitável. Algo acaba falhando e se revelando como um sintoma. Quando temos vários sintomas, chamamos isso de doença. Uma doença é simplesmente o ponto em que o elo fraco na corrente se rompeu sob a pressão chamada estresse.

QUÃO CHEIO ESTÁ SEU BARRIL?

A Dra. Doris Rapp é considerada por muitos a melhor alergista do mundo. Escreveu vários livros, principalmente sobre alergias em crianças. A Dra. Rapp criou uma teoria que chamou de "o barril de estresse". Segundo essa teoria, todos nós temos um barril interno que é a quantidade de estresse com que podemos lidar antes que algo falhe. Enquanto nosso barril não está cheio, podemos ter novos estressores em nossa vida ou nosso corpo e lidar bastante bem com eles sem que nos afetem negativamente. Quando nosso barril transborda, o elo mais fraco se rompe.

Quando o alarme de incêndio é acionado, o cérebro envia uma mensagem para o sistema imunológico através das células diretamente ligadas às terminações nervosas. Elas são chamadas de dendritos. Quando eu estava na faculdade de medicina, aprendíamos que essas eram imunes células. Então os neurologistas as reivindicaram porque apresentam neurotransmissores, os mesmos que as células nervosas usam. Por isso, agora são chamadas de "células imunes neurais" porque é o que são — parte do sistema nervoso e a ligação direta com o sistema imunológico. Sua mensagem é "feche", "pare".

SISTEMA IMUNOLÓGICO EM ESPERA

Por que o cérebro enviaria essa mensagem para o sistema imunológico? Pense um pouco a respeito. Qual é o objetivo do SNS? Salvar nossa vida. E qual é o objetivo do sistema imunológico? Combater bactérias, vírus, fungos, fazer reparos e destruir células anormais (cancerosas). Alguma dessas coisas tem de acontecer nos próximos cinco minutos? É claro que não. Além disso, o sistema imunológico usa uma enorme quantidade de energia. Lembre-se de que, nos próximos cinco minutos, queremos usar toda a nossa energia e todos os nossos recursos para um objetivo: salvar nossa vida! Então, tudo que não é essencial nesses minutos para de funcionar.

Tudo bem que nosso sistema imunológico não combata bactérias ou fungos, e que o alimento não seja digerido por cinco minutos. O problema é que, hoje em dia, vivemos em um estado contínuo de luta ou fuga.

Quando viajamos pelo mundo fazendo o teste de Variabilidade da Frequência Cardíaca, observamos um fenômeno fascinante e relevante. Durante esse teste, perguntávamos a cada pessoa: "Você se sente estressado hoje?" Cerca de 50% respondiam "sim" e cerca de 50% "não". Dos 50% que respondiam que não se sentiam estressadas, mais de 90%, quando submetidas ao teste, estavam sob estresse fisiológico — o tipo de estresse que pode levar a enfermidades e doença.

Certa vez, vi um adesivo no para-choque traseiro de um carro: "Se você comprou, um caminhão o trouxe." Bem, detesto caminhões. Acho esses caminhões grandes nas rodovias muito ameaçadores. Pelo menos em mim, provocam a reação de luta ou fuga. Acho que todo esse frete deveria ser por ferrovia. Ainda assim, tenho de admitir que tudo em minha casa veio em um caminhão — inclusive minha própria casa! Na verdade, eu a mandei fazer em uma fábrica, uma peça de cada vez, e foi trazida para meu terreno em um caminhão. Se você tem um problema de saúde, foi trazido pelo estresse fisiológico — todos os problemas de saúde sempre são trazidos por esse tipo de estresse.

Recebemos um telefonema de um homem que recentemente assistira a um de nossos seminários. Ele telefonou para nos dizer que, após ouvir essa informação, foi para casa e fez uma busca na internet sobre estresse. Descobriu mais de 67 milhões de sites que pelo menos continham a palavra "estresse". Se você os examinar, provavelmente descobrirá que, se tem um problema de saúde, veio do estresse. Sendo isso verdade, sempre que fica resfriado, sempre que tem uma dor que não consegue identificar, se seu médico lhe diz a terrível palavra "câncer" — em resumo, qualquer que seja seu problema de saúde —, deve se perguntar: "Que estresse causou isso e como posso removê-lo?"

Então, por que você não está se fazendo essa pergunta? Porque até agora não tinha um modo consistente, confiável e comprovado de lidar com o estresse. O que funciona para um problema e uma pessoa é ineficaz para outro problema e outra pessoa. O motivo é que faltava uma peça do quebra-cabeça: o Terceiro Segredo, do qual falaremos daqui a alguns minutos.

SEU CENTRO DE CONTROLE DE ESTRESSE

O estresse é controlado no sistema nervoso central. O estresse fisiológico, em particular, é criado através do eixo hipotálamo-pituitária-adrenal (HPA). O hipotálamo e a pituitária (ou hipófise) antes eram considerados glândulas mestras. Na verdade, a pituitária é uma interface de liberação com o sangue que permite que os hormônios sejam secretados para a corrente sanguínea. O hipotálamo serve como uma unidade de processamento central para o cérebro inteiro. Tem conexões com todo o sistema límbico — os centros emocionais do cérebro. Na verdade, tem conexões nervosas com quase todas as partes do cérebro e se conecta com o resto do corpo por meio dos hormônios que produz e libera através da hipófise. Eis uma breve lista de algumas funções que o hipotálamo controla:

1. Pressão arterial
2. Temperatura corporal
3. Regulação da água corporal pela sede e função renal
4. Contratilidade uterina
5. Lactação
6. Impulsos emocionais
7. Hormônio do crescimento
8. Glândulas suprarrenais
9. Hormônio da tireoide
10. Função do órgão sexual

Fisiologicamente, os efeitos do estresse causam mudanças em todos os órgãos anteriormente citados, especialmente na liberação de adrenalina, cortisol, glicose, insulina e hormônio do crescimento.

Como medir o estresse no corpo? Podemos medir os níveis individuais dos itens supracitados. Contudo, um teste chamado Variabilidade da Frequência Cardíaca (VFC) se tornou o padrão para medir o estresse fisiológico. É valioso porque reflete o equilíbrio no sistema nervoso autônomo. Na medicina, os melhores testes são simples, confiáveis, facilmente reproduzíveis e medem o que você deseja. O teste de Variabilidade da Frequência Cardíaca é um belo exemplo disso. É simples porque mede o aumento e a diminuição (a variabilidade) da frequência cardíaca em relação aos padrões respiratórios; confiável porque é um "padrão ouro" e o melhor exame médico que temos para avaliar o sistema nervoso autônomo.

No SNA, equilíbrio representa crescimento e cura, que resultam em saúde, enquanto o desequilíbrio ou estresse leva a enfermidades e doença. É esse equilíbrio que podemos promover e medir científica e sistematicamente com os Códigos da Cura. Nosso programa de VFC de categoria comercial era muito caro quando o compramos, mas agora você pode comprar equipamentos para testes de Variabilidade de Frequência Cardíaca e programas para usar em seu computador por menos de mil dólares e provar isso para si mesmo.

SINTOMAS: O ELO MAIS FRACO SE ROMPE

Como o corpo manifesta o estresse? No que chamamos de doenças ou sintomas. Por que há tantos sintomas ou doenças diferentes se só há uma causa? A resposta é simplesmente o fato de rompermos o elo mais fraco, talvez devido à predisposição genética, a alguma toxina que ingerimos ou a uma lesão física anterior.

Vamos prosseguir passo a passo. Digamos que você tenha um problema chamado doença do refluxo gastroesofágico. Passa por estresse. O estresse reduz o tônus muscular em torno do esôfago inferior, porque isso exige sangue e energia, que estamos usando para lutar ou fugir. Agora o ácido no estômago reflui para o esôfago, lesionando-lhe a parede. Essas células são repetidamente lesionadas, causando dor e, com o tempo, úlceras ou câncer. Mas só fazem isso porque não estão em modo de crescimento, cura e reparo. Se estivessem, poderiam se proteger do banho ácido. Então você manifesta a doença do refluxo gastroesofágico.

A solução médica é prescrever um comprimido roxo para deter o ácido. Isso ajuda bastante a reduzi-lo, mas o problema é que o ácido é necessário para a digestão. Além disso, mata as bactérias ingeridas com o alimento. Quando mascaramos o sintoma, criamos dois novos problemas. A carga bacteriana extra sobrecarrega o sistema imunológico. O alimento fica no estômago por mais tempo até o estômago finalmente produzir ácido suficiente para digeri-lo, mas agora o esôfago fica exposto ao ácido por mais tempo. Um círculo vicioso. Então, queremos mascarar o sintoma ou tratar a fonte?

Obviamente, queremos tratar a fonte e, como já mostramos claramente, a fonte é o estresse.

O QUE O CÓDIGO DA CURA FAZ COM O ESTRESSE

Como já foi mencionado, o teste VFC é o melhor exame médico que existe para medir o estresse fisiológico no sistema nervoso autônomo. É usado há mais de trinta anos na medicina convencional e se inclui na mesma categoria da tomografia computadorizada (TC) e ressonância magnética (RM), no sentido de que não reage nem 1% ao "efeito placebo", cujo significado básico é "tudo está na sua cabeça".

Quando descobri o Código da Cura, procurei modos de testá-lo porque primeiro queria me certificar de que era "real". Conhecia o teste de VFC e já o havia usado para testar outras modalidades de cura, como o equilíbrio de chacras e pontos de acupuntura — o chamado sistema de meridianos. Muitas pessoas encontram alívio nessas terapias, que geralmente envolvem a compressão ou fricção de pontos de acupuntura, meridianos ou chacras. Porém, segundo nossa experiência, elas voltam a apresentar "desequilíbrio" (que indica estresse) uma ou duas horas após a terapia.

De fato, há resultados reais. De 1998 a 2001, fiz quatro testes de VFC para avaliar modalidades de cura que usam o sistema de chacras/pontos de acupuntura. Segundo o VFC, de cinco a nove pessoas, num grupo de dez, permaneceram em equilíbrio após uma sessão (dependendo do grupo). Contudo, 24 horas depois, o número das que permaneceram em equilíbrio (estado normal ou falta de estresse fisiológico) caiu muito — para apenas duas em dez.

Por outro lado, quando pessoas foram submetidas a uma pré-sessão de VFC, fizeram um Código da Cura e depois uma pós-sessão de VFC, de oito a nove, em dez, estavam em equilíbrio após uma sessão de Código da Cura (isto é, em vinte minutos ou menos). Após 24 horas, entre sete e oito, em dez, permaneciam em equilíbrio.

Em 1998, em um livro intitulado *Stopping the Nightmares of Trauma*, o Dr. Roger Callahan reviu trinta anos de uso dos testes de VFC, e afirmou que só havia duas modalidades citadas na literatura consideradas capazes de restabelecer sistematicamente o equilíbrio do sistema nervoso autônomo. Ambas levavam no mínimo seis semanas para produzir efeito. Uma era realizada em seres humanos e outra em cães. Claramente, o sistema nervoso autônomo é muito resistente a mudanças rápidas. É por esse motivo que é tão difícil mudar o metabolismo ou emagrecer.

Compare isso com pessoas testadas com o Código da Cura que passam do "desequilíbrio" para o "equilíbrio" em vinte minutos ou menos — o que significa que, em vinte minutos ou menos, o sistema imunológico, antes não funcionando como deveria, torna-se capaz de funcionar normalmente e curar o que precisa ser curado.

Uma das coisas com que eu (Ben) fiquei muito impressionado — e outros médicos, fabricantes de aparelhos para testes de VFC e especialistas podem confirmar — foi que nossos resultados não só são sem precedentes na história da medicina como também, quando obtidos repetidamente, foram considerados impossíveis por muitos médicos.

Embora os resultados desses testes de VFC não tivessem sido um estudo formal, clínico, controlado ou de duplo cego, certamente forneceram um elemento de prova de que precisávamos para mostrar a pessoas de mente aberta que o Código da Cura pode remover o estresse do corpo de uma maneira que é necessária para a cura duradoura e que nunca havia sido medida. De fato, o Dr. Callahan afirmou que "de modo geral, os estudos de duplo cego visam mostrar que um tratamento está fazendo uma diferença, quando ninguém sabe dizer se está". Se é óbvio que a terapia ou o tratamento está surtindo efeito e não causa nenhum dano, a necessidade de estudos de duplo cego diminui muito.

Também segundo o Dr. Callahan, a necessidade de estudos controlados e de duplo cego é muito menor ao lidarmos com o teste de Variabilidade de Frequência Cardíaca, porque ele não é nem 1% suscetível ao efeito placebo de "tudo está na sua cabeça". Esse é o principal fator que torna os estudos controlados e de duplo cego necessários — excluir o efeito placebo.

O outro elemento de "prova" foi fornecido pelos resultados reais, constantes e previsíveis de nossos clientes.

Eis o que aconteceu em uma conferência que fizemos, conforme relatado pela diretora:

> O Dr. Alex Loyd e o Dr. Ben Johnson foram os principais palestrantes na última conferência da Pinnacle Quest International (PQI) em Ixtapa, México. Havia centenas de pessoas de todo o mundo. Durante um período de três dias, o Dr. Loyd trabalhou com 142 pessoas que tinham um problema físico ou não físico que as incomodava. O Dr. Loyd deu a cada uma o Código da Cura apropriado para a memória celular ligada àquilo que a incomodava mais. Todas as 142 pessoas relataram que a memória celular foi zerada em alguns minutos — uma taxa de sucesso de 100%! Em todos os três dias houve gente rindo, chorando de alegria e esperando na fila ao redor do estande dos Códigos da Cura. Pessoas até mesmo mencionaram uma surpreendente cura física resultante da autoadministração de um Código. A palavra milagre foi a mais ouvida. Uma mulher de Montreal, Canadá, que considerou isso um milagre, havia comentado antes de fazer o Código da Cura que "se essa memória fosse zerada ela poria pôsteres do Dr. Loyd em todos os cômodos de sua casa".
>
> Devido a muitas curas desse tipo, a notícia de que se podia ter uma mudança de vida no estande dos Códigos da Cura se espalhou durante a conferência. Além disso, o Dr. Loyd e o Dr. Johnson falaram cinco vezes e tivemos de deixar pessoas de fora de várias sessões quando a notícia sobre os Códigos da Cura se espalhou.
>
> — *Dra. Ellen Stubenhaus, membro do conselho da PQI*

É por isso que afirmamos com confiança que o Código da Cura trata a fonte de doença e enfermidades no corpo.

MUITOS SINTOMAS, UMA CAUSA

Recentemente obtive um depoimento de um homem que havia comprado o pacote dos Códigos da Cura para outra pessoa. Ele chegou em casa, leu o manual e decidiu experimentar aquilo antes de dá-lo para seu amigo. Tinha múltiplas lesões de pele em todo o corpo. Já havia falado com seu médico sobre removê-las e fazer uma cirurgia plástica. Tinha uma lesão na testa, várias lesões nas costas e uma no alto da cabeça. Começou a fazer os Códigos e em um tempo relativamente curto — uma questão de semanas — as lesões descamaram e finalmente desapareceram, exceto por uma na cabeça na linha capilar. Foi quando nos telefonou. Noventa por cento das lesões haviam desaparecido e ele estava certo de que aquela também desapareceria.

Como algo físico, como múltiplas lesões de pele, pode ser curado em semanas? O estresse está na origem desse problema, e os Códigos da Cura removem o estresse. Quando o estresse é removido, o sistema imunológico e de cura são capazes de curar quase tudo. Normalmente, quando pensamos em tentar algo como os Códigos da Cura, pensamos em problemas emocionais, mas o estresse está na origem de todos os problemas, emocionais e físicos.

Por favor, entenda que o Código da Cura não "trata" nenhum dos problemas físicos e não físicos de que estamos falando — doenças, problemas mentais e emocionais, dores de cabeça, fadiga. Nenhum. Nunca tratou e nem tratará. Só trata de questões do coração, o que reduz ou remove o estresse fisiológico no corpo.

Esse é o Primeiro Segredo: a única fonte de enfermidades e doença no corpo é o estresse fisiológico, e foi descoberto que os Códigos da Cura removem esse tipo de estresse no corpo de um modo sem precedentes na história.

O QUE OS USUÁRIOS DOS CÓDIGOS DA CURA DIZEM (RESULTADOS DE VFC)

O Dr. Alex Loyd e o Dr. Ben Johnson foram os principais palestrantes em nossa conferência anual Scholar's Reunion, no ano passado. Eles ensinaram a todos os Códigos da Cura — feitos antes e após testes de VFC para mostrar sua eficácia — e apresentaram o material de treinamento avançado. Das cinquenta pessoas na conferência, somente duas não ficaram em equilíbrio após uma sessão do Código da Cura. Seis dessas mesmas pessoas foram submetidas novamente ao teste 24 horas depois, e todas ainda estavam em equilíbrio sem nenhuma intervenção adicional. Acho que não foi nenhuma coincidência o fato de que, quando foi perguntado no final da conferência quem havia experimentado cura física ou não física durante o fim de semana como resultado dos Códigos da Cura, todas as pessoas levantaram as mãos. Havia participantes com doenças graves, alguns com ótima saúde e outros entre esses extremos. Os Códigos funcionaram para todos.

— Bill McGrane, McGrane Institute, Inc.

Participei de uma de suas incríveis sessões. Minha VFC estava tão baixa que vocês ficaram preocupados comigo. Naquela época, só fiz o Código que me ensinaram. Minha depressão diminuiu e me sinto tão bem que me esqueci de fazer os Códigos. Oooooops!

— Marilyn

Em 2003, participei de um treinamento para coaches em Kansas City. Em determinado ponto, pessoas foram convidadas a ir para a frente da sala para serem observadas pela classe enquanto sua VFC era monitorada e pensavam sobre um assunto que lhes causava fortes emoções. Ofereci-me para ir porque andava em um crescente estado de luta ou fuga em relação a uma decisão de negócios que tomara algumas semanas antes. Sentia uma enorme pressão financeira e a ideia de ir até minha caixa de correio pegar o que certamente seria um monte de contas da nova empresa me deixava totalmente em pânico.

A parte mais perturbadora disso era que, antes de tomar a decisão, eu havia planejado tudo nos mínimos detalhes, me sentido muito bem e até mesmo conseguido clientes para meus serviços. Naquele ponto, não tinha do que me arrepender. Sabia que o nó em meu estômago e o medo incapacitante não se baseavam em nada que estava acontecendo no momento.

Quando chamado para a frente da sala, sentei-me em uma cadeira. A grande tela estava fora do meu campo de visão, mas as pessoas conseguiam ver os resultados de meu teste de VFC. O Dr. Loyd me disse para fechar os olhos e relaxar enquanto ele começava a fazer o Código da Cura em mim com a intenção de sanar as imagens associadas ao meu problema. Fiquei bastante desligado do que estava acontecendo na sala e na tela. Vi-me concentrado na sensação física de ansiedade e me perguntei se o Código da Cura funcionaria naquela situação. Continuava a ver aquela imagem da ida até a caixa de correio com uma sensação de pavor. Tentava tirá-la da minha mente para poder relaxar, mas o sentimento de pessimismo prevalecia.

Algo surpreendente aconteceu. Não sei ao certo quanto tempo aquilo demorou, mas subitamente notei que o nó em meu estômago estava se desfazendo. Vi meus pensamentos se voltando para lembranças de outros empreendimentos que tinham sido bem-sucedidos. Fui dominado por uma sensação de confiança. A compreensão de que, desde o início, tinha dado os passos certos para o sucesso, levou à convicção de que só precisava trabalhar e seguir o plano que estabelecera para mim mesmo. O medo que sentira quase pareceu cômico quando uma sensação de paz me invadiu, porque percebi o quanto era infundado. Dois dias depois, ainda me sentia muito equilibrado ao pensar na ida até a caixa de correio, e a leitura do teste de VFC provou que eu realmente estava em equilíbrio.

— Teri, Nashville, Tennessee*

---

* Para mais depoimentos, acesse www.thehealingcodebook.com (em inglês).

CAPÍTULO DOIS

Segundo Segredo:
O estresse é causado por um
problema de energia no corpo

Em 1905, um sujeito chamado Albert com cabelos malucos escreveu $E = mc^2$ em seu quadro-negro e o mundo nunca mais foi o mesmo. Para saber por que, você tem de entender o que significa $E = mc^2$. De um lado está o E, que representa energia. Do outro está todo o resto. Na verdade, esse é o significado de $E = mc^2$: tudo é energia e tudo se reduz a energia.

Todos os nossos problemas de saúde se originam de uma frequência de energia destrutiva. Para explicar como, eu lhe pedirei para usar um pouco sua imaginação. Digamos que de algum modo soubéssemos que eu desenvolveria um tumor no fígado em dez dias. Não sei como; estamos fazendo de conta, certo? E se fizéssemos um pequeno experimento e fôssemos ao Vanderbilt Hospital, em Nashville, para eu fazer uma ressonância magnética diariamente nos próximos dez dias? O que aconteceria em nosso experimento? No primeiro dia, o médico voltaria com os resultados da ressonância e poderia dizer: "Está tudo bem..." No segundo dia: "Não há nenhum problema..." No terceiro dia: "Por que estamos fazendo isso?..." No quarto, sexto e oitavo dia: "Isso parece sem sentido..." No décimo dia: "Ah, Dr. Loyd, há algumas células anormais em seu fígado. Deveríamos fazer uma biópsia e investigar isso."

Pergunta: *de onde vieram as células anormais?* Estávamos avaliando diariamente tudo que uma ressonância magnética pode avaliar. A resposta é que as células anormais *têm de começar em algum lugar não físico!* Na verdade, todos os problemas se originam de algo não físico.

Antes de 1905, a ciência seguia a física newtoniana, que dizia (entre outras coisas) que um átomo é matéria dura e sólida. Sabemos, há algum tempo, que isso nunca foi verdade. Se você olhar num microscópio eletrônico focado em um átomo e o aproximar cada vez mais, acabará dizendo: "Para onde ele foi? O que aconteceu com ele?", porque, quanto mais aproxima o foco de um átomo, mais o átomo desaparece, até você finalmente atravessá-lo. O que estou tentando dizer, afinal? Que o átomo não é, de modo algum, sólido. É feito de energia, como tudo mais no planeta Terra.

Tudo é energia, e toda energia tem três elementos comuns:

1. Uma frequência
2. Um comprimento de onda
3. Um espectro de cor

Portanto, seja uma mesa, uma banana, sua vesícula biliar ou um dos elementos da tabela de química do nono ano, tudo é energia. O tipo de energia pode ser determinado pela frequência. Quando isso foi comprovado matematicamente por Albert Einstein (e, a propósito, recentemente confirmado por pesquisa do telescópio Hubble), tudo no mundo mudou. Todas as indústrias que você possa imaginar começaram a avançar na direção da eletrônica e energia. A indústria automobilística, de comunicações, televisão, rádio — todas. A única que avançou mais devagar foi a indústria médica. Especialmente na medicina ocidental, essa indústria continuou a seguir as linhas da física newtoniana de antes de 1905, apesar de agora sabermos que é limitada em sua capacidade de descrever como o mundo real funciona.

Quando descobri os Códigos da Cura, uma das coisas que me convenceu de que esse sistema era legítimo foi minha pesquisa na biblioteca sobre o que as maiores mentes científicas de nossos tempos disseram, quando falaram sobre problemas de saúde. O que descobri me deixou absolutamente chocado. Nunca tinha visto aquilo, nem mesmo em meus dois programas de doutorado aos quais dediquei seis anos da minha vida.

O que descobri foi que algumas das maiores mentes científicas de nossos tempos — ganhadores do Prêmio Nobel, pessoas com doutorado em várias áreas, médicos, autores, inventores — disseram — sobre problemas de saúde — que a origem de toda saúde e doença sempre é um problema de energia no corpo. Também disseram que algum dia descobriremos um modo de resolver o problema de energia na base de todos os problemas de saúde, e que quando isso acontecer o mundo da saúde mudará para sempre.

Eis alguns exemplos do que descobri:

"Toda matéria é energia." — *Albert Einstein*

"Todos os organismos vivos emitem um campo de energia."
— *Semyon D. Kirlian. Rússia*

"O campo de energia é o início de tudo."
— *Professor Harold Burr, Ph.D., Yale University*

"A química do corpo é governada pelos campos celulares quânticos."
— *Professor Murray Gell-Mann, ganhador do Prêmio Nobel (1969), University Stanford*

"As doenças devem ser diagnosticadas e prevenidas por meio da avaliação do campo de energia."
— *Dr. George Crile, fundador da Cleveland Clinic*

"Tratar os seres humanos sem o conceito de energia é tratar matéria inanimada."
— *Dr. Albert Szent-Gyorgyi, ganhador do Prêmio Nobel (1937), Hungria*

Portanto, para resolver problemas de saúde em sua origem, você tem de resolver o problema de energia. Tem de corrigir a frequência destrutiva nas células que a ressonância magnética identifica e um médico interpreta como uma possível célula cancerosa, doença de Parkinson ou qualquer outro problema.

ENERGIA: O SALTO QUÂNTICO NA COMPREENSÃO DO NOSSO MUNDO

No passado, quase todos os fenômenos de energia eram atribuídos a divindades ou a algum ser espiritual travesso. Durante os períodos do Iluminismo e da Renascença, começamos a entender melhor como as coisas realmente funcionavam, e formamos teorias para descrever fenômenos. Cientistas como Copérnico, Kepler e Galileu contestaram antigas visões da astronomia e das órbitas celestiais e revelaram novas informações, especificamente que planetas, *inclusive* a Terra, giram em torno do Sol, ao contrário da afirmação da teoria anterior de que todos giravam em torno da Terra. Isaac Newton impulsionou o Iluminismo científico com a famosa teoria da gravidade quando uma maçã caiu em sua cabeça (segundo dizem). Também desenvolveu cálculos e as três leis do movimento. Todas essas teorias funcionaram muito bem para o que conhecíamos na época. Contudo, sabíamos que havia muitas coisas que elas não explicavam.

Quando Albert Einstein, um dos cientistas mais brilhantes que já existiu, mostrou que $E = mc^2$, o mundo científico foi lançado para um novo paradigma, muito mais condizente com o que acontecia no universo. A ciência deu um salto quântico com esse conhecimento. Agora aprendemos a usar energia de maneiras sobre as quais, quando eu era garoto, lia nas histórias em quadrinhos. Lembro-me de Dick Tracey falando com seu parceiro através de um rádio de pulso bidirecional com vídeo — hoje temos telefones celulares igualmente pequenos. Você poderia literalmente usá-los no pulso se isso estivesse na moda. E homens indo para a lua — que fantasia! Mas foram. Não tenho nenhuma dúvida de que algum dia teremos um tricorder como o usado pelo médico em *Jornada nas estrelas* e até mesmo poderemos transportar pessoas de um lugar para o outro usando campos de energia.

UMA QUESTÃO DE FÍSICA QUÂNTICA

Como tudo isso acontece? A resposta é a física quântica. A física quântica é muito difícil de explicar, mas lhe darei alguns exemplos de experimentos feitos pelo Departamento de Defesa dos Estados Unidos.

Em 1998, rasparam células do céu da boca de um sujeito e as colocaram num tubo de ensaio. Ligaram o tubo de ensaio a um detector de mentiras, ou polígrafo. Depois ligaram o sujeito a um polígrafo, mas em uma área totalmente diferente do prédio. Fizeram o sujeito assistir a diferentes tipos de programas na televisão — calmos, tranquilizadores, violentos e estimulantes. Descobriram que as células do indivíduo registravam a mesma atividade exatamente no mesmo instante que ele. Quando o indivíduo assistia a programas calmos e tranquilizadores, sua resposta fisiológica, e a de suas células, se acalmavam. Quando os programas eram estimulantes, o indivíduo e suas células apresentavam excitação fisiológica. Continuaram a separar cada vez mais o indivíduo de suas células até uma distância de 80 quilômetros. Tinham se passado cinco dias desde que as células tinham sido raspadas do céu da boca do sujeito, e elas ainda registravam a mesma atividade no mesmo instante que ele.

Outro experimento com efeitos muito parecidos, mas com dois indivíduos em vez de um e suas próprias células, foi chamado de experimento de Einstein-Podolsky-Rosen. Nesse estudo muito importante, escolheram dois indivíduos que não se conheciam, lhes deram alguns minutos para se conhecerem superficialmente e depois os puseram a 15 metros um do outro em uma gaiola de Faraday (gaiola eletromagnética). A gaiola de Faraday impede a entrada e saída de frequências de rádio e outros sinais. Por exemplo, você pode pôr uma antena de transmissão de FM em uma gaiola de Faraday e, a 15 metros de distância, não conseguir receber essa frequência e sintonizar seu rádio nela, porque a gaiola a bloqueia. Em resumo, a gaiola de Faraday bloqueia energia normal, mas permite o fluxo de energia quântica.

Uma vez dentro da gaiola, os dois indivíduos foram ligados a um eletrencefalógrafo (EEG), que monitora a atividade neurológica. A luz de uma lanterna foi projetada nos olhos do primeiro sujeito, mas não nos do outro. A luz projetada nos olhos dessa maneira causa atividade neurológica mensurável e uma visível contração das pupilas. No instante em que fizeram isso, a atividade neurológica medida pelo EEG e a contração das pupilas dos dois indivíduos foram as mesmas. Eles trocaram os indivíduos e os afastaram cada vez mais, sempre com esses resultados.

FENÔMENOS PARANORMAIS OU FÍSICA QUÂNTICA?

A conclusão tirada desse estudo é que estamos sempre transferindo informações em um nível inconsciente para pessoas a quem estamos ligados até mesmo superficialmente. Isso explica pela primeira vez as centenas de casos confirmados do que, durante décadas, pareceu ser atividade paranormal. Um exemplo: uma mãe está almoçando com uma amiga em Nova York e, às 12h15, ergue olhos de sua salada com uma expressão horrorizada no rosto e diz para a amiga: "Aconteceu alguma coisa com Jane... preciso ligar para Jane." Ela abandona imediatamente o almoço e liga para a Califórnia, tentando encontrar sua filha, Jane. Descobre que exatamente às 12h15 Jane sofreu um acidente de carro e está abalada, mas bem.

Um desses casos aconteceu com pessoas que eu conhecia quando era criança. Meu melhor amigo se chamava John. Seus pais, Marina e George, tinham feito uma breve viagem para Fairfield Glade, a cerca de uma hora e meia de casa, deixando John aos cuidados de sua irmã mais velha, Tina. Na metade do caminho, a mãe de John disse para o marido: "Temos de voltar para casa agora. Johnson está com problemas." Ao chegarem em casa, algum tempo depois, encontraram John com a cabeça enfiada entre as grades do corrimão da escada, enquanto sua irmã escutava música com um fone de ouvido e não o ouvia gritando. John estava bem, mas aflito.

Então, como Marina soube que John estava aflito e em perigo? Durante muitas décadas, atribuímos isso a percepção extrassensorial ou vários outros fenômenos paranormais. Graças ao experimento de Einstein-Podolsky-Rosen, agora sabemos que foi simplesmente um resultado das leis absolutas da natureza chamadas de física quântica. No caso de Jane e sua mãe, e do meu melhor amigo John, a transferência inconsciente das informações simplesmente alcançou o pensamento consciente dos indivíduos envolvidos. Embora incomum, isso não é de modo algum desconhecido. Na verdade, cada vez mais pessoas estão descobrindo modos de acessar essas informações através do uso da física quântica para fins curativos.

Isso nos leva ao tema do misticismo, porque, sem a explicação da física quântica, esses experimentos científicos pareceriam místicos. O que no passado chamávamos de "místico" na maioria das vezes é apenas o cenário em que alguém aprendeu a usar as funções naturais da física quântica para um determinado fim. Ou, como no caso anterior, acontece por acaso. Há pessoas capazes de curvar objetos de metal ou mover coisas com sua mente. Ou que parecem saber coisas que não teriam como saber. É claro que também há os mágicos, mas eles não usam física quântica, usam prestidigitação ou ilusionismo. Não é disso que estamos falando. A verdade é simplesmente que antes não entendíamos como isso podia ocorrer. Quando começamos a entender a física quântica, obtivemos insights de como essas coisas realmente são possíveis. De fato, uma das teorias de referência da física quântica é que, dada oportunidade suficiente, quase nada é impossível. Portanto, o que considerávamos místico não é, de modo algum, é apenas física quântica que não entendíamos porque estávamos operando de acordo com as teorias newtonianas.

UMA DEMORADA MUDANÇA DE PARADIGMA

Precisamos ter medo da física quântica? De forma alguma. É o modo como o universo funciona e sempre funcionou. Só que antes não o entendíamos. Como você verá mais adiante neste livro, o conhecimento da física quântica está permitindo os maiores avanços na cura e saúde que já experimentamos. É um novo conhecimento, uma nova mudança de paradigma de pensamento, mas uma mudança que devemos fazer. Pense só nisto: se você fosse transportado para Salem, Massachusetts, em 1692, e pegasse seu celular e ligasse para um amigo, o que acha que aconteceria? A física de um microfone, baterias, chips, visores de LED ou frequências de rádio viajando pelo ar era desconhecida. Você seria julgado por feitiçaria porque a física era desconhecida. Há algo de diabólico nos telefones celulares? (Minha mulher diria que sim.) Isso significa que a física não existia? Se, naquela época, você tivesse dois rádios e os utilizasse, falaria com outra pessoa? É claro que sim! A física não mudou, o que mudou foi apenas seu conhecimento, sua compreensão e aplicação.

As primeiras pessoas a descobrir certos aspectos da física e do modo como o universo foi criado sempre foram mal-interpretadas e às vezes perseguidas ou martirizadas. A lista é longa e famosa. Copérnico (que descobriu que a Terra e outros planetas giram em torno do Sol), Galileu (que provou a teoria de Copérnico matematicamente), Colombo (que provou que o mundo era redondo) e muitos outros foram perseguidos por descobrir verdades científicas. Todos os marinheiros nas caravelas *Santa Maria, Pinta* e *Nina* estavam totalmente convencidos de que navegariam até a beira da Terra porque acreditavam que ela era plana. Acreditavam na velha teoria que não só não era verdade naquela época, como nunca foi.

Mas não espero encontrar um grande conhecimento da física quântica entre o público ou até mesmo entre educadores. Eu (Ben) recentemente vi no livro de ciências do nono ano da minha filha que ela estava aprendendo a mesma física newtoniana que aprendi, 45 anos atrás. O trágico é que sabíamos, mesmo quando eu estava na escola, que essa teoria era obsoleta. Uma velha teoria demora anos ou até mesmo décadas para deixar de fazer parte da mentalidade geral, mesmo quando não é mais adequada.

Felizmente, hoje cada vez mais pessoas estão entendendo a importância da energia como é descrita pela física quântica, apesar de estar sendo ignorada na educação geral. Rever os princípios é essencial para que você compreenda o poder revolucionário do Código da Cura.

AS MUITAS FACES DA ENERGIA

A energia pode assumir muitas formas. Por exemplo, há a energia que chamamos de "luz". Ela abrange certo espectro da frequência de energia, de 4,3 x 1014 – 7,5 x 1014. Detectamos essas frequências com nossos olhos. Há frequências de som. Nós as detectamos com nossos ouvidos e receptores em nossos pés e tecidos corporais. Há a energia infravermelha, que detectamos como calor. Há também a ultravioleta, que está além do que podemos ver nessa ponta do espectro de luz. Há muitas outras frequências de energia que nosso corpo não tem receptores para detectar. Essas, é claro, já foram consideradas místicas, mas agora temos instrumentos capazes de detectá-las. Nós as chamamos de raios X, ultrassom, radar, UHF, VHF etc. A lista é infinita.

As frequências têm três componentes principais. Um deles é quantas vezes a frequência muda de positiva para negativa em um determinado período de tempo. Geralmente designamos esses ciclos por segundo. Por exemplo, na Europa a eletricidade completa 120 ciclos por segundo e nos Estados Unidos, 60 ciclos. Há a amplitude, que é a magnitude da onda acima e abaixo da linha de base, ou do ponto zero. E há a forma da onda. Sim, as ondas têm formas. Há a onda senoidal, que é bonita, simétrica, curvada, suave e lembra uma onda do oceano. Há as pontas-onda, que se projetam em linha reta para cima e para baixo como agulhas. Há ondas quadradas e de muitas outras formas. Há frequências que usamos para carregar outras frequências. Agora descobrimos como enviar centenas de milhares de mensagens por segundo através de uma minúscula fibra usando frequência de luz. Chamamos isso de fibra ótica, que usamos todos os dias quando falamos pelo telefone. Isso tudo ainda é bastante místico para mim, porque não entendo totalmente como funciona, mas eu o utilizo? Pode apostar que sim!

E quanto à medicina e frequência? Usamos a frequência na medicina? Sim, quando preciso, mas de forma muito limitada. Mas entenda isto: quando você sabe o que é frequência e o que ela pode fazer, percebe que seu uso na medicina acabaria com a indústria farmacêutica como a conhecemos. Acha que deixarão isso acontecer? O uso de frequência para diagnóstico é seguro, e está se tornando muito comum. O primeiro foi com os raios X. Eletrocardiograma (ECC), eletrencefalograma (EEG) e teste de Variabilidade da Frequência Cardíaca (VFC) são exemplos de detecção de energia/frequências para diagnóstico. A ultrassonografia usa ondas sonoras nesse processo. A última novidade é a ressonância magnética (RM). A maioria das pessoas pensa que a palavra importante em RM é "magnética". Mas o campo magnético só realça a ressonância, ou frequência, dos átomos, para torná-los mais visíveis. A RM só funciona devido à ressonância, ou frequência, dos átomos — é isso que detecta.

NO QUE A INDÚSTRIA FARMACÊUTICA/MÉDICA NÃO QUER QUE VOCÊ ACREDITE

Bem, e quanto à cura? Lembre-se de que esse é um território muito "perigoso". Você correria o risco de cutucar a onça com vara curta? A indústria farmacêutica tem mais dinheiro, poder e influência política do que se pode imaginar. Na verdade, a frequência é usada na cura há décadas. Nos anos 1920 e 1930, o Ph.D. Royal Ramon Rife foi constantemente bem-sucedido com pacientes de câncer usando apenas frequência. De fato, foi ele quem descobriu como usar uma frequência para carregar outra. Décadas antes do microscópio eletrônico, Rife inventou um microscópio ótico com poder de ampliação de 30 mil vezes. Até então nenhum microscópio ótico tinha poder de ampliação de mais de cem vezes. Porém, parece que suas descobertas brilhantes representaram uma ameaça para algumas pessoas. Seu laboratório foi misteriosamente incendiado, junto com seus registros, e ele foi desacreditado como cientista. Um dos cientistas mais brilhantes do século XX morreu pobre e esquecido.

Assim, a terapia que usa frequências de energia só tem tido lugar na medicina quando não há drogas eficazes; por exemplo, no caso dos cálculos renais. Usamos energia na frequência do som para quebrá-los. Os dermatologistas agora usam certas frequências de luz para estimular a cura e o crescimento capilar na pele danificada. A *Parade Magazine* se referiu a uma terapia experimental contra o câncer em que uma pequena agulha de sonda é inserida em um tumor, sintonizada com a frequência dele, e o queima. Portanto, a medicina está começando a entrar na "era da energia". Mas, sem dúvida, há forças tremendas se opondo a esse movimento, especialmente se pessoas comuns forem capazes de usar isso sozinhas em casa. Pense na perda de poder, dinheiro e controle em toda a comunidade médica se as pessoas conseguissem se curar sem um médico ou profissional da área de saúde.

ABORDAGENS CONVENCIONAIS

Vejamos como hoje a medicina convencional trata um grande mal em nossa sociedade: o câncer. A pergunta da medicina convencional é: "Como matar as células cancerosas?" Você nunca ouve a pergunta (e isso seria importante): "O que causou o câncer?" Que pergunta fenomenal! *O que causou o câncer?* Essa parece uma pergunta lógica, mas eu (Ben) nunca a ouvi ser feita pela medicina convencional em todas as décadas em que a exerci, e o câncer é minha especialidade. A abordagem da medicina convencional é: "Vamos tentar remover a manifestação local do processo que chamamos de câncer."

Isso não é algo absurdo quando se trata de um tumor localizado. Mas ainda não muda o que causou o câncer. Não sei dizer quantos pacientes com quem trabalhei estão em seu quarto ou quinto tipo de câncer porque ninguém nunca pensou em perguntar o que causou a doença. A abordagem convencional para a cura do câncer é quase sempre cirúrgica. Novamente, não sei dizer quantos pacientes vi em minha clínica que ouviram "removemos isso tudo" somente para ter "isso" de volta.

A próxima abordagem da medicina convencional é matar as células cancerosas. Isso é feito com radioterapia ou quimioterapia. Ambas funcionam de modo semelhante, danificando células. Infelizmente, as células cancerosas aparentam, agem e metabolizam de modo incrivelmente igual ao do resto das células saudáveis no corpo. Além disso, aprendem rápido a se defender da quimioterapia e radioterapia. Na verdade, são muito mais resistentes do que as células normais.

Eis como a quimioterapia funciona: danificando o DNA das células que se dividem rápido. Se elas se dividem rápido, isso é bom, certo? Bem, sim. Contudo, há muitas outras células no corpo que também se dividem rápido. O pior é que geralmente as células imunes são as que se dividem mais rápido. Qual é a primeira coisa que um oncologista checa antes da próxima dose de quimioterapia? Os leucócitos. As células imunes. Mas deixe que eu (Ben) o ajude a entender melhor a importância do dano às células imunes. Se você perguntasse a um oncologista se a quimioterapia poderia matar todas as células cancerosas, a resposta honesta seria um sonoro "não". Não é assim que funciona. Na melhor das hipóteses, a quimioterapia poderia matar 60, 70 e talvez até mesmo 80% das células cancerosas, mas sempre restariam algumas. O que nos leva a pensar: "Se a quimioterapia não matará todas as células cancerosas, o que matará as restantes para que eu possa sobreviver?"

Se o seu sistema imunológico não entrar em ação e matar os 20 ou 30% de células cancerosas restantes, você morrerá. Aí está a ironia. A quimioterapia destrói a única coisa que pode salvar sua vida. Se o seu sistema imunológico não conseguir marcar esse gol, o câncer vencerá. A pergunta é: em que forma você quer que seu artilheiro esteja, já que tem de marcar esse gol? Por favor, preste atenção: no final das contas, não há nada artificial que possa curar o câncer. O sistema imunológico tem de terminar o serviço. Na verdade, que eu saiba, não há nada artificial que realmente possa curar uma doença. Conheço muitos médicos que ganharam muita fama por curarem o câncer, mas em última análise é sempre o sistema imunológico que termina o serviço. O sistema imunológico sempre é o verdadeiro astro.

TRATE A FONTE

Então, quais são as causas do câncer? Em última análise, é o estresse produzido pelas memórias celulares. Em um nível físico, há quatro causas, mas você terá de esperar até o Terceiro Segredo para ler sobre elas.

Em geral, se você quer tratar a fonte, seja qual for a doença ou o sintoma, tem de fazer isso com energia, porque energia é a fonte. Esse é um dos principais objetivos deste livro — informá-lo de que houve descobertas e aplicações dessas descobertas que lhe permitirão tomar as rédeas de grande parte de sua vida, saúde e prosperidade. Além de não prejudicar resultados, você obterá resultados antes impossíveis.

O ESTRESSE É CAUSADO POR ENERGIA INSUFICIENTE

Todas as enfermidades e doenças são causadas por energia insuficiente em um nível celular. A síndrome da fadiga crônica (SFC) é um diagnóstico relativamente novo na história da medicina. Durante décadas, a medicina convencional rejeitou, negou e diagnosticou erradamente algumas pobres almas com SFC. Isso me faz lembrar da mulher com o problema de sangue que procurou Jesus para ser curada. "Sofrera muito nas mãos de vários médicos, gastando tudo o que possuía, sem achar nenhum alívio; pelo contrário, piorava cada vez mais" (Marcos 5:26). Algumas coisas nunca mudam, não é? Isso não é uma crítica à medicina convencional. Já vi bons e maus profissionais em todos os tipos de medicina e terapia. Alguns realmente se importam e querem ajudar, e outros só fazem isso por dinheiro.

Deixe-me ajudá-lo a entender o que acontece em um nível intracelular em estados de baixa energia como a síndrome da fadiga crônica. Como já dissemos, na verdade a baixa energia é a base de todas as doenças. Você se lembra de que falamos sobre luta ou fuga, isto é, do estresse e de como ele afeta as células. Vamos examinar isso melhor. Quando as células se fecham para conservar energia no corpo, o oxigênio, os nutrientes e a glicose (combustível para a célula) não conseguem penetrá-las. As usinas de energia da célula são subalimentadas. Essas pequenas usinas de energia se chamam mitocôndrias.

O funcionamento das células depende do funcionamento das mitocôndrias, e o funcionamento do corpo depende do funcionamento das células. Essas pequenas usinas de energia — as mitocôndrias — se parecem muito com bactérias. Na verdade, os evolucionistas acreditam que eram bactérias que estabeleceram uma relação simbiótica com as estruturas celulares para lhes fornecer energia. Raramente pensamos no efeito das muitas medicações que tomamos. Como nosso foco é aliviar sintomas, frequentemente nos esquecemos dos detalhes, e o diabo está nos detalhes. Estamos dando à sociedade uma overdose de antibióticos, como se fossem balas. Há anos sabemos que quase todas as infecções das vias respiratórias são virais. Os antibióticos não têm nenhum efeito em vírus, mas ainda assim são frequentemente receitados. O governo federal dos Estados Unidos começou uma campanha para os médicos não receitarem antibióticos desnecessariamente para a gripe comum e infecções de ouvido.

Agora lembre-se de que nossas pequenas mitocôndrias parecem bactérias. Os antibióticos frequentemente matam as mitocôndrias, junto com as bactérias. Na verdade, os antibióticos receitados desnecessariamente podem ser uma causa importante não só de SFC como também da piora de muitas doenças e do surgimento de novas. Recentemente foi publicado um estudo que mostrou que a incidência de câncer de mama era muito maior em mulheres que haviam recebido oito ou mais doses de antibióticos antes de completarem 18 anos. Não podemos mais fazer vista grossa aos efeitos colaterais das drogas que receitamos e tomamos. A propósito, não há nada "indireto" nos efeitos colaterais. Eles são efeitos diretos dos medicamentos.

O "GERADOR DELCO" INTERNO

Nossos corpos não são como casas de uma cidade, que são todas ligadas por uma rede elétrica a uma gigantesca usina geradora de eletricidade. Muito pelo contrário. Cem anos atrás, antes de existirem redes elétricas, se você quisesse ter eletricidade precisava de seu próprio gerador. Tínhamos um velho gerador da marca Delco em nossa fazenda. Era preciso pôr gasolina no tanque para abastecê-lo. Ele precisava de uma fonte de oxigênio (entrada de ar) e tinha de expelir o subproduto na forma de fumaça. Enquanto o combustível durasse, tínhamos eletricidade.

Nas células ocorre o mesmo. Uma célula precisa de oxigênio e glicose (combustível) e tem de ser capaz de expelir o que não é aproveitado. Quando você interrompe esse processo, tem uma "queda de energia" durante a qual a célula não funciona direito e, finalmente, um "apagão", como quando o gerador Delco ficava sem combustível. Se o processo for longe demais, a célula, literalmente, morrerá. Assim, você pode ver como o estresse, colocando essas células em um estado de alarme, pode causar uma falta de energia, levando a dano celular e ao que chamaríamos de doença. O tipo de doença ou diagnóstico que surge é simplesmente determinado pelo elo na corrente que se rompe.

Em 1907, um estudo sobre a descoberta de genes produtores de proteínas que entram nas mitocôndrias foi manchete em todo o mundo. Estudos anteriores na Harvard Medical School e em outros lugares já haviam descoberto que, mesmo se o restante de uma célula for destruído — o núcleo e outras partes —, ela ainda poderá funcionar se a mitocôndria estiver viva. A última descoberta, feita em 2007 por David Sinclair, um patologista da Harvard Medical School que ajudou a conduzir a pesquisa, foi o isolamento de uma proteína que ativa os genes que mantêm a mitocôndria saudável. Isso levou os pesquisadores a sonharem com uma "pílula milagrosa" para combater o envelhecimento. "Estamos tentando descobrir os processos naturais do corpo que podem desacelerar o envelhecimento e tratar doenças do coração, câncer, osteoporose e catarata", disse Sinclair.*

Os pesquisadores têm cada vez mais esperança de chegar à fonte do que nos mantém saudáveis. Isso é encorajador, mas a medicina ainda está muito longe de pensar em termos de chegar à fonte. O que *você* preferiria tratar? Os sintomas ou a causa? A doença ou o acontecimento que a inicia?

Acreditamos que descobrimos aquilo que os pesquisadores esperam que um medicamento faça algum dia.

INTERROMPENDO O SINAL

Como um Código da Cura intervém no processo celular? O cérebro detecta e envia frequências de energia dizendo a todas as outras partes do corpo o que fazer. Quando há uma emergência, o hipotálamo, no cérebro, envia sinais de emergência para outras partes do corpo, que precisa se preparar para se defender. Quando não há uma emergência real, mas mesmo assim entramos no modo de luta ou fuga, essas frequências são destrutivas em vez de salvar a vida. Um Código da Cura transforma as frequências de energia destrutivas em frequências saudáveis. É relativamente simples transformar uma frequência de energia destrutiva em uma saudável ou inócua. Eis uma onda senoidal:

---

* "Wonder Pill To Fight Ageing Could Become A Reality" ["Pílula mágica para combater o envelhecimento pode virar realidade"]. Reuters, 21 de setembro de 2007, http://gulfnews.com/news/world/usa/wonder-pill-to-fight-ageing-could-become-a-reality-1.201890.

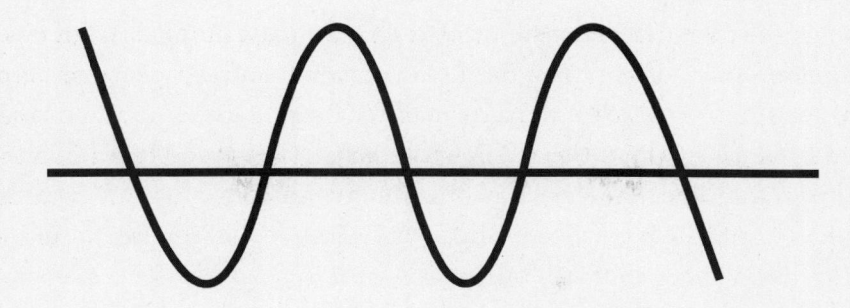

Vamos presumir que essa seja a frequência de energia do câncer. Você consegue modificá-la atingindo-a com uma frequência exatamente oposta. Ela ficaria assim:

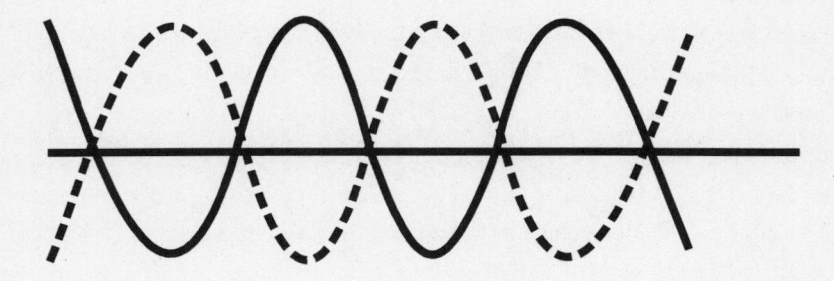

Quando você faz isso, eis o que obtém:

Você acabou de neutralizar essa frequência destrutiva, e, se conseguiu neutralizá-la, a fonte da frequência está tratada, ou será tratada se conseguir manter essa frequência neutralizada. E é isso que um Código da Cura faz.

A FÍSICA DO FONE DE OUVIDO COM CANCELAMENTO DE RUÍDOS

Recentemente, Ben me falou sobre uma experiência que teve que ilustra muito bem o que acabamos de mencionar. Ele ia voar de Chattanooga para São Francisco para participar da filmagem do DVD

O Segredo. Ben detesta barulho. Se estivéssemos no mesmo quarto de hotel em uma viagem para dar uma palestra, qualquer pequeno som (que eu nem notava) o deixava maluco. Bem, o avião decolou, com motores roncando, pessoas falando e bebês chorando. Antes da viagem, sua mulher lhe dera um fone de ouvido com cancelamento de ruídos. Então ele o colocou, ligou e *UAU* — foi o fim do barulho! Não havia mais choro, motores roncando — só um belo silêncio. Ben não podia acreditar. Ele tirou o fone e o barulho ainda estava lá — recolocou o fone e... paz de novo!

Quase eufórico, Ben começou a ler o manual. *Tinha* de saber como esse milagre era possível. O manual dizia que o fone de ouvido tinha um microfone embutido que gravava ruídos externos. Depois criava uma frequência exatamente oposta ao ruído, o que o cancelava. Isso era a física quântica do Código da Cura resumida. O Código da Cura é como um fone de ouvido com cancelamento de ruídos, mas que funciona para as questões do coração em vez de barulho.

O Código da Cura impede o hipotálamo de enviar o sinal de emergência quando não deveria ser enviado. É esse sinal que coloca as células em modo de espera; que muda o fluxo sanguíneo em detrimento dos órgãos internos, do desempenho intelectual e do sistema imunológico, do qual falamos no Capítulo Um sobre a fonte de estresse no corpo.

Outro modo de dizer isso é que o Código da Cura impede o hipotálamo de enviar o sinal de frequência de energia que inicia uma reação de estresse no corpo quando ela não deveria ocorrer. Como o Código faz isso? Usando as frequências de energias saudáveis do próprio corpo (as opostas às frequências destrutivas) para superar as frequências de energia destrutivas, como se ligasse uma luz em um quarto escuro. A luz sempre supera a escuridão. A energia saudável superará as frequências de energia destrutivas.

Podemos provar isso? Como descrevemos no Capítulo Um, podemos provar com testes de VFC que o Código da Cura remove o estresse. Podemos provar que corrige o problema de energia associado a um problema físico? O modo que temos de prová-lo é com depoimentos de clientes. Em outras palavras, os problemas deles desaparecem quando fazem o Código da Cura. A única maneira de os problemas desaparecerem é as frequências de energia serem eliminadas, o hipotálamo parar de enviar o sinal de emergência quando não deveria, as células em modo de estresse se abrirem e o sistema imunológico curar do modo pretendido por Deus.

Então, quais são alguns dos depoimentos desses clientes?

CARCINOMA BASOCELULAR (CÂNCER)

Um dos meus melhores amigos é um médico brilhante. Quando lhe mostrei pela primeira vez o pequeno tumor em meu braço ele não ficou preocupado. Embora participássemos do mesmo estudo semanal da Bíblia, meu programa de seminário e minhas roupas de inverno fizeram o perigo "crescer" durante meses em meu braço longe dos olhos dele. Na primeira vez em que meu amigo médico me viu em um dia quente de primavera com uma camisa de manga curta, eu estava com um problema. Ele me olhou, me puxou para o lado e disse: "Larry, isso é um carcinoma basocelular e precisa ser removido imediatamente antes de produzir metástase, ou poderá matá-lo." Na manhã da segunda-feira seguinte, antes de eu conseguir marcar a cirurgia, Alex Loyd me telefonou e perguntou se poderíamos nos encontrar para discutir a base hebraica para os resultados que estava obtendo com o que passaria a ser chamado de "Códigos da Cura". Nós nos encontramos para almoçar. Se não tivesse sido ele a me falar sobre curas energéticas, eu teria saído correndo. A medicina energética soava mal aos meus ouvidos ocidentais e não condizia com minha programação religiosa. Depois de ouvir por um longo tempo, arregacei minhas mangas e perguntei: "Está dizendo que me livrarei deste carcinoma basocelular devolvendo minha própria energia ao meu corpo?" Alex falou: "Só estou lhe dizendo os resultados surpreendentes que alguns dos meus clientes obtiveram." Minha resposta foi: "Preciso de alguns dias para rezar e estudar radicais hebraicos, não posso fazer isso enquanto não estiver tranquilo a esse respeito." Dois dias depois, com claros insights dos resultados físicos do "estresse" no coração espiritual, telefonei para Alex, e o resto da história todos já sabem. O que experimentei a seguir foi absolutamente impressionante — a ponto de, desde então, eu falar a pessoas de todo o mundo

sobre os Códigos da Cura em meus seminários "Redescoberta do CORAÇÃO".
Deu para notar uma diferença no tumor em três dias. Eu o vi ficar menor dia
após dia, e desapareceu totalmente em quatro ou cinco semanas. Isso foi há
oito anos, e até hoje não há nenhum indício de sua volta. Nunca é demais
recomendar esse processo. A meu ver, isso é a maior inovação que trata do
cerne de todos os problemas. O que a invenção do computador fez pelos negó-
cios, os Códigos da Cura podem fazer pela saúde. — Larry

TIREOIDITE, FIBROMAS, CÁLCULO BILIAR, EPSTEIN-BARR, SÍNDROME DA FADIGA CRÔNICA ETC.

Em agosto de 2003, fazia três anos que eu tinha problemas de saúde. Os diag-
nósticos que recebera incluíam: tireoidite de Hashimoto, adenomiose, fibro-
mas uterinos, doença fibrocística da mama, doença do refluxo laringofarín-
geo, cálculos biliares, vírus de Epstein-Barr, ataques de pânico e síndrome da
fadiga crônica. Havia gasto milhares de dólares em consultas médicas. Tinha
tentado medicina, nutrição e suplementos. Fiquei na cama por dois meses e as
pessoas da minha igreja tinham de trazer refeições para minha família. Eu
não conseguia cumprir meus papéis de esposa e mãe. Precisei tirar uma licen-
ça no trabalho por motivos de doença... Depois de fazer os exercícios [Código
da Cura] de três a cinco vezes por dia durante seis meses, obtive uma grande
cura. Uma ultrassonografia feita dez semanas depois de começar os Códigos
não mostrou nenhum fibroma! Quando perguntei aos médicos o que poderia
ter causado isso, um deles chegou a dizer que o radiologista que fizera a leitu-
ra das ultrassonografias que confirmaram os fibromas durante dois anos se-
guidos devia estar errado. Ele não conseguia explicar a cura surpreendente.
No último ano, não tomei medicação para a tireoide e estou livre de todos os
remédios de uso controlado. Até hoje não removi minha vesícula biliar (há
dois anos e meio me disseram que estava cheia de cálculos e teria de ser remo-
vida). Só tive uma crise de vesícula desde que comecei os exercícios, e isso foi
no início. Tenho uma dieta normal e estou me saindo maravilhosamente bem.
Minha energia e força voltaram e continuo a fazer os exercícios diariamente.
Agradeço a Deus por curar meu corpo e revelar seu poder de cura através dos
Códigos descobertos por Alex Loyd. Eu os recomendo para todos que precisam
de cura física ou emocional. — Jennifer

CÂNCER, PROBLEMAS NEUROLÓGICOS, DEPRESSÃO

Recebi o diagnóstico de câncer, problemas neurológicos e depressão. Com o Código, pouco a pouco os problemas desapareceram. Nosso corpo está programado para reiniciar como os computadores, se forem realizadas as ações certas. Obrigada. — Anisti

SÍNDROME DA FADIGA CRÔNICA E FIBROMIALGIA

Fui uma das pessoas mais bem-sucedidas dos Estados Unidos na minha área até desenvolver graves sintomas e receber o diagnóstico de fadiga crônica e fibromialgia. Dois anos depois, na maior parte do tempo estava acamada, com dor, tomando muitos remédios e desesperançada. Após fazer os exercícios do Código da Cura durante seis meses, estou sem tomar nenhum remédio, totalmente livre de uma doença incurável, me sentindo melhor do que antes de receber o diagnóstico e trabalhando de novo. Em resumo, TENHO MINHA VIDA DE VOLTA! — Patty

DEPRESSÃO SUICIDA

A depressão suicida forçou minha família a fazer grandes mudanças, por temer pelo meu bem-estar. Eu não tinha nenhuma energia, nenhuma vontade de viver, e tudo parecia um esforço gigantesco. Meu marido é médico, mas não conseguia encontrar uma solução — tentamos de tudo. Fiquei muito descrente quando ouvi falar nos Códigos da Cura, mas estava mais do que desesperada. Em menos de duas semanas minha depressão desapareceu totalmente. Nem eu e nem ninguém ao meu redor podia acreditar. Agora toda a minha família e vários amigos fazem os exercícios — alguns os fazem todos os dias, outros quando surge uma necessidade. O Código da Cura realmente foi um presente de Deus. — Mary

TERROR NOTURNO

Meu filho tinha terror noturno há uns dez anos. Quase sempre tinha pesadelos e gritava. Tentávamos confortá-lo, mas ele estava dormindo e não acordava. Às vezes os episódios duravam muito tempo. Aquilo era exaustivo e muito traumático para toda a família. Tentamos de tudo: mudar os hábitos de sono, ervas especiais, orações, médicos. Nada ajudou! Após um exer-

cício do Código da Cura os terrores noturnos acabaram e nunca voltaram — isso foi há mais de um ano. Falei a todos dispostos a me ouvir para experimentarem o Código da Cura — isso funciona! — David

FOBIA DE DIRIGIR E ATAQUES DE PÂNICO

Eu tinha uma fobia de dirigir no trânsito pesado, que tratava com técnicas de libertação emocional (EFT). Descobri que a fobia voltava sempre que eu estava em um trânsito muito pesado, principalmente à noite. Tinha ataques de pânico enquanto dirigia, o que é muito assustador. Quando estava em Nashville, tentei resolver esse problema fazendo os exercícios do Código da Cura. A caminho de casa, tive de dirigir dez horas nas montanhas sob chuva pesada, sem nenhuma visibilidade. Cheguei em casa sem um pingo de ansiedade. Desde então percebi que isso não só estava afetando minha direção como também era parte da minha vida em muitas outras áreas, na forma de ansiedade relativa ao desempenho. Agora descobri que estou muito relaxada em todas as áreas da minha vida. — Maryanna

PROBLEMAS DE ABANDONO

Depois de algumas semanas trabalhando com os Códigos da Cura, mudei, e agora me sinto livre para falar e expressar minha opinião. Isso pode parecer insignificante para algumas pessoas, mas para mim é um grande passo. Durante toda a minha vida lidei com um problema de abandono, sempre achando que, se dissesse algo, as pessoas poderiam não gostar e me abandonar, ignorar ou simplesmente não me ouvir ou ver — um medo de ser invisível aos outros. Acabar com essa crença fez muita diferença em minha vida diária. — Therese

PERFECCIONISMO

Lutei com o perfeccionismo durante anos. Tudo que eu dizia era com ressalvas. Achava que as pessoas estavam sempre me julgando. Depois de encontrar uma foto relacionada com meu perfeccionismo, usei os exercícios para acabar com essa crença. Que diferença! Não tenho mais medo de falar abertamente e dizer o que penso. — Lucy

FECHAMENTO DO FORAME OVAL PATENTE
(ORIFÍCIO NO CORAÇÃO)

Em setembro de 2007, tive um ataque isquêmico transitório (AIT) — um miniderrame. Três meses antes, havia começado a fazer os Códigos da Cura. Recuperei-me rapidamente do ataque isquêmico, mas é claro que fizeram todos os tipos de testes para descobrir a causa. Concluíram (devido a alguns pontos no cérebro mostrados por uma ressonância) que eu tivera outro ataque isquêmico detectado e a causa era um forame oval patente (FOP) — um orifício entre as câmaras do coração. Isso havia feito o sangue infiltrado subir para o cérebro, o que resultou no ataque isquêmico.

Aparentemente, os forames ovais eram rotineiramente fechados inserindo-se um pequeno dispositivo no orifício para "tampá-lo". Mas o FDA decidiu proibir esse procedimento. O novo protocolo era medicação (Plavix e aspirina). Muitos médicos não concordam com essa solução e estão tentando fazer com que o dispositivo seja novamente aprovado. O diretor do Stroke Program do Neurosciences Institute, no Central Dupage Hospital, e o diretor do Heart Hospital, no Edwards Hospital, em Illinois, perguntaram se eu estava disposta a fazer parte de uma pesquisa médica. Respondi que sim e entrei para o grupo do "dispositivo".

Nesse meio-tempo, continuei a fazer os Códigos da Cura. Disse aos médicos que sabia que eles não levariam a sério o que eu ia dizer e provavelmente achariam que eu estava louca. Mas se por acaso quando fossem inserir o dispositivo o orifício não estivesse conforme esperavam, era porque eu estava fazendo algo chamado Código da Cura, e por isso talvez estivesse fechado. Tinha ouvido tantos depoimentos surpreendentes dos resultados do Código que sabia que isso era possível.

É claro que eles não me levaram a sério. Realizei o procedimento da pesquisa médica em janeiro de 2008. Quando acordei e perguntei como tinha sido, meu marido me disse que o orifício estava pequeno demais para o dispositivo, e eu não podia mais participar da pesquisa.

Estou certa de que aquela foi uma situação embaraçosa para os médicos. Mas o diretor do Edwards Heart Hospital, o Dr. McKeever, pediu informações sobre os Códigos da Cura em minha consulta de acompanhamento. Ele disse: *"Em todos os meus anos de profissão, só ouvi falar em três ou quatro fechamentos espontâneos de um forame oval patente."*

Os médicos ainda queriam saber o que causara o ataque isquêmico. Achavam que tinham sido malformações arteriovenosas (MAVs) pulmonares. Isso foi examinado. Resultado: "As MAVs eram pequenas demais para serem vistas."

Minha própria médica (que possui mestrado e doutorado), traduziu para mim: "Diane, isso significa que não estão mais lá." Ela adquiriu os Códigos da Cura, dizendo que não havia nenhuma outra explicação para a minha história além de que eles haviam me curado.

Sigo esse protocolo simples há mais de dois anos. Estou dispensada de tomar quase todos os meus remédios (tomava Plavix e remédios para asma, alergias, bexiga hiperativa e refluxo gastroesofágico). Meu exame de densitometria óssea mostrou um aumento da massa óssea (que minha médica afirmou ser notável). Também tenho muito a dizer sobre os resultados emocionais, mas pararei por aqui. — Diane

MUDE A FREQUÊNCIA E RESOLVA O PROBLEMA

O que queremos que você note nesses depoimentos é a variedade de problemas a que se referem. Tudo, de graves problemas de saúde, problemas de relacionamento, profissionais e de desempenho máximo... quase tudo que possa imaginar.

Portanto, isso não só mostra que os Códigos da Cura resolvem os problemas de frequência de energia no corpo como também confirma o Primeiro Segredo — de que há uma única fonte de todos os problemas de saúde. Os Códigos da Cura são um sistema que usa física quântica, como os cientistas anteriormente citados previram durante muitos anos. Quando as frequências de energia destrutivas são transformadas em frequências saudáveis com os Códigos, os problemas emocionais e físicos são resolvidos.

Por que você desejaria usar física quântica em vez de substâncias químicas (remédios) ou suplementos nutricionais para resolver um problema de estresse e energia? O fator crítico nas duas abordagens é a transferência de informações para o problema. As substâncias químicas e os suplementos nutricionais são transferidos de molécula para molécula em um ritmo de cerca de um centímetro por segundo, e um pouco é perdido a cada transferência. A transferência de informações através da energia ocorre em um ritmo de cerca de 300 mil quilômetros por segundo, e quase nada é perdido. É por isso que os telefones celulares e a internet se tornaram tão populares — tornam possível a comunicação quase instantânea que era uma fantasia em *Guerra nas estrelas*, trinta anos atrás. Do mesmo modo, os Códigos da Cura tornam física e mentalmente possível o que as maiores mentes da ciência previram nos últimos oitenta anos. Se a origem do problema é a energia, não faz sentido resolvê-lo com energia?

A ENERGIA SUPERA A GENÉTICA

Um dia recebi um telefonema de uma mulher de Oklahoma que me contou uma história de partir o coração sobre seu filho, diagnosticado com leucemia aos 6 meses de idade. Christopher Ryan provavelmente havia passado por mais procedimentos, cirurgias, quimioterapia e tratamentos médicos do que qualquer pessoa passa durante a vida inteira. Sua mãe, Melissa, me telefonou em 2004, quando Christopher tinha 11 ou 12 anos. Eles estavam começando a ver novamente em Christopher sintomas muito perturbadores. Ele vomitava regularmente e os pais não conseguiam fazer aquilo parar. O menino tinha uma hérnia que piorava cada vez mais e lhe causava desconforto. Christopher estava cansado o tempo todo e tinha círculos escuros ao redor dos olhos. Melissa disse: "Voltaremos ao St. Jude's, em Memphis, aonde vamos desde que ele tinha 6 meses de idade, e estou com medo dos resultados dos exames."

Faltavam 12 dias para eles irem ao St. Jude's, por isso imediatamente lhes enviei os Códigos da Cura. Melissa e Christopher começaram a fazê-los naquele mesmo dia, e os fizeram diária e fielmente por 12 dias. Christopher começou a se sentir constantemente melhor. Parou de vomitar, as olheiras desapareceram e recuperou a energia. Melissa disse que a luz nos olhos dele voltou. No fim dos 12 dias, Melissa Ryan estava convencida de que Christopher se curara.

Pouco depois, fui fazer um seminário perto da casa deles e, no final do seminário, um jovem bonito veio até mim com alguns papéis na mão. Ele disse: "Dr. Loyd, meu nome é Christopher Ryan e eu quis lhe trazer os resultados dos meus exames." Tudo — ressonância, tomografia, exame de sangue, trato gastrointestinal superior, trato gastrointestinal inferior, eletroencefalografia — estava totalmente normal. O vômito parou. A hérnia desapareceu. Tudo estava perfeito! Alguns meses depois, Melissa Ryan nos enviou um depoimento em vídeo em que segurava Christopher nos braços e continha lágrimas de alegria. Ela colocava a mão sobre uma grande pilha de contas em uma mesa próxima e dizia: "Aqui há mais de um milhão de dólares em contas de tratamentos médicos. O que 1 milhão de dólares não pôde fazer, os Códigos da Cura fizeram."

Como isso pôde acontecer com algo tão grave que tem uma história física, estrutural e genética tão concreta? Se você consegue remover o estresse, pode curar quase tudo. Medimos o estresse detectando as frequências de energia destrutivas. Quando elas desaparecem, o estresse também desaparece. As pesquisas em Stanford e no Institute of HeartMath, na Califórnia, indicam que se você consegue remover o estresse, até mesmo os problemas genéticos frequentemente são resolvidos.

Nessa situação, por algum motivo estava sendo enviada uma frequência de alarme que colocava o corpo de Christopher em modo de estresse quando não deveria estar. Com o passar do tempo, isso se manifestou como leucemia e os outros problemas físicos pelos quais ele passava. Os Códigos da Cura não "trataram" a leucemia, o vômito, a hérnia, a falta de energia ou nenhum desses outros problemas. Tudo que fizeram foi lhe permitir remover o estresse de seu sistema nervoso impedindo o envio desse sinal, que é uma frequência de energia. Foi assim que ocorreu a cura de Christopher, que pareceu um milagre. Esse tipo de resultado pode ocorrer quando esse sinal que não deveria ser enviado é interrompido e a reação de estresse do corpo cessa. As primeiras coisas que o estresse desliga são os sistemas imunológico e de cura que, quando religados ou reforçados, podem curar quase tudo. Os Códigos não curaram Christopher; ele foi curado por seu próprio sistema imunológico.

CURA INESPERADA

Um homem chamado Joe Sugarman, dono de um jornal em Maui e considerado um dos maiores redatores de publicidade do mundo, convidou o Dr. Ben e eu a darmos uma palestra no Havaí. Durante anos ele havia levado pessoas a Maui para dar palestras sobre cura natural e saúde. Quando começou a fazer os Códigos da Cura, disse-nos: "Sabem, há anos trago especialistas para dar palestras em Maui. Apesar de ter visto resultados milagrosos em outras pessoas, nunca nada me ajudou em meu problema de saúde." Seu problema era uma dor crônica no pé devido a um acidente de automóvel. Ele claudicava visivelmente, dormia mal e estava quase sempre com dor.

Joe me perguntou: "Você acha que os Códigos da Cura podem me ajudar?" Expliquei: "Bem, você sabe que eles não tratam o problema no pé; trabalham na causa do estresse no corpo." Joe começou a fazer os Códigos da Cura e cerca de três meses depois nos escreveu dizendo que, após três semanas, a dor no pé tinha desaparecido totalmente e nunca mais voltou. Também disse que tinha outros problemas nos quais não havia realmente trabalhado que foram curados ao mesmo tempo, quando nada antes havia ajudado. O mais importante, mais ainda do que a cura do pé, foi a maravilhosa cura emocional de coisas que o haviam incomodado durante a vida inteira, e só obteve depois de fazer os Códigos.

Vamos rever aonde chegamos até agora:

Primeiro Segredo: há uma única fonte de todos os problemas de saúde, e o Código da Cura trata dela, conforme mostraram exames diagnósticos da medicina convencional.

Segundo Segredo: segundo as maiores mentes da ciência de nossos tempos, todos os nossos problemas são de energia. Os Códigos da Cura resolvem o problema de energia, como confirmam depoimentos de cura de quase todos os problemas que você possa imaginar.

AGORA VAMOS AO TERCEIRO SEGREDO.

CAPÍTULO TRÊS

Terceiro Segredo:
As questões do coração são
o mecanismo de controle da cura

No Segundo Segredo dissemos que você teria de aguardar para descobrir a fonte do estresse. Esperamos que não tenha pulado essa parte, porque teria perdido algumas boas informações ali contidas. Agora eis a resposta. Este é o ponto mais importante e, na verdade, o motivo deste livro ter sido escrito. Vamos revelar a causa do estresse no corpo. Sabemos e falamos sobre isso há anos, mas agora há provas científicas.

A causa é a memória celular.

Essa não só era a peça que faltava há décadas no quebra-cabeça das ciências da saúde, como também a que me faltava para meus pacientes e para mim mesmo (Ben). Durante anos dei muitas palestras sobre as causas do câncer. As fontes eram problemas emocionais, metais pesados, pH ácido/privação de oxigênio e vírus. Eu costumava listar os problemas emocionais por último por vários motivos: (1) ninguém quer admitir que tem um, (2) se admite, não quer falar sobre e (3) não tínhamos um modo de lidar eficazmente com eles em um nível médico. As drogas só mascaram os sintomas, mas não ajudam realmente. A psicoterapia frequentemente torna isso pior porque abre velhas feridas que o corpo estava tentando curar.

Há modos eficazes de lidar com metais pesados. Ácido etilenodiaminotetracético (EDTA, de *ethylenediaminetetraacetic acid*), ácido dimercaptosuccínico (DMSA, de *dimercaptosuccinic acid*) e outros quelantes de metais pesados são bastante úteis, por isso podemos retirar esses metais do corpo. Equilibrar o pH ácido é mais difícil porque é um processo longo (que leva meses ou anos) e envolve mudanças alimentares significativas, embora atualmente haja agentes eficazes que podemos usar nutricionalmente para fazer isso mais rápido.

É ainda mais difícil lidar com vírus porque são pequenos organismos indesejados capazes de se esconder no DNA. Não é fácil para os leucócitos procurarem os "vilões" quando estão dentro de uma de suas próprias células, no núcleo, no DNA. Mas agora há fórmulas antivirais eficazes que usam prata de baixo angstrom, graviola, unha-de-gato e sangue-de-dragão. Há até mesmo algumas drogas antivirais que trazem um modesto benefício.

ALÉM DO FÍSICO

Em minha clínica oncológica de medicina alternativa, em Atlanta, Geórgia, eu tinha como lidar com vírus, equilíbrio ácido/base e metais pesados, mas não com problemas emocionais, embora tivesse um mestrado em psicologia e um terapeuta em minha equipe.

Ainda me lembro do dia em que a importância dos problemas emocionais se cristalizou em minha mente. Tive uma jovem e doce mulher em minha clínica que sofria de câncer de mama. Eu a tratara com bastante sucesso. Todos os tumores haviam desaparecido, segundo a tomografia computadorizada, os marcadores tumorais e o exame físico. Mas a paciente morreu assim mesmo. Essa jovem tinha um grande problema emocional que não conseguia resolver. Seu marido era extremamente controlador. Eles eram muito ricos, mas ela não possuía um cartão de crédito ou talão de cheques. Tinha de pedir tudo de que precisava e o que queria a ele, e às vezes implorar. Mas havia algo que o marido não podia controlar: se ela viveria ou morreria. Ela escolheu exercer o controle sobre si mesma do único modo que conseguiu encontrar.

Eu estava tentando descobrir um modo de ajudar meus pacientes a resolver problemas emocionais quando minha própria necessidade surgiu. Uma coisa é quando a casa do vizinho pega fogo... é terrível. Mas quando sua casa pega fogo... você fica em pânico. Como já mencionei na Introdução, em 2004 dois médicos me diagnosticaram com a doença de Lou Gehrig. Eu preferiria ter recebido o diagnóstico de câncer. Oitenta por cento das pessoas com doença de Lou Gehrig morrem cinco anos após o diagnóstico. Pessoalmente, não conheço ninguém com sobrevida de dez anos, embora tenha ouvido falar de algumas pessoas tiveram. Contudo, elas ficam extremamente debilitadas. Minha casa estava pegando fogo e eu não tinha muito tempo para apagá-lo. O lado bom era que não precisaria fazer muitas cirurgias ou tomar muitos medicamentos, porque não havia benefícios médicos conhecidos em nenhuma terapia.

Um conhecido me falou sobre os Códigos da Cura e que eu deveria me informar sobre eles. Como minha casa estava pegando fogo, achei que deveria investigar. Estava desesperado. Faria qualquer coisa.

"MOSTRE-ME A CIÊNCIA"

O que ouvi naquela noite na apresentação do Dr. Loyd era cientificamente sólido na área da física. Ele tinha muitos depoimentos de curas significativas, mas eu já ouvira depoimentos antes. Milhares deles. Na verdade, todos os dias meus pacientes me diziam: "Dr. Johnson, li que XYZ curou alguém do meu tipo de câncer." Ao que eu respondia: "Mostre-me a ciência." Eu estava disposto a fazer qualquer coisa para ajudar meus pacientes a melhorarem, mas não queria lhes dar falsas esperanças e, muito menos, que jogassem dinheiro fora. Por isso, era sempre importante ver se havia uma base científica em uma afirmação. Fiquei impressionado. O Dr. Loyd realmente havia comprovado seus métodos cientificamente com testes de Variabilidade de Frequência Cardíaca, o padrão para medir o estresse fisiológico no corpo. Tive de experimentar os Códigos da Cura.

Como já mencionei, seis semanas depois todos os sintomas haviam desaparecido. Dois meses depois fui ao neurologista, que colocou agulhas em meus músculos para detectar os padrões de disparo tão conhecidos dos pacientes de Lou Gehrig. Não havia nenhum. De uma perspectiva médica, esse tipo de recuperação não tinha precedentes. Ao escrever isto, mais de cinco anos depois, ainda estou livre de sintomas.

MEMÓRIAS CELULARES: A CHAVE PARA A CURA

Então, o que era esse código perfeito? Essa técnica incrível? Na verdade, nem mesmo estávamos nos concentrando na doença de Lou Gehrig. Estávamos nos concentrando em algumas memórias da minha infância, do tipo que todos podem ter. Não houve grandes traumas em minha vida. Nunca sofri abuso sexual ou físico e posso lhe garantir que nunca passei fome. Tive um pônei. Um ursinho de pelúcia. Meus pais nunca se divorciaram. Não brigavam. (Mas tenho de dizer que sofri abusos terríveis de meu irmão e minha irmã, que nunca admitiriam isso — estou só brincando, Dan e Ann.) Porém, eu ainda tinha "má programação", que estava enviando sinais de estresse para minhas células e causando doenças.

Não por coincidência, a Southwestern University Medical School, a Stanford University Medical School, a Harvard Medical School e a New York University Medical School divulgaram pesquisas indicando que esses tipos de memórias celulares podem muito bem ser a peça que faltava no quebra-cabeça da saúde e da cura. A pesquisa da Southwestern concluiu que nossa maior esperança de curar enfermidades e doenças incuráveis no futuro pode estar na descoberta de um modo de curar a memória celular, e que "há potencial para uma correção muito mais permanente" se encontrarmos essa solução.* Por que eles dizem isso? Porque esse parece ser o mecanismo de controle da cura de todas as células do corpo.

Então, o que é uma memória celular? É uma memória armazenada nas células. Em quais células? Todas as células.

Durante muitos anos, a ciência acreditou que as memórias eram armazenadas no cérebro. Em uma tentativa de determinar onde, foram removidas quase todas as partes do cérebro, e adivinhe o que aconteceu? As memórias continuaram em grande parte intactas! Embora as memórias possam ser estimuladas em diferentes áreas do cérebro — por exemplo, as memórias prazerosas voltavam quando um

---

* "Cell Decision", por Sue Goetneick Ambrose, *The Dallas Morning News*, 13 de setembro de 2004.

centro de prazer era estimulado —, seu local de armazenagem não parecia estar restrito ao cérebro.

Então, onde elas estavam armazenadas? A resposta pode ter sido descoberta quando a medicina começou a fazer transplantes de órgãos. Há muitos casos documentados de receptores de órgãos que começaram a ter os pensamentos, os sentimentos, os sonhos, a personalidade e até mesmo a preferência alimentar do doador. Hoje, muitos cientistas estão convencidos de que as memórias estão armazenadas nas células em todo o corpo, e não em um local particular.

As memórias celulares ressoam frequências de energia destrutivas e criam estresse no corpo. Em setembro de 2004, a Southwestern University Medical School divulgou um estudo de referência em que afirmava que o mecanismo de controle da cura no corpo pode estar nas memórias celulares — não só em seres humanos, mas também em animais e plantas. O que descobriram no laboratório em Southwestern que os fez afirmar isso? Que o estado de saúde do organismo depende de suas memórias celulares. Uma pessoa, um animal ou uma planta com memórias celulares destrutivas enfrentará dificuldades mesmo em boas circunstâncias. Com memórias celulares saudáveis, uma pessoa pode ser bem-sucedida, mesmo em circunstâncias em que não se esperaria que alguém fosse. A analogia que a Southwestern usou quando divulgou essa pesquisa é "as memórias celulares são como pequenos Post-its que dizem à célula o que fazer — só que quando há memórias celulares destrutivas as notas dizem à célula para fazer a coisa errada".*

MEMÓRIAS CELULARES E "QUESTÕES DO CORAÇÃO"

Segundo o Dr. Bruce Lipton, a "coisa errada" que dizem à célula para fazer é entrar no modo de estresse quando não deveria, e são as crenças erradas que iniciam a reação de estresse do corpo. Essas

---

* "Cell Decision", por Sue Goetneick Ambrose, *The Dallas Morning News*, 13 de setembro de 2004.

crenças erradas estão enraizadas nas memórias celulares que compõem a mente inconsciente e consciente, junto com os centros de controle do cérebro. A conclusão da pesquisa da Southwestern University Medical School, publicada no *Dallas Morning News* e republicada em vários veículos dos Estados Unidos, é que o futuro da cura de enfermidades e doenças agora consideradas incuráveis pode muito bem estar na descoberta de um modo de curar a memória celular.

Essas memórias celulares e crenças erradas são aquilo sobre o qual Salomão falou mais de 3 mil anos atrás. São as questões do coração, a fonte de todos os problemas que você pode enfrentar na vida — físicos, de relacionamentos e até mesmo de sucesso e fracasso.

Há anos o Institute of HeartMath faz algumas das melhores pesquisas alternativas do mundo. Um de seus estudos definitivamente se encaixa na categoria "difícil de acreditar", mas é verdade. Eles puseram DNA humano em um tubo de ensaio, pediram que os participantes o segurassem nas mãos e os instruíram a ter pensamentos dolorosos — em outras palavras, memórias destrutivas. É impossível ter pensamentos dolorosos sem ter memórias destrutivas. Depois que os participantes fizeram isso, os pesquisadores tiraram o DNA do tubo de ensaio e o examinaram. O DNA tinha sido literalmente danificado. Então eles puseram o mesmo DNA de volta em um tubo de ensaio, pediram que os participantes os segurassem novamente nas mãos e dessa vez os instruíram a ter pensamentos bons e felizes. Mais uma vez, perceba que é impossível fazer isso sem ter acesso a memórias boas. Eles tiraram o DNA do tubo de ensaio, o examinaram e descobriram que houvera um efeito curativo no DNA. O que isso significa? Significa que a ativação de certas memórias parece danificar o DNA, enquanto a ativação de memórias boas pode, literalmente, curá-lo. Uau!

O Dr. John Sarno, professor de reabilitação clínica na New York University School of Medicine e médico no New York University Medical Center, afirma que dor crônica e várias outras doenças são causadas por raiva reprimida na mente inconsciente: "Você não sabe que tem porque não está consciente disso." Essa raiva, enraizada em nossas memórias celulares, é o que o Institute of HeartMath descobriu que danificava o DNA em seu experimento.*

Em 2005, no *Good Morning America,* Charles Gibson entrevistou a Dra. Lonnie Zeitzer, do UCLA Children's Hospital, em uma matéria também apresentada no *USA Today* e *ABC Evening News.* No estudo da UCLA, foi descoberto que dor crônica e doença nas crianças podem ser causadas por ansiedade dos pais. Em outras palavras, o estresse dos pais criava memórias celulares destrutivas que acabavam se manifestando como estresse nas crianças. Na conclusão do estudo, Charles Gibson observa que doenças debilitantes em crianças pareciam ser causadas por fatores psicológicos, não físicos, com o que o Dr. Zeitzer concordava. Pesquisas envolvendo memória celular continuam a ser apresentadas.

Por que o pensamento positivo não cura as memórias celulares?

Uma pergunta que você pode ter feito após ler os resultados do estudo no Institute of HeartMath é: "Então basta eu ter pensamentos felizes para curar todas as minhas memórias celulares?" Vou além e lhe digo que a resposta infelizmente é não, porque há mecanismos na mente inconsciente que protegem essas memórias contra correções. Mas estamos nos adiantando. Discutiremos isso com mais detalhes no Quarto Segredo: o disco rígido humano.

O fato de nossas memórias serem o mecanismo de controle de nossa saúde é a base da psicologia há pelo menos cem anos. Essa ideia começou a ser cientificamente comprovada quando nossos jovens voltaram da Primeira Guerra Mundial com feridas, embora não tivessem sido fisicamente feridos. Chamaram isso de "trauma de guerra". Foi a primeira vez em que percebemos que o que está na mente pode adoecer as pessoas fisicamente.

---

* Para uma entrevista esclarecedora da teoria do Dr. Sarno, visite http://www.medscape.com/viewarticle/478840. Ele é o autor de *The Mindbody Prescription: Healing the Body, Healing the Pain* [A receita para o corpo e a mente, curando o corpo]; *The Divided Mind: The Epidemic of Mindbody Disorders* [A mente dividida: A epidemia das doenças do corpo e da mente] e *Mind Over Back Pain* [A mente contra a dor na coluna].

Falar sobre memórias pode nos fazer lembrar de aconselhamento e terapia, que frequentemente envolvem remexer em todo aquele velho lixo de novo. Alguns de vocês podem pensar: "Isso vai me deixar chateado e deprimido" ou "Estou cansado de lidar com isso". Muitos podem dizer: "Eu nem mesmo quero tocar nesse assunto." Com o Código da Cura, você não precisa. Como Joe fez com a dor crônica no pé, pode aplicar o Código àquilo que o estiver incomodando mais e deixá-lo curar essas memórias celulares. Ainda mais importante do que a cura do pé de Joe foi a transformação de sua vida emocional, mas note que ele não estava concentrado nisso.

Para obter cura de longo prazo e permanente, você tem de curar as memórias celulares destrutivas. Isso faz sentido. Todos nós temos memórias na vida que são cheias de sentimentos como raiva, tristeza, medo, confusão, culpa, desamparo, desesperança, falta de valor... a lista é interminável. Não faz sentido que possamos ter tudo isso dentro de nós sem pagar um preço. O preço é a saúde, os relacionamentos, a carreira etc. Todos precisamos tratar a *fonte* dos nossos problemas, não apenas os sintomas. Por quê? Se você só trata os sintomas, o problema tende a voltar, talvez em dobro, porque o que causava os sintomas ainda está ali. A fonte dos problemas que você quer mudar, na qual lhe pedimos para pensar no início deste livro, são as memórias celulares destrutivas.

Quando você entende isso, como descobre as memórias celulares relacionadas com seu problema? E, depois, como consegue curá-las?

POR QUE "LIDAR COM OS PROBLEMAS" TORNA AS COISAS PIORES

A psicologia tenta encontrar um modo de fazer isso há décadas, mas algumas das últimas pesquisas indicam que falar repetidamente sobre os problemas na verdade pode agravá-los.

O Código cura as memórias celulares destrutivas automaticamente. *Não* cura ensinando você a pensar em seu problema de um modo diferente, o que é chamado de "reestruturação". Não cura equilibrando as substâncias químicas de seu cérebro, porque o desequilíbrio químico é um sintoma, não a fonte do problema. Não cura fazendo-o pensar em outra coisa além dos problemas que o incomodam. Não — eu chamo tudo isso de "lidar com os problemas". Lidar significa que o problema ainda está ali, e você só aprendeu um modo mais construtivo de lidar com a dor. O que todos realmente querem é que a dor desapareça. O Código da Cura é um mecanismo físico literal que, quando ligado, torna o padrão de energia (Segundo Segredo) da memória celular (Terceiro Segredo) saudável. Quando isso ocorre, a reação de estresse do corpo é desligada (Primeiro Segredo). Isso não significa que você deixa de ter a memória; você a tem, só que não é mais destrutiva.

Eis o problema: *lidar com os problemas equivale a se estressar*. Como todos os problemas humanos conhecidos remontam ao estresse, um mecanismo para lidar com os problemas que cria estresse é, no mínimo, contraproducente e, para falar a verdade, loucura. Deixe-me explicar.

O corpo e a mente têm uma lista de coisas a fazer todos os dias, e certa quantidade de energia para fazê-las. Há "tenho de", "preciso" e "quero". "Tenho de" seria respirar e manter o coração batendo. "Preciso" se refere a coisas como digestão, excreção, purificação do sangue e funcionamento imunológico. "Quero" se refere a trabalho de reparo, suprimir velhas memórias destrutivas e assim por diante. Se o corpo está com a energia reduzida, tem de cortar coisas da lista. As menos sérias, que *quase sempre* incluem as funções dos sistemas imunológico e de cura, são cortadas primeiro.

E adivinhe o que acontece? Manter as memórias destrutivas suprimidas exige constantemente uma enorme quantidade de energia. Essas memórias têm de ser suprimidas em todas as horas de todos os dias, fazendo você consumir apenas nisso uma grande porcentagem da energia necessária para viver. Se já se adiantou a mim e está pensando que isso provavelmente significará problemas de saúde, relacionamentos ou profissionais, bato palmas para você. Está totalmente certo. De fato, o Dr. John Sarno, o professor da New York University School of Medicine que já mencionamos, confirma em sua pesquisa que dor e problemas de saúde crônicos em adultos resultam da supressão de memórias celulares destrutivas. O processo de supressão cria estresse constante, até finalmente algo se danificar. O trabalho do Dr. Sarno, como o da Southwestern University Medical School e da Stanford University Medical School, afirma que a cura dessas memórias, em vez de sua supressão (que chamamos de "lidar com os problemas"), resulta na cura do problema de saúde.

Segundo todas essas fontes e outras, o que é extremamente necessário, e mudará a cara da saúde para sempre, é um modo de curar as memórias celulares destrutivas em vez de apenas lidar com elas a vida inteira. Durante décadas acreditamos que lidar com essas memórias de algum modo nos permitia evitar o efeito destrutivo. Pesquisas recentes provam que esse foi um erro fatal. As memórias celulares causam destruição, tenhamos ou não consciência delas.

O QUE SIGNIFICA CURA

O que curar sua memória significará para você? Significará não ter mais crenças negativas, raiva, frustração, ressentimento, culpa, desesperança e outras emoções negativas.

Podemos provar isso? Sem dúvida. A prova é que de um modo constante, previsível e geralmente rápido, as pessoas nos dizem que se livraram de suas crenças e de seus pensamentos destrutivos.

Fazemos seminários em todo o país e isso acontece em cada um deles. Nós temos todos os tipos de depoimento em vídeo de pessoas que fizeram os Códigos da Cura dizendo que todas as suas emoções negativas — sentimentos, crenças, medo, raiva, ressentimento — desapareceram rápida e constantemente. Não é nada incomum uma pessoa fazer o Código da Cura e depois nos dizer que um problema que tinha com um parente há dez, 15, vinte ou mais anos foi resolvido em alguns minutos ou dias. Elas frequentemente nos falam de tudo que experimentaram durante décadas de sua vida sem obter os resultados desejados. Por que isso é uma prova? Porque as crenças e os sentimentos destrutivos que experimentamos provêm de nossas memórias. O único modo de curá-los é curando essas memórias.

Uma mulher que chamarei de Amanda comprou os Códigos da Cura e me telefonou para contar sua experiência com o sistema. Ela estivera em uma situação de abuso emocional por parte da mãe. Sua mãe era extremamente crítica, negativa, perfeccionista e severa. Em resumo, quando era jovem, minha cliente acabou se sentindo sem valor, incapaz e temerosa na maioria das situações. Tornou-se uma perfeccionista devido à crença básica em que só seria amada se fizesse tudo certo (como geralmente acontece com os perfeccionistas).

A vida de Amanda estava uma confusão. Apesar de ter tido muito sucesso em concursos de beleza, se achava feia. Embora fosse uma ótima cozinheira, achava que havia algo de errado em tudo que cozinhava, mesmo quando os outros adoravam. Quando as coisas estavam boas, não estavam boas o bastante, e o desastre podia estar próximo. Quando as coisas estavam ruins, isso era uma confirmação do que ela sabia que aconteceria. Amanda se sentia tão exausta do trabalho que mal pôde esperar para tirar férias, mas após o primeiro dia não conseguiu aproveitar o resto delas por temer seu término, dali a seis dias.

Amanda não gostava de sexo, por vários motivos. Um deles era que não tinha o corpo perfeito, por isso certamente acabaria sendo rejeitada (embora nunca tivesse sido). E, de qualquer modo, por que desejaria ter tanta intimidade com outra pessoa? Isso só piora as coisas quando elas dão errado. Amanda estava deprimida e cheia de ansiedade. A confusão era uma companheira constante. Frequentemente ela ficava paralisada, sem saber aonde ir almoçar. Culpava-se por tudo isso. Afinal de contas, nunca havia sofrido abusos, espancamento, estupro e nenhuma dessas coisas horríveis, e todos diziam que sua mãe era ótima. Nada disso mudava o fato de estar vivendo na terrível prisão de seus sentimentos, pensamentos e crenças.

Amanda chegou aos Códigos da Cura depois de décadas de aconselhamento, terapia, exploração interior, religião, medicamentos, suplementos nutricionais, seminários de autoajuda e crescimento pessoal, pacotes de infomerciais... você sabe o que quero dizer. Ela disse que, quando comprou os Códigos, a única coisa que achava que já havia sido resolvida em sua vida era seu relacionamento com a mãe, pelo menos no que dizia respeito aos acontecimentos da infância. Afinal de contas, gastara milhares de dólares e anos de sua vida para chegar ao ponto de poder ter um emprego fixo, um casamento, uma família e uma vida razoavelmente ajustada. Para sua surpresa, quando começou a fazer os Códigos voltou a pensar repetidamente no problema que teve na infância com a mãe.

Os Códigos da Cura não são aconselhamento e terapia, e, não, você não tem de revolver seu passado. Contudo, às vezes se conscientiza das memórias que estão sendo curadas. Foi exatamente isso que aconteceu com essa mulher. Depois de cerca de um mês fazendo os Códigos, as crenças, os pensamentos e sentimentos negativos, a ansiedade e o perfeccionismo foram embora. Desapareceram. Sumiram! Amanda me perguntou se já havia acontecido de alguém ter se esforçado e gasto tanto dinheiro quanto ela, e acreditar firmemente que algo estava curado quando na verdade não estava. Ao fazer os Códigos, tornou-se óbvio para ela que aquilo ainda não fora resolvido. Quando Amanda se conscientizava daquelas memórias, sentia uma leveza ou alívio que a faziam saber que estavam sendo curadas. Um mês depois pôde dizer que tinham desaparecido. Eu a parabenizei e ri de sua pergunta sobre se aquilo já havia acontecido antes, não zombando dela, mas simplesmente porque o que descreveu acontece com a maioria das pessoas. Não acontecer é exceção.

LIDAR COM OS PROBLEMAS NÃO É CURAR

Veja bem, tendemos a confundir lidar com curar. Quando eu me dedicava a aconselhamento e terapia em minha clínica particular, quase nunca havia cura, mas eu era bom em ensinar as pessoas a lidar com os problemas. Na verdade, é nisso que a maioria dos conselheiros e terapeutas são treinados. Quase todos os programas de autoajuda que já vi são cheios de mecanismos para lidar com problemas. O que isso significa para a pessoa que os utiliza? Significa que você terá o lixo dos seus problemas pelo resto da sua vida, mas aprenderá a borrifá-los com perfume sempre que cheirarem mal. Tentará chegar a um ponto em que isso não o incomodará tanto. Ouvi falar que alguns conselheiros ou terapeutas dizem a seus clientes depois que eles aprendem a lidar com o problema: "Seu problema está resolvido." Afinal de contas, eles são os especialistas, então as pessoas tendem a acreditar nisso. Se o problema for realmente resolvido, todos os transtornos causados por ele também serão resolvidos e, como você já viu neste livro, as memórias celulares básicas são a fonte de todos os problemas físicos. Portanto, se a cura realmente ocorreu, tudo deve ter sido curado — não só as emoções, os sentimentos e as crenças como também os problemas físicos causados por eles.

A prova de que o Código cura essas memórias celulares é as pessoas nos dizerem repetidamente que, após fazê-lo, suas crenças e atitudes, e seus sentimentos e padrões de pensamento, se tornaram saudáveis. No sistema dos Códigos da Cura, realmente temos um modo de medir isso, e as pessoas sempre nos dizem, usando essa ferramenta de medição, como essas memórias celulares estão sendo curadas na vida delas. Não por acaso, quando essas memórias celulares são curadas (Segundo Segredo) o problema de energia celular também é resolvido e as pessoas dizem que estão livres de seus problemas de saúde.

Agora completamos os primeiros três segredos, por isso vamos revê-los.

Primeiro Segredo: há uma única fonte de enfermidade e doença, e é o estresse. A prova de que o Código da Cura remove o estresse está nos resultados sem precedentes do teste de VFC, o teste médico padrão para medir o equilíbrio de estresse no sistema nervoso autônomo.

Segundo Segredo: todos os problemas são de energia. Se você conseguir resolver o problema de energia, resolverá o problema resultante em sua vida. Os Códigos da Cura são um sistema de cura através da física quântica que muda os padrões de energia no corpo. A prova disso são os depoimentos de pessoas que se curaram de seus problemas, inclusive de doenças graves, problemas de relacionamento, profissionais e de sucesso.

Terceiro Segredo: as questões do coração (que receberam muitos nomes da ciência moderna — memória celular, inconsciente, subconsciente etc.) são *o* mecanismo de controle da cura. Podem ressoar frequências de energia destrutivas e criar estresse. O Código cura as memórias celulares destrutivas, conforme é evidenciado pela mudança de atitudes, crenças, sentimentos e pensamentos destrutivos.

Como tudo isso se encaixa? As questões do coração (Terceiro Segredo) causam frequências de energia destrutivas (Segundo Segredo). As frequências de energia destrutivas (Segundo Segredo) criam estresse (Primeiro Segredo). E o estresse é a única fonte de todos os problemas físicos e emocionais (Primeiro Segredo).

Portanto, se você resolver as questões do coração, resolverá praticamente todos os problemas em sua vida. Os Códigos curam memórias celulares. Lembre-se da citação de William Tiller: "A medicina do futuro se baseará no controle da energia no corpo." Os Códigos da Cura são o cumprimento dessa previsão. São um sistema de cura que usa física quântica e encontra e corrige as frequências de energia destrutivas no corpo.

É útil saber que as questões do coração controlam nossa saúde. Mas há mais no quebra-cabeça: "Ótimo, há as memórias celulares, mas como chego a elas? Como consigo curá-las?"

Isso nos leva ao Quarto Segredo...

CAPÍTULO QUATRO

Quarto Segredo:
O disco rígido humano

Todos os arquivos são armazenados no disco rígido do seu computador. Na verdade, você só pode usar seu computador até a capacidade de seu disco rígido. Todos os seus arquivos de texto, suas cartas, seus documentos, seus e-mails etc. são ali armazenados. Mesmo quando você deleta um arquivo, um especialista em computadores com o equipamento e conhecimento certos geralmente ainda consegue encontrá-lo.

Dentro do computador humano, tudo que acontece com você é registrado na forma de memórias. Isso é psicologia básica. Mesmo se você não consegue se lembrar de uma coisa, se não teve consciência dela quando ocorreu porque sua atenção estava em outro lugar, ainda assim foi registrada. Há muitos casos documentados de pessoas sob hipnose ou durante cirurgia cerebral que, quando tiveram certas áreas do cérebro estimuladas, se lembraram de coisas que remontavam ao útero — das quais nunca tiveram consciência ou não tinham há muito, muito tempo.

De todas essas memórias que temos — todos os registros de tudo que já nos aconteceu —, 90% são o que seria classificado como inconsciente ou subconsciente, o que significa que é muito difícil ou impossível nos lembrarmos delas. Incluem seu nascimento, seu primeiro banho e quando você estava aprendendo a andar, esbarrou em um vaso da sua mãe e ele se quebrou ao cair no chão. Cerca de 10% das memórias são conscientes, o que significa que podemos evocá-las, se tentarmos. Incluem não só o que almocei hoje como também minha festa de aniversário na escola, quando tirei minha carteira de motorista, meu primeiro encontro, meu casamento, o nascimento do meu filho... acontecimentos desse tipo.

OS 90% ABAIXO DA LINHA D'ÁGUA

Na psicologia, essa relação entre nossas memórias registradas na mente consciente e inconsciente frequentemente é ilustrada como um iceberg, como você verá a seguir. O iceberg representa 100% de nossas memórias. Os 10% acima da linha d'água representam as memórias conscientes, enquanto os 90% abaixo representam as memórias inconscientes ou subconscientes.

Modelo Iceberg

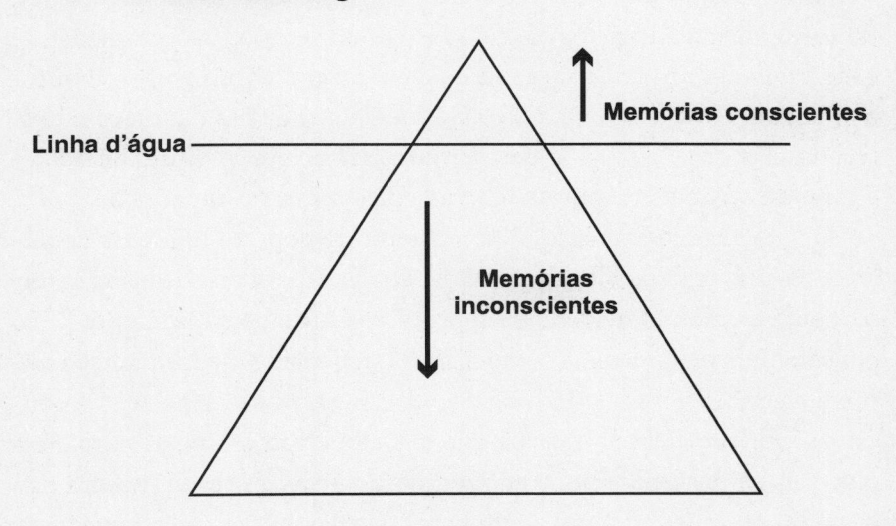

Para os objetivos deste livro, chamaremos as memórias conscientes e subconscientes de o "coração". Acredito que o coração realmente é mente inconsciente + consciência + espírito.

MEMÓRIAS — ONDE ESTÃO E O QUE SÃO

Como já dissemos, a ciência costumava acreditar que as memórias eram armazenadas no cérebro. As últimas pesquisas indicam que são armazenadas nas células, literalmente em todo o corpo. Essas memórias não são carne e osso; são armazenadas nas células como um padrão de energia. É por isso que não podemos encontrá-las em nenhum tecido do corpo — elas não existem como um tecido físico. Lembre-se do Segundo Segredo que Albert Einstein provou com $E = mc^2$, que tudo se resume a energia. Bem, isso inclui nossas memórias. A substância da memória é um padrão de energia, mas a memória real é uma imagem.

Segundo Pierce Howard, Ph.D., em seu livro *The Owner's Manual for the Brain* [Manual do proprietário para o cérebro], exceto no caso dos cegos de nascença, todos os dados são armazenados dentro de nossa memória como imagens. Essas memórias também são evocadas como imagens.

Rich Glenn, Ph.D., em seu livro *Transformation* [Transformação], também afirma que todos os dados são armazenados na forma de imagens e que um distúrbio no campo de energia do corpo pode remontar a uma imagem destrutiva. O Dr. Glenn diz que a cura da imagem destrutiva cria um efeito saudável permanente no corpo. Entender isso é vital para curar as memórias celulares discutidas no Terceiro Segredo.

O Dr. Antonio Damasio, Ph.D., diretor do departamento de neurologia da University of South Carolina, diz: "A capacidade de exibir internamente e ordenar imagens é um processo chamado pensamento [...] o pensamento sem imagens é impossível [...] o raciocínio humano é sempre imagético."*

O Dr. Bruce Lipton explica que o corpo é como uma câmera. Seja qual for o sinal ambiental, tudo é captado pelas lentes. A câmera não vê nada. As lentes captam e traduzem o sinal para o filme, no qual você faz uma cópia complementar. A câmera sempre faz um complemento do que é encontrado no ambiente.

"A verdade é que ocorre o mesmo com a biologia. A célula é como uma câmera. Seja qual for o ambiente, a membrana é como uma lente. Capta e envia a imagem para o núcleo, onde está a base de dados. É lá

---

* Antonio Damasio, *O erro de Descartes: emoção, razão e o cérebro humano*. São Paulo: Companhia das Letras, 1996.

que as imagens são armazenadas. O ponto principal é esse. Quando você abre os olhos, qual é a imagem que vê?"*

O fato é que aquilo que você vê externamente, ou pensa que vê, é em grande parte determinado pela maneira como você já está programado internamente.

PADRÕES DE ENERGIA DESTRUTIVA

Todos os dados — tudo que nos acontece — são codificados na forma de memórias celulares. Alguns contêm crenças erradas e destrutivas que produzem a reação de estresse do corpo quando não deveria ser produzida, o que desativa o sistema imunológico e causa todos os problemas em nossa vida de que temos conhecimento. A substância dessas memórias celulares é um padrão de energia destrutiva no corpo. O modo prático de elas serem armazenadas no corpo é na forma de imagens, que também é a forma pela qual são evocadas.

Deixe-me mostrar isso para você com um exemplo muito simples. Relaxe por apenas um segundo e vamos tentar uma rápida experiência de aprendizado. O que acontece quando você pensa no Natal? Lembra-se de um Natal ou de pequenas partes de vários Natais? E como se lembra dessas coisas? Você vê algo? Vê com o olho da sua mente rostos de pessoas, uma árvore de Natal ou presentes?

Vamos tentar de novo. O que acontece quando você pensa em desapontamento? Lembra-se de alguns desapontamentos em sua vida? E como se lembra deles? Mesmo quando você não consegue ver uma imagem em sua mente, geralmente consegue relembrar e descrever cores, formas, objetos ou outros elementos visuais. Na verdade, não podemos fazer nada de que não tenhamos uma imagem. Antes de fazermos qualquer coisa — seja preparar uma xícara de chá, ir ao toalete ou planejar uma cidade —, nós a imaginamos. A substância de cada ideia é uma imagem, e qual é a substância da imagem? É tecido, osso ou sangue? Não, a substância das memórias e imagens é uma frequência de energia. As imagens são a linguagem do coração.

---

* Bruce Lipton, *A biologia da crença*. São Paulo: Butterfly, 2007.

Esse pequeno exercício explora sua mente consciente ou inconsciente e evoca memórias. Sim, você as vê, mas também não sente algo? Quando pensou no Natal sentiu alegria? Sorriu um pouco, mesmo sem querer? Lembrou-se de um tempo muito bom em sua vida? Sentiu cheiro de bacon assado, pinheiros, gemada e canela? Quando lembrou do desapontamento, sentiu um leve aperto no peito ou desconforto?

Como comprovou a pesquisa do Institute of HeartMath que discutimos no último Segredo, se você tiver pensamentos dolorosos, tristes, depressivos e de raiva, e se concentrar neles por muito tempo, não só se sentirá mal emocionalmente como começará a provocar em seu corpo a reação de estresse da qual falamos no Primeiro Segredo, e com o passar do tempo isso poderá torná-lo doente.

O PROBLEMA ABAIXO DA LINHA D'ÁGUA

Conscientemente, você pode escolher ter pensamentos bons, felizes e saudáveis, mas inconscientemente não pode escolher no que vai pensar, porque o inconsciente tem uma mente própria. A mente inconsciente funciona por associação. Portanto, quando você pensou no Natal, se teve lembranças ruins sua mente inconsciente reativou uma dessas memórias negativas e você começou a se sentir mal sem nem mesmo saber por quê. Isso acontece o tempo todo.

Todos os dias ouço falar em pessoas que dizem coisas como "Tenho o pavio curto há muito tempo e não sei por quê", "Estou triste e não sei por quê" ou "Parece que eu me saboto no trabalho quando estou prestes a receber uma promoção. É como se eu fosse meu pior inimigo, e não sei por quê". O motivo de essas coisas acontecerem é que você tem memórias inconscientes que estão sendo reativadas, e está sentindo a emoção daquela memória original. Obviamente, isso pode causar problemas em sua vida. Vamos explorar um pouco mais esse assunto no Quinto Segredo.

No Quarto Segredo, o fato central é que tudo que já lhe aconteceu é registrado. Você pode ter acesso a um pouco disso, que chamamos de memória inconsciente ou subconsciente. Essas memórias são codificadas na forma de quadros ou imagens, e o que produz a reação de estresse no corpo são as imagens que contêm uma crença errada. Como diz o Dr. Lipton, uma crença errada "nos faz ter medo quando não deveríamos ter".

Portanto, se você é uma dessas pessoas que se perguntam há anos "Por que fico com raiva quando não deveria ficar?", "Por que como quando não deveria, nem mesmo quero comer porque estou tentando perder peso?", "Por que penso em coisas que realmente não quero pensar?", "Quero pensar em coisas boas, saudáveis e positivas!", "Por que não consigo resolver esse assunto que envolve meus pensamentos, sentimentos e comportamento?", o problema está em seu disco rígido.

DESFRAGMENTANDO O DISCO RÍGIDO HUMANO

No disco rígido humano, que pode ter arquivos fragmentados, lidamos com memórias celulares. O Código da Cura é um modo de desfragmentá-lo sem aconselhamento, terapia, drogas e medicamentos. Esse sistema sempre esteve no corpo, mas só foi descoberto em 2001. Não se trata de acupuntura, mudrás, chacras, ioga ou nenhum desses métodos. É uma descoberta totalmente nova, comprovada pelos testes da medicina convencional de que falamos no Primeiro Segredo.

Todos os problemas que você tem neste exato momento existem como imagens, padrões de energia, e o único modo de resolvê-los é com outro padrão de energia. Lembra-se daquelas afirmações no Segundo Segredo?

"A medicina do futuro se baseará no controle da energia no corpo."
— William Tiller, ganhador do Prêmio Nobel

"A química do corpo é governada pelos campos celulares quânticos."
— Murray Gell-Mann, ganhador do Prêmio Nobel, Estados Unidos

"As doenças devem ser diagnosticadas e prevenidas por meio da avaliação do campo de energia."
— Dr. George Crile, fundador da Cleveland Clinic, 1864-1943

Quando você faz um Código da Cura, corrige as frequências destrutivas e permite que as crenças erradas codificadas nas memórias celulares desapareçam. Os Códigos curam essas memórias celulares, corrigem o padrão de energia destrutiva e nos permitem acreditar na verdade para não termos medo quando não há nada a temer. Assim, resolvemos a causa do problema em sua fonte. Desfragmentamos o disco rígido humano. Curamos as memórias. É isso que os Códigos da Cura fazem, e por esse motivo são tão revolucionários. Nunca tivemos um modo de fazê-lo antes. Os exercícios dos Códigos levam em média seis minutos, portanto, não estamos falando de algo difícil ou que tome muito tempo. Você pode fazer um exercício deitado na cama ou em uma cadeira reclinável. Há quem diga que os faz no carro, enquanto espera seu hambúrguer ser entregue pela janela. Não aconselhamos isso, mas demonstra sua simplicidade.

Na verdade, Mark Victor Hansen — coautor de *Canja de galinha para a alma* que veio a público dizer que acredita que essa pode ser a solução para a crise da saúde na América — nos disse que achava que a maior dificuldade que teríamos em convencer as pessoas a experimentarem o Código da Cura é sua simplicidade. É tão simples que as pessoas não vão acreditar que possa fazer tanta diferença na vida delas.

Duas semanas atrás, meu filho adolescente ficou gripado. Ele disse que estava se sentindo mal e sugeri que fizesse um Código da Cura em si mesmo. Algumas horas depois ele se sentia completamente normal. A filha de Ben faz os Códigos da Cura nela mesma desde que tinha 7 anos, totalmente sem ajuda, tamanha a sua simplicidade.

Vamos rever nossos segredos até agora:

Primeiro Segredo: O estresse é a causa de todas as doenças e enfermidades.

Segundo Segredo: A energia é tudo.

Terceiro Segredo: As questões do coração controlam a saúde.

E você agora conhece o **Quarto Segredo**: Todas as memórias são energia armazenada e evocadas como imagens, 90% das quais são inconscientes.

Então desfragmente seu disco rígido humano e mude sua vida. Você pode fazer isso com o Código da Cura ou não, mas para ter resultados vitalícios, terá de encontrar um modo de curar as memórias celulares, as questões do coração que estão causando o problema.

CAPÍTULO CINCO

Quinto Segredo:
Seu programa antivírus pode estar
deixando você doente

A maioria de nós, assim como o disco rígido humano, tem um programa antivírus em nosso computador. A mente consciente e inconsciente, e especialmente o que chamo de coração (mente inconsciente + consciência + espírito), também têm. Nascemos com um antivírus que visa nos proteger de dano físico e emocional, resguardando-nos de experiências que nos prejudicarão. À medida que vamos tendo mais experiências negativas, o programa acrescenta mais "definições de vírus", como o antivírus do seu computador faz quando um novo vírus é descoberto.

O antivírus no disco rígido humano é um programa de estímulo/resposta. Basicamente, é o instinto de buscar prazer e evitar dor, e desenvolve mais definições e distinções à medida que vamos vivendo e aprendendo. As crianças não usam a lógica na mesma proporção que os adultos, por isso operam muito mais baseadas em um princípio de dor/prazer. Se um adulto for muito bondoso, falar em um tom bastante gentil e sorrir para um bebê, isso será prazeroso e o bebê tenderá a se sentir atraído por essa pessoa. Se você deixar o bebê provar um pouco de sorvete, o bebê lhe dirá com os olhos: "O que é isso? Quero mais!" Todos nós temos lembranças como essa. O oposto também é verdadeiro, se a dor for não obter o prazer desejado (como não obter o sorvete) ou literal (como tocar em uma panela quente). As crianças aprendem com o prazer ou a dor o que buscar ou evitar.

Porém, como adultos sabemos que as reações de uma criança não são necessariamente lógicas. A criança pode buscar o que é agradável — o sorvete ou doce — até ficar doente. Ou evitar a dor a ponto de não aproveitar a vida porque está muito preocupada com um inseto que a mordeu uma vez. Como adultos, podemos perceber que nem todas as nossas reações são realmente lógicas. O que podemos não perceber é que também estamos nos comportando de acordo com um sistema de estímulo/resposta/busca de prazer e evitação de sofrimento.

FONTES OCULTAS DE NOSSAS REAÇÕES

O motivo de não conseguirmos reconhecer facilmente que nossas ações são reações é que às vezes estamos totalmente inconscientes dos estímulos que as causaram. O estímulo é sempre uma memória, mas há três tipos delas codificadas em nossos bancos de memória (discos rígidos) que podemos não conseguir evocar. Mesmo quando conseguimos, a reação nem sempre parece lógica.

Memórias herdadas, pré-linguagem, pré-pensamento lógico e traumáticas se tornam um programa de sistema de crenças protetor de estímulo/resposta.

Em primeiro lugar, vamos examinar esses três tipos de memórias.

MEMÓRIAS HERDADAS

Todos nós herdamos memórias celulares de nossos pais, da mesma forma como uma pessoa recebe memórias celulares do doador de um órgão. Eu (Ben) acredito que essas memórias estão literalmente codificadas no DNA de cada célula. Quando um espermatozoide e um óvulo se juntam na concepção, criam uma célula que é uma bela e milagrosa harmonia entre um homem e uma mulher. Sim, isso é verdade do ponto de vista físico, mas também do não físico. Portanto, assim Johnny herda o DNA que o faz ter os olhos da mãe e o queixo do pai, e também recebe memórias celulares dos pais.

Basta um pouco de lógica para perceber que esse processo também ocorreu quando a mãe e o pai de Johnny foram concebidos. Isso significa que aquele pequeno Johnny unicelular também recebeu memórias celulares da avó, do bisavô e da tetravó por parte de mãe que viveram antes da Guerra Civil? Sem dúvida. De fato, eu (Ben) sou da opinião de que essas memórias celulares são passadas particularmente através do DNA dos leucócitos. Agora o pequeno Johnny unicelular tem tudo nele que algum dia se transformará no Johnny de 25 anos, o belo rapaz no dia de seu casamento. É fácil entendermos isso em um nível físico, mas não estamos tão acostumados com a discussão da memória celular.

Essas memórias celulares herdadas são boas, más e, sim, feias (para vocês, fãs de Clint Eastwood) — e tudo entre esses extremos. A resposta para a pergunta difícil que você pode fazer é "sim". As memórias celulares de sua tetravó podem ser reativadas dentro de você e causar pensamentos, sentimentos, comportamentos e estresse fisiológico indesejados.

Não desanime. Se você achar que seu lago mental está um pouco turvo e seu poder de escolha e controle escaparam por entre seus dedos, ainda há esperança! As memórias celulares herdadas podem ser curadas como todas as outras com o uso do Código da Cura, como discutiremos em detalhes mais adiante. Contudo, seria descuido da minha parte não afirmar que, sem o Código, esse problema pode se tornar frustrante e, às vezes, quase impossível de lidar. O fato de que os pensamentos, as crenças e os comportamentos de uma pessoa podem estar surgindo de algo que nem mesmo está na vida dela é, na melhor das hipóteses, irritante e, na pior, pode levar a desesperança, desespero e doença. Acreditamos que esse é um dos motivos pelo qual aconselhamento e terapia têm sido em grande parte ineficazes para muitas pessoas ao longo dos anos. Você não pode lidar com um problema que nem mesmo sabe que existe. Felizmente, desenvolvemos um tipo de teste para descobrir essas memórias, mesmo se não lembradas.

MEMÓRIAS PRÉ-LINGUAGEM E PRÉ-PENSAMENTO LÓGICO
Antes de sermos capazes de pensar racionalmente ou falar direito, muitas coisas acontecem em nossa vida. Essas memórias são registra-

das como todas as outras, mas em nosso nível de raciocínio, na época em que foram experimentadas.

Na verdade, nos seis primeiros meses de vida, vivemos no que é chamado de estado de onda cerebral delta teta. Isso significa que nossas experiências são "conectadas diretamente" com nosso cérebro, sem ser filtradas pelo julgamento mais racional e consciente que desenvolvemos posteriormente.

Se um bebê acorda no meio da noite molhado, com frio e as fraldas sujas, desejará gritar tão alto quanto preciso para se livrar dessa sensação desagradável. Mas se sempre que acordar sua mãe for rude, se zangar e talvez até mesmo o machucar, depois de algum tempo o bebê também desejará evitar ser tratado tão cruelmente. Ele não sabe nada sobre o quanto a mãe trabalha duro e se sente terrivelmente cansada e deprimida, porque é pequeno demais para conhecer essas palavras ou esses conceitos. Só saberá que se evitar um tipo de sofrimento (fraldas irritantes) experimentará outro (a mãe zangada). Também sentirá que tem o direito de ficar limpo, seco e ser tratado gentilmente pela mãe, mas não entenderá essas emoções porque não tem palavras ou conceitos para elas. Porém, toda essa confusão ficará armazenada como uma memória pré-linguagem, que poderá ser despertada em todas as ocasiões em que ele deveria ser capaz de pedir para ter suas necessidades físicas satisfeitas. Ou sempre que pensar em procurar o conforto e amor de uma mulher. Ou que acordar no meio da noite, especialmente porque experimentou a mesma situação negativa repetidamente.

MEMÓRIAS DO PICOLÉ

Certa vez tive uma cliente com um QI de 180 que se formara com honras em uma universidade da Ivy League, e tinha tudo para conquistar uma posição de poder em Wall Street. Ela disse que não tinha problemas de saúde, mas com o sucesso: "Fico me sabotando em minha carreira. Todos dizem que eu deveria ser uma pessoa influente em Wall Street, mas sempre que chego perto de algo parecido, encontro um modo de me atrapalhar." O que ela descobriu através do processo do Código da Cura foi que tudo provinha de uma lembrança de quando tinha 5 ou 6 anos. Era um dia de verão e sua mãe tinha dado um picolé para sua irmã, mas não quis lhe dar um.

Você pode estar esperando pelo resto da história: o picolé foi atirado para ela, atingiu entre seus olhos, ela caiu para trás, machucou a cabeça e teve de ser levada para a emergência de um hospital. Mas, não, nada disso aconteceu. A história é esta: sua mãe deu um picolé para sua irmã, mas não quis lhe dar um. Na verdade, até mesmo lhe disse: "Sua irmã já almoçou direito; quando você almoçar direito também ganhará um picolé." Então, o que a mãe fez de errado? Absolutamente nada. Mas essa memória foi codificada através da mente, dos olhos e do raciocínio de uma criança de 5 anos — lembre-se de que nesse tempo ela estava em um estado de onda cerebral delta teta. E é assim que a memória permanece. É conectada no inconsciente com o raciocínio de uma criança de 5 anos durante toda a vida até que algo mude ou corrija isso.

Essas memórias pré-linguagem e pré-pensamento lógico podem realmente se tornar fantasmas (esse é um termo clínico) durante toda a nossa vida. E temos milhares deles. O quanto do que sabemos sobre o mundo é aprendido nos primeiros três, quatro ou cinco anos de vida? *Muito*. E tudo é codificado através dos olhos e do raciocínio da idade em que ocorreu. Tudo é registrado naquele estado de onda cerebral delta teta, sem o benefício de um raciocínio melhor.

Sempre que essas memórias são reativadas, são como quando você tinha 5 meses ou 5 anos, não como uma pessoa de 30 anos pensando racionalmente sobre isso.

MEMÓRIAS TRAUMÁTICAS

As memórias traumáticas são codificadas, é claro, durante toda a nossa vida, sempre que há um trauma. Também podemos herdá-las.

O interessante nas memórias traumáticas é que quando sofremos até mesmo um pequeno trauma nosso pensamento mais racional é até certo ponto desconectado. Por quê? Porque a pessoa entra em choque. Se você já viu alguém em choque (até mesmo pela TV), talvez se lembre de que essa pessoa não conseguia falar, saber onde estava ou o que havia acontecido. Deixe-me explicar o que ocorre nesse processo de trauma: uns quatro anos atrás ganhei uma multa por excesso de velocidade e decidi frequentar o curso de reciclagem em vez de deixá-la permanecer em meu cadastro. Naquela noite, o policial estadual nos deu as boas-vindas e começou um pequeno discurso, e nunca me esquecerei de uma coisa que ele disse. Disse que, se em condições de tráfego normais à noite, você está mantendo certa distância de outro carro, um animal passa na frente dele e o motorista pisa no freio, você não tem tempo suficiente para pensar: "Ah, aquele carro na minha frente está freando. É melhor eu tirar o pé do acelerador e pôr no freio, ou baterei na traseira dele." Você não tem tempo suficiente para fazer isso e evitar um acidente. Contudo, ele disse que felizmente temos um mecanismo interno que o faz automaticamente. Quando você vê aquelas luzes na sua frente, seu cérebro lógico é ignorado e isso vai para seu cérebro reativo. Seu cérebro reativo responde imediatamente, muito mais rápido do que seu pensamento, e o faz frear e não sofrer um acidente.

Não sei se o policial estadual já havia tido alguma aula de psicologia, mas estava totalmente certo. Isso é especialmente relevante para o que nossa mente armazena como trauma. No exemplo da garotinha que não ganhou o picolé, isso foi definitivamente um trauma para ela. Talvez não nos pareça lógico porque a mãe não fez nada de errado, ninguém gritou ou bateu nela, ela não perdeu sua casa ou teve de se mudar... não aconteceu nada do que normalmente consideramos traumático.

O que realmente aconteceu e foi codificado com o nível de raciocínio daquela criança de 5 anos foi: "Minha mãe deu um picolé para minha irmã, mas não quer me dar um. Isso deve significar que gosta mais da minha irmã do que de mim. Se gosta mais dela, isso deve significar que há algo de errado comigo. Então, quando eu estiver com outras pessoas, elas também não vão gostar de mim, porque vão perceber que há algo de errado comigo." Isso se tornou um sentimento profundamente arraigado nela e uma profecia autorrealizável. Uma programação no disco rígido. "Não serei amada nem bem-sucedida porque há algo de errado comigo." E adivinhe? Foi assim que ela viveu durante toda a vida até voltar com o Código da Cura e curar essa memória.

Quando minha cliente curou essa memória do picolé, recebeu a promoção que havia lhe escapado e começou a se tornar uma "pessoa influente" em Wall Street. O relacionamento com sua mãe, que sempre fora tenso, embora ninguém, inclusive ela, soubesse por quê, foi curado e ela se tornou mais próxima da mãe. Tudo em sua vida mudou, porque agora nada a segurava.

Aquela memória do picolé foi um trauma para ela. Pelo menos para a versão de 5 anos dela mesma. Quando acontecia algo em sua vida que estava relacionado com essa memória, ela se sentia, pensava e agia baseada no trauma. O que poderia estar relacionado com essa memória e, portanto, reativá-la? Estar perto de outras pessoas; relacionamentos, pensamentos ou conversas sobre sucesso ou fracasso, valor ou falta de valor; qualquer tipo de competição; comida e bebida; pedir algo a alguém. De fato, era difícil para ela fazer algo que não estivesse relacionado com isso. Quando a memória traumática é reativada, faz justamente o que aquele policial estadual disse: ignora a mente lógica e aciona a mente reativa.

QUANDO A MENTE INCONSCIENTE ASSUME O COMANDO

Como se chama esse processo? Reação de estresse! Era a ele que o Dr. Lipton se referia ao falar sobre por que as pessoas têm medo quando não deveriam ter. Isso nos impede de ter o desempenho de que somos capazes e os relacionamentos amorosos que desejamos. Fecha nossas células e acaba causando problemas de saúde.

Sempre que uma dessas memórias traumáticas é reativada, a mente consciente é ignorada. A mente inconsciente assume o comando e faz o que precisa ser feito. Geralmente isso envolve ativar a reação de estresse do corpo. É por esse motivo que tantas vezes dizemos ou fazemos coisas que vão contra o que realmente queremos na vida, sem saber por quê.

Essas memórias — herdadas, pré-linguagem, pré-pensamento lógico e traumáticas — se tornam um programa de sistema de crenças protetor de estímulo/resposta.

Esse é um sistema protetor. O que isso significa? Significa que a mente usa essas memórias para proteger o bebê a fim de que possa crescer e se tornar um homem ou uma mulher. Como você poderia esperar, como esse é um sistema protetor, os sistemas de controle do corpo dão mais prioridade às memórias dolorosas. Sempre que uma dessas memórias pré-linguagem, traumáticas ou herdadas é dolorosa e algo em nossa situação a reativa, nós a reexperimentamos enquanto nosso pensamento lógico é diminuído. Mas o que reativaria uma memória como essa?

Em um verão, quando meu filho mais novo, George, estava com quase 1 ano, tivemos uma terrível tempestade. Ventos de 112 quilômetros por hora faziam as coisas voarem. Tudo em nosso quintal que não estava amarrado foi soprado para longe. Alguns galhos de árvore foram atingidos por raios e caíram ruidosamente no chão. Havia granizo, trovões e raios por todos os lados — foi uma daquelas tempestades assustadoras para adultos. A pior parte dessa experiência foi termos sido apanhados no meio dela. Mesmo quando já estávamos dentro de casa, um transformador foi atingido por um raio e ficamos sem energia. Por isso, George não se sentiu seguro nem mesmo quando chegamos ao local em que deveria se sentir protegido. Aquilo o traumatizou, e é exatamente isso que a mente de uma criança de 1 ano deve fazer. Para quê? Para que ela não fique ao ar livre nessa tempestade (ou na próxima) e se machuque. Aquilo o deixou assustado para que ele corresse para um lugar seguro. Quando a tempestade terminou, a memória foi armazenada como um trauma para que George fugisse da próxima tempestade que poderia machucá-lo.

Durante pelo menos um ano e meio depois, se houvesse alguma nuvem no céu, George ficava assustado e às vezes começava a chorar. Se o vento soprasse muito forte, chovesse, houvesse alguns trovões — você entende o que quero dizer. Se alguma das partes daquela tempestade que traumatizara George um ano e meio atrás ocorresse em suas circunstâncias atuais, ele chorava e gritava. Isso era lógico e razoável, baseado nas condições atuais do tempo? Não, mas George ainda sentia o que experienciara durante a tempestade original, quando tinha 1 ano.

É assim que esse sistema protetor funciona. Sempre que ocorre algo em nossas circunstâncias atuais que a mente associa com o trauma, o trauma original é reativado. A mente, especialmente a inconsciente, funciona por associação.

Acabei de lhe contar um grande segredo que quase ninguém no mundo sabe. Quando você faz coisas que realmente não quer fazer, pensa coisas que não quer pensar e sente coisas que certamente não quer sentir, uma memória está sendo reativada. Seu sistema protetor está determinando que, de algum modo, sua circunstância está relacionada com um trauma, possivelmente sua própria "memória do picolé".

O CORAÇÃO SÓ CONHECE O MOMENTO PRESENTE

Essas são as questões do coração e, para seu coração, não estão no passado, mas acontecendo agora. O coração está no campo sonoro de 360° da realidade presente o tempo todo. Portanto, quando uma memória de dor ou prazer é reativada, você não está lidando com algo que aconteceu há dez, vinte ou trinta anos — a emergência está acontecendo agora. Não é essa a sensação? Sim! O que não faz sentido é que isso não parece se encaixar em sua situação ou circunstância atual. Então você entra em um estado de confusão e conflito. O que sente é muito forte e exige atenção, mas não faz sentido em sua vida atual.

Quando enfrentamos uma situação desse tipo, geralmente a racionalizamos para não enlouquecer. Atribuímos nossos sentimentos a algo que está acontecendo agora, que ainda não parece se encaixar muito bem, mas pelo menos faz mais sentido do que tudo mais em que possamos pensar. A mulher da história do picolé não tinha a menor ideia de por que se sabotava. Achava que devia ser porque não era assertiva o suficiente, então fazia cursos de capacitação. Isso não adiantava, o que a fazia imaginar que devia ser outra coisa. Era mulher, havia algo em sua personalidade, ou algum outro motivo. Ficava procurando um motivo para explicar por que sabotava seu sucesso.

Quando agimos assim, surge um problema totalmente novo. Estragamos algo em nossa vida atual, que pode não ter sido de forma alguma um problema, atribuindo-lhe a culpa disso. E o pior é que agora acreditamos em uma mentira, que é a fonte de todos os problemas. É exatamente isso que torna todas as questões do coração problemáticas.

O último ponto desse segredo é que seu programa protetor é, na verdade, um sistema de crenças. Esse sistema, quando você tem entre 6 e 10 anos, contém crenças bem-codificadas baseadas em lembranças de praticamente tudo: pais, relacionamentos, identidade, o quanto os estranhos são ameaçadores, o quanto você é bom nas coisas, se vai ser bem-sucedido ou fracassar, ser uma boa pessoa ou não, ter valor ou não, ser seguro ou não, se precisa ter medo ou pode viver com amor, alegria e paz.

Esse programa de sistema de crenças protetor pode ter um enorme impacto em nosso modo de viver. Por quê? Porque não se baseia no pensamento racional.

A MENTE LÓGICA IGNORADA

Quando o trauma ocorre, o cérebro racional é ignorado e o cérebro emocional e reativo — o que reage à dor e ao estresse — é acionado. Quando as memórias traumáticas são reativadas, o pensamento racional, nosso consciente, é desligado ou bastante diminuído. Por esse motivo, tenhamos 20, 40 ou 60 anos, quando aquela "memória do picolé" de quando tínhamos 5 anos é reativada por algo que acontece hoje, não somos capazes de lidar com a situação racionalmente. Isso acontece com muitas pessoas todos os dias. Nossa capacidade de pensar racionalmente a esse respeito e depois fazer o que precisa ser feito é anulada ou extremamente prejudicada. Muitas pessoas que não têm a vida que desejam estão em um estado constante de confusão que provém de ter suas mentes lógicas e racionais desligadas ou desaceleradas porque aquelas velhas memórias traumáticas são constantemente reativadas pelas circunstâncias atuais. Essas memórias e esse sistema de crenças se tornam uma programação no disco rígido do computador humano. As memórias dolorosas são priorizadas em detrimento de todas as outras para que possamos sobreviver e crescer.

Quanto maior a dor original, mais adrenalina é liberada e mais ampla a definição do que é posteriormente identificado como uma situação parecida. Em outras palavras, quanto maior o trauma sofrido, mais tende a ser reativado por um grande número de associações.

Por exemplo, um cliente sempre tinha uma velha memória traumática reativada, e uma das conexões interessantes que descobrimos ser o motivo disso foi que quando o trauma original ocorreu havia outra pessoa presente que usava uma gravata amarela. Aquilo não tinha nada a ver com o trauma. Ela só usava uma gravata amarela. Mais tarde na vida, quando esse trauma ainda afetava meu cliente, sempre que ele via a cor amarela sentia pânico, ansiedade, depressão, confusão, desejo de se esconder ou bater em alguém. Imagine quantas vezes por dia ele via essa cor. Quando entrava em seu closet de manhã. Em sinais de trânsito ou letreiros, papéis e blocos... em toda parte. Não é possível ficar nem uma hora por dia sem vê-la. O trauma era tão forte que a mente dele decidira que tudo que lembrasse remotamente esse acontecimento doloroso deveria colocá-lo em alerta, porque, se ocorresse de novo, dessa vez ele poderia não sobreviver.

Isso é uma reação exagerada da mente. Um caso em que o programa antivírus está tornando a pessoa doente. Mas essa situação com a gravata amarela não é de modo algum rara. Estou convencido de que acontece o tempo todo, com muitos de nós, sem que ao menos saibamos que está acontecendo e por que estamos nos sentindo ou agindo de uma determinada maneira.

CHEGANDO ÀS MEMÓRIAS OCULTAS — SEM SOFRIMENTO

Como curar essas memórias? O modo tradicional é falando sobre elas. Mas não creio que isso funcione, e muitas das últimas pesquisas da ciência e psicologia indicam que falar sobre elas raramente consegue curá-las e, frequentemente, faz com que piorem. Além disso, muitas são inconscientes.

O que a maioria das pessoas aprende a fazer, independente de terem consciência da memória ou não, é lidar com ela. Tive uma cliente que me telefonou e disse: "Minha vida está desmoronando. Estou telefonando para você como um último recurso. Uma amiga minha foi curada de alguns problemas físicos se tratando com você."

Ela foi direta e disse: "Não acho que isso vai funcionar. Fui estuprada três anos atrás e desde então faço aconselhamento e terapia. Quando isso aconteceu, eu era saudável e feliz. Hoje tomo todos os tipos de medicações, fico doente o tempo todo e estou prestes a perder meu marido e meus filhos porque vou me divorciar e, na maior parte do tempo, não consigo ficar perto de ninguém. Não dou nem recebo mais amor da maneira que preciso, mesmo em se tratando dos meus filhos." Ela havia falado sobre essa memória durante três anos com pessoas altamente qualificadas, e não estou dizendo que fizeram algo errado. Estou dizendo que a maioria das abordagens para lidar diretamente com o trauma não funcionam. Não têm o poder de curar um problema como esse. Por quê? Porque nossas memórias traumáticas estão protegidas contra correções da mente. Deixe-me repetir isso: nossas memórias traumáticas — muitas dessas memórias herdadas e pré-linguagem — são protegidas contra correções da mente inconsciente. Por quê? É muito simples. A mente inconsciente resiste muito a permitir que elas sejam corrigidas porque considera isso perigoso, já que o objetivo da memória é evitar que a pessoa seja ferida.

No caso da mulher que me procurou com a memória do estupro, pessoas maravilhosas haviam tentado de tudo, sem sucesso. Em vez disso, estava prestes a perder o que era importante para ela, inclusive sua saúde e família. Fez os Códigos da Cura e, em pouco mais de uma semana, a memória estava totalmente curada. No início, quando lhe dei um Código, ela não quis fazê-lo. Achou que não daria certo, era bobagem, simples demais etc. Mas finalmente o fez, e me telefonou três dias depois. Nada havia mudado. Dei-lhe o próximo Código para aquele problema, e ela me telefonou de novo três dias depois. Nada havia mudado, tudo ainda estava igual. Eu lhe disse: "Não quero que você pense nessa memória enquanto faz seu Código, mas se ela mudar, e você saberá se mudar, me avise. Isso não é aconselhamento e terapia, e nem mesmo queremos que você pense nessas coisas. Os Códigos conseguirão curá-las automaticamente." Ela me telefonou mais tarde naquele dia chorando, e era o tipo de choro que deixa você sem ar porque está soluçando muito. Quando finalmente conseguiu falar, tudo que pôde dizer foi: "Aquilo mudou, mudou, mudou."

Quando ela se acalmou, eu disse: "Acho que você está tentando me dizer que a memória mudou." E ela disse: "Sim, mudou." Perguntei-lhe como havia mudado e ela respondeu: "Eu estava fazendo o Código da Cura esta manhã e de repente me lembrei do estupro. Pela primeira vez, olhei para o homem que me estuprou e o perdoei, e toda a raiva, a amargura e o ressentimento foram embora." Foram substituídos por perdão e compaixão. A memória foi totalmente curada. Ela se reconciliou com o marido, ficou livre de seus problemas de saúde, parou de tomar todas as medicações e até onde sei está se saindo muito bem e feliz até hoje.

Sua mente inconsciente resistia muito a essa memória ser curada porque aquilo era tão doloroso para ela que se acontecesse de novo poderia não sobreviver. Poderia cometer suicídio ou desenvolver uma doença terrível.

EVITANDO A RESISTÊNCIA E O ENGANO

Se a mente resiste a curar esses tipos de memórias, como você vai curá-las? A história do picolé foi tão séria para aquela garotinha de 5 anos quanto o estupro foi para aquela adulta. Agora, você deve estar dizendo: "Loyd, você está maluco! Como pode comparar a história do picolé com o estupro?" Como isso foi armazenado através da mente e do raciocínio de uma criança de 5 anos, e as crenças se tornaram parte dessa memória — "Não sou digna de amor, há algo de errado comigo e no futuro, quando estiver perto de outras pessoas, elas também não gostarão de mim e sempre fracassarei porque há algo de errado comigo" —, se tornou quase tão devastador para ela quando cresceu quanto o estupro foi para a mulher adulta.

Foram acontecimentos muito diferentes, um que consideraríamos um trauma e outro, não. Mas ambos foram codificados como traumas e a mente resistiu a curá-los porque essas memórias estavam lá para proteger aquelas mulheres impedindo que aquelas situações acontecessem de novo.

Finalmente, uma coisa importante que direi sobre esse Segredo é que, quando essas memórias são reativadas — as memórias do programa protetor de estímulo/resposta —, tendemos a atribuir nossa reação emocional às circunstâncias atuais. Deixe-me dar um exemplo. Embora a mulher com a memória do picolé tivesse me dito, quando telefonou: "Sempre encontro um modo de me sabotar", ela tinha uma longa lista de como todos em sua vida a estavam prejudicando e acreditava que esse era o motivo de não ser mais bem-sucedida. No fundo sabia que isso não era verdade, mas na época sempre tinha um bom motivo: "Eles não estão me tratando bem o suficiente [...] querem que eu trabalhe horas demais [...] aquela pessoa implicou comigo desde o primeiro dia...", mesmo quando não tinha prova disso.

A mulher estuprada fez a mesma coisa: "Não posso mais ter intimidade com meu marido porque ele não será honesto comigo em relação a como me vê agora." Conversei com ele, e a impressão que ele tinha dela ainda era boa. Via-a como sua mulher que passara por algo terrível, mas queria deixar aquilo para trás e continuar a ter intimidade com ela. Contudo, ela estava totalmente convencida de que ele não a enxergava do mesmo modo. Acreditava que pensava nela como suja e imperfeita e não queria ter nada com ela. Nada disso realmente provinha da situação. Provinha da memória do estupro, mas ela atribuía tudo à situação com seu marido. Em outras palavras, as duas mulheres descobriram coisas em suas circunstâncias atuais que podiam culpar por suas reações, embora na verdade resultassem do que acontecera três anos, ou até mesmo 25 ou trinta anos antes.

Vamos rever o **Quinto Segredo**: Memórias herdadas, pré-linguagem, pré-pensamento lógico e traumáticas tornam-se um sistema de crenças programado de proteção estímulo/resposta.

O sistema de estímulo/resposta é ativado quando situações parecidas com uma memória traumática acontecem no presente. A amplitude da definição do que é uma situação parecida depende do quanto a memória celular original foi dolorosa.

Quando o sistema estímulo/resposta é ativado, a pessoa reexperimenta aspectos dos acontecimentos originais. Experimenta os pensamentos, os sentimentos e, possivelmente, até mesmo o comportamento. Como no caso da vítima de estupro, uma pessoa terá os sentimentos originais de raiva, terror e medo. Também tenderá a ter aqueles padrões de pensamento: "Isso é horrível, terrível, estou em perigo..." Terá comportamentos parecidos: "Quero sair daqui... quero lutar para sair daqui." A pessoa tenderá a atribuir todas essas reações às circunstâncias atuais, mesmo se aquilo não fizer nenhum sentido racional. Encontrará uma desculpa, um modo de distorcer o que está acontecendo para ter em que pôr a culpa da reação. Mesmo se todos ao redor da pessoa sabem que sua reação não faz sentido, e ela também sabe, ainda é isso que tenderá a fazer. Ela o fará porque não sabe de onde vem aquilo. Não sabe que esses sentimentos e impulsos fortes vêm de antigas memórias e, mesmo se souber, não sabe de quais. A pessoa precisa ter um motivo ou enlouquecerá, ou pelo menos se achará louca.

Em outras palavras, seu programa antivírus está funcionando bem se o mantém fora de tempestades violentas, mas pode precisar ser atualizado se lhe enviar mensagens para correr para dentro de casa em um dia ensolarado com apenas umas poucas nuvens no céu.

É exatamente por isso que tantas pessoas gastam milhares de dólares e décadas de sua vida tentando superar sua programação errada e ter a vida que desejam. Contudo, isso quase nunca acontece com o uso da força de vontade para mudar sintomas. Você deve tratar a fonte, e só há uma — as questões do coração.

Sexto Segredo:
Eu acredito!

No último capítulo, falamos sobre como o sistema de estímulo/resposta instala um sistema de crenças que é formado cedo na vida. Quando nosso cérebro se desenvolve, um segundo sistema de crenças é formado (com a capacidade de linguagem e raciocínio), baseado no sistema de crenças de estímulo/resposta.

Quando eu estava com 10 anos, um dia tivemos uma reunião especial na escola. Ao contrário de algumas das outras reuniões, aquela foi fascinante, inspiradora e fabulosa. Um mestre de caratê nos contou segredos da vida enquanto fazia várias coisas surpreendentes como quebrar tábuas, tijolos, pedras, enormes pedaços de gelo e lutar com muitos atacantes ao mesmo tempo.

Ele nos contou uma história real da qual nunca me esqueci. Era de um garoto na China, mais ou menos da minha idade, que estava nos estágios iniciais do aprendizado de uma arte marcial. A escola que ele frequentava realizava periodicamente um evento para as famílias e os amigos dos alunos para celebrar o progresso deles. Vários alunos se preparavam com antecedência para as apresentações. O mestre contou que esse garoto deveria quebrar certo número de tijolos de um determinado tipo. Sua tarefa era um pouco incomum porque ele nunca havia feito isso e, na verdade, não o faria antes do evento! Sim, treinaria como todos os outros, mas só a *técnica*. Não realizaria o ato de quebrar como os outros. Quando o garoto expressou preocupação para o mestre, o mestre simplesmente sorriu e disse: "Você não terá nenhum problema. Sabe tudo de que precisa para quebrar os tijolos."

O dia do evento chegou e todos os alunos se apresentaram brilhantemente, para a alegria e satisfação do público. No final o garoto surgiu, fez uma reverência para a multidão e para seu mestre e atingiu os tijolos como havia treinado. Para a surpresa de todos, os tijolos se quebraram facilmente sob sua mão. O mestre deu um passo para a frente, fez um sinal para que todos ficassem em silêncio e explicou que aquilo que o garoto havia acabado de fazer nunca fora feito na história. Nem por ele e nem por nenhum dos grandes mestres do mundo. O mestre disse que o garoto, embora talentoso, conseguira realizar esse feito aparentemente impossível não devido ao seu talento, mas simplesmente porque acreditava, sem nenhuma dúvida, em seu coração, que o realizaria. A quebra dos tijolos foi apenas a manifestação física das crenças internas do garoto.

Quais são os tijolos em sua vida? Sejam quais forem, há uma chance de que existam devido a um sistema de crenças. A única coisa que lhe garantirei é que, se você acreditar na verdade, os tijolos que estão bloqueando seu caminho serão quebrados.

O que esse garoto conseguiu muitos anos atrás na China é uma representação perfeita do poder criado através da crença, em um grau em que quase nada é impossível.

CRENÇAS — CONSCIENTES E REAIS

Meu primeiro encontro com minha mulher, Tracey (agora chamada Hope), foi em 1985. Eu a peguei em casa, fomos para um parque local, estendemos uma manta no chão e conversamos ininterruptamente durante quatro horas. Falamos sobre nossas crenças, a vida, filhos, família, Deus, religião, tudo em que pudemos pensar em falar. Lembro-me de ter dito muitas vezes naquela noite, "eu penso" e "eu acredito", e de Tracey respondendo, "eu acredito *nisto*" em relação a tudo que estávamos discutindo.

Essa foi uma conversa bastante típica do nosso período de namoro e noivado. Na verdade, eu estava firme em meu propósito de que meu casamento seria diferente de tantos casamentos que acabam em divórcio, apatia ou brigas constantes. Acreditava que quando Tracey e eu nos casássemos, seria porque tínhamos as mesmas crenças e desejávamos as mesmas coisas. Queria que conhecêssemos as bombas que poderiam surgir e estivéssemos preparados para elas. Em outras palavras, teríamos um ótimo casamento porque nos amávamos, tínhamos muito em comum e estávamos o mais preparados que poderíamos estar.

No dia em que Tracey e eu nos casamos, posso sinceramente dizer que pensei que estávamos tão preparados quanto alguém poderia estar. Não só havíamos tido muitas conversas como aquela da primeira noite como tínhamos recebido aconselhamento pré-conjugal, feito e comparado avaliações de personalidade, anotado o que queríamos e o que não queríamos na vida e como lidaríamos com certas situações. Nossa, como estávamos preparados!

Então nos casamos, e menos de um ano depois ambos queríamos o divórcio. O que havia acontecido? Hoje sei que quando Tracey e eu dissemos "eu acredito" estávamos falando apenas no que acreditávamos conscientemente, naquilo que, examinando os fatos lógicos, concluímos que fazia mais sentido. O problema é que 90% de nossas crenças são inconscientes. Nosso sistema de crenças consciente e racional está no topo do sistema de crenças programado de proteção estímulo/resposta do Quinto Segredo, e esse sistema é em grande parte inconsciente. Embora essas crenças protetoras estejam encerradas em nossa mente inconsciente e sejam reativadas sempre que ocorrem situações parecidas que poderiam nos causar sofrimento, não temos consciência de que isso está acontecendo. Então, quando dizemos, "eu acredito", estamos dizendo, "Eu acredito conscientemente".

Depois que nos casamos, ambos passamos por situações que reativaram memórias dolorosas que, por sua vez, ignoraram as crenças conscientes que Tracey e eu partilháramos. Em outras palavras, grande parte de nossas crenças conscientes foi defenestrada, e vivíamos baseados no sistema de crenças de estímulo/resposta, mas sem saber disso. Atribuíamos nossos pensamentos, sentimentos e comportamentos à situação atual. Eu culpava Tracey, e ela me culpava. Nós nos aborrecíamos, ficávamos de mau humor e fazíamos todos os tipos de coisas pensando que o problema era a situação pela qual passávamos. Mas o tempo todo era o sistema de crenças de estímulo/resposta que estava causando o problema.

HÁBITOS E NO QUE REALMENTE ACREDITAMOS

Deixe-me dar um exemplo mais recente do que chamamos de "hábito".

Durante anos, um problema irritante entre Tracey e eu havia sido arrumar nossa cama. Por algum motivo, essa era uma das minhas funções, só que (como você provavelmente já adivinhou) não fui criado para isso. Durante anos em nossa vida de casados, se eu não arrumasse a cama, Tracey ficava irritada e frustrada comigo, e eu me sentia culpado e também irritado. Muitas vezes me pegava fazendo inconscientemente coisas para manipular Tracey de forma que ela arrumasse a cama, coisas como acordar um pouco mais tarde do que deveria para poder dizer: "Sinto muito, vou me atrasar para o trabalho e não posso arrumar a cama." Sabia que ela arrumaria depois que eu saísse. Como você pode ter percebido, o que chamei de "manipulação" na verdade era uma mentira. Muitas pessoas mentem regularmente, embora com frequência não percebam, porque estão muito acostumadas a mentir. Em nosso caso, aquela coisa de arrumar a cama era uma fonte de sofrimento para nós dois há muito tempo. Depois da descoberta dos Códigos da Cura e eliminação de muitas das memórias destrutivas, aconteceu algo interessante: deixei de me importar com arrumar a cama. E adivinhe? Tracey também deixou de se importar. A culpa, raiva, frustração e cobrança acabaram.

Então, por que essa história? A fonte de nossos hábitos destrutivos são as memórias do coração. Para curá-las, sem criar mais estresse, você tem de curar as memórias destrutivas que são a fonte do hábito. Quando consegue curá-las, o problema é automaticamente resolvido, na maioria das vezes sem esforço.

Uma observação interessante aqui é que os especialistas na área de quebrar hábitos se concentram quase exclusivamente no comportamento e pensamento consciente. Isso é como ficar empurrando colina acima uma pedra que sempre rola para baixo, em um círculo vicioso — que pode consumir décadas de sua vida e, apesar de todo esse esforço, só produzir resultados temporários. No caso dos alcoólatras, a maioria das pessoas tem consciência do círculo vicioso de abandonar a bebida e ter uma recaída. Isso vale para todos os hábitos, mas os que envolvem substâncias químicas apresentam outra barreira a ser superada.

OS VÍCIOS E SUA FONTE

De um modo ou outro, trabalhei com vários lutadores profissionais. Um deles obteve bons resultados e a notícia se espalhou. Lembro-me de quando um lutador voou para Nashville e me falou sobre seu dilema. Disse que Vince McMahon, presidente da World Wrestling Federation (WWF), recentemente o havia chamado em seu escritório. Vince dissera que já tinha duas queixas contra ele por abuso de drogas. Se recebesse uma terceira, estaria fora. Esse gigante — que, a propósito, foi um dos homens mais gentis que conheci — me falou que sua escolha atual era ser um lutador profissional com ganhos anuais na casa dos seis ou sete dígitos e bonecos seus à venda no Walmart — ou trabalhar no Walmart. Havia tentado tratamentos em clínicas e fora delas, todos os livros populares, programas, remédios, terapias — tudo que você possa imaginar. Ele estava lutando desesperadamente por sua vida e família. Nos dois dias seguintes, fez intensivamente os Códigos da Cura. Não trabalhou em seu vício, mas em suas memórias celulares destrutivas que impediam a cura do vício. Voltou para casa livre dele. Eu o vi em Orlando, Flórida, quatro anos depois, e está trabalhando, saudável, feliz e ainda livre do vício.

Há anos é sabido por todos na área de saúde mental que as mulheres com distúrbios alimentares acreditam em algo sobre si mesmas que não é verdade. De fato, todas as outras pessoas sabem que não é verdade. O surpreendente é que essas belas mulheres se olham no espelho e sua crença errada é tão forte que se veem com um corpo diferente do que está lá. Outras pessoas podem ficar em pé bem ao lado delas, e até apontar para a mesma parte do corpo ao mesmo tempo, mas a pessoa anoréxica verá uma versão distorcida do que está no espelho. Esse é um dos exemplos mais claros do quanto as imagens destrutivas do coração, e particularmente as crenças destrutivas que produzem a reação de estresse, podem nos fazer ver o mundo de um modo que não corresponde à realidade. Contudo, podemos estar totalmente convencidos de que nossa crença é certa.

O que a maioria das pessoas não entende é que esse fenômeno ocorre em um *continuum* que vai da ilusão total, como no caso da anorexia, à visão totalmente correta da realidade. Em outras palavras, a maioria de nós, até certo ponto, tem uma visão incorreta do mundo todos os dias. Ouvi uma parente minha, que sempre enfrentou problemas de peso, dizer várias vezes ao passar por um espelho: "Deve haver algo de errado com esse espelho. Sei que não estou tão acima do peso." Em outras situações, eu a ouvi comentar: "Esta roupa não tem um bom caimento. Faz com que eu pareça gorda." Para todos os outros membros da família, a verdade era óbvia há décadas. Não havia nada de errado com o espelho e nem com a roupa. Ela estava gorda! Esse é o mesmo princípio que vemos em uma pessoa anoréxica, só que em um grau menos destrutivo.

CRENÇAS E DESEMPENHO

Há outro modo de ver esses problemas de crenças na área de esportes e desempenho máximo. Uma noite dessas assisti às finais da NBA. Os comentaristas falaram sobre os jogadores que querem a bola no momento decisivo e sobre os que não querem. Disseram que a diferença era que os jogadores que querem a bola acreditam que vão acertar a jogada e os que não querem acreditam que vão errar.

Os comentaristas estão totalmente certos. Lembro-me de uma história que ouvi sobre Michael Jordan. Frequentemente, antes dos jogos, ele passava algum tempo visualizando o que poderia acontecer durante o jogo, inclusive a jogada do último segundo que decidia quem ganhava e quem perdia. No final do jogo, quando o resultado dependia dos últimos segundos, Michael queria a bola. Assisti a várias entrevistas em que ele dizia que, naquela situação, acreditava que faria a jogada que levaria à vitória.

Fui para a universidade com uma bolsa de estudos concedida por aptidão para o tênis. Naquela época, esse mesmo mecanismo era conhecido pelos tenistas. Nós o chamávamos de "cotovelo de ferro", aquele momento crítico no jogo em que um balanço pode significar a diferença entre a vitória e a derrota. Alguns jogadores dão o melhor de si nesse momento, e quase sempre vencem. Outros ficam com tanto medo que quase não conseguem balançar suas raquetes. É como se seus cotovelos tivessem se tornado de ferro. Se você assistir à maioria dos grandes eventos esportivos, nos "momentos críticos" ouvirá os comentaristas e jogadores dizerem coisas como: "Nesse ponto do jogo, tudo está na cabeça"; "Isso está no coração"; "No final do jogo, a vitória ou derrota não tem mais a ver com o estado físico, mas com o mental"; "No momento decisivo, tudo tem a ver com o coração".

SUAS CRENÇAS PODEM CURAR OU MATAR VOCÊ

Nossas crenças não são relevantes apenas para o jogo, o recital, a peça de teatro e a anorexia, mas para todas as áreas de nossa vida. Se nossos relacionamentos — e isso inclui o meu com Tracey — são íntimos, apaixonados e gratificantes, isso é determinado por nossas crenças. Se você é um profissional muito bem-remunerado ou vive equilibrando seu orçamento e está constantemente frustrado, isso é menos determinado por suas habilidades do que por suas crenças. Por favor, observe que se suas crenças forem amorosas e verdadeiras você desenvolverá habilidades excepcionais em qualquer que seja sua área. Falaremos mais sobre isso no Sétimo Segredo.

Vamos revisitar por um momento a história do picolé. Aquela mulher tinha todas as habilidades do mundo: QI de 180, graduação em uma universidade da Ivy League e uma mente voltada para assuntos financeiros. Todos ao seu redor diziam que ela tinha ferramentas não só para ser bem-sucedida como também para se destacar. Apesar disso, ela havia se tornado uma pessoa com mau desempenho crônico e procurava novos modos, literalmente toda semana, de sabotar sua carreira. Sempre apresentava um motivo racional para essas falhas: "Eu estava gripada", "Uma das minhas assistentes não terminou o que precisava fazer", "Uma amiga minha estava passando por alguns problemas que me distraíram", "Meu gato ficou doente", "Fulano discutiu comigo" e assim por diante. Tudo isso era mentira? Não! Isso tudo realmente a incomodava. Incomodaria qualquer pessoa. O que estava arruinando sua vida não tinha nada a ver com nenhuma dessas desculpas. Era sua crença errada sobre a história do picolé, quando tinha 5 anos — em que sua mãe não a amava tanto quanto deveria e, portanto, devia haver algo de errado com ela.

Em última análise, como essas coisas lhe aconteciam repetidamente ano após ano, ela finalmente chegou à conclusão de que algo mais devia estar ocorrendo. Foi quando me telefonou. Aquilo havia sido um problema de crença o tempo todo. Quando corrigimos a crença de estímulo/resposta que estava causando o problema, sua crença consciente e racional mudou automaticamente. Ela ainda tinha obstáculos a enfrentar todos os dias? É claro que sim. Todos nós temos. Mas agora os atravessava como uma faca quente atravessa a manteiga, e todas aquelas habilidades começaram a se transformar no que todos haviam previsto para ela — grandeza.

Quer ouvir algo maravilhoso? É isso que também foi planejado e previsto para você. Grandeza. Quando você alinhar suas crenças com a verdade, é exatamente isso que acontecerá em sua vida.

Não é uma coincidência que a pesquisa na Stanford University Medical School tenha descoberto que o desencadeador de enfermidades e doenças no corpo é sempre uma crença errada e, de modo inverso, quando acreditamos na verdade, nossas células se tornam impermeáveis a enfermidades e doenças. Suas crenças podem curar ou matar você.

DESCOBRINDO CRENÇAS OCULTAS

Como saber se uma crença de estímulo/resposta está sendo reativada e o problema não é sua situação atual? Há vários modos muito simples:

1. Seus sentimentos. Se seus sentimentos não condizem com sua situação atual, é quase certo que uma velha memória dolorosa de estímulo/resposta esteja sendo reativada. Porém, na maioria das vezes, você não tem consciência dessa reativação. Os sentimentos são tão reais que você acha que o problema é sua situação, mesmo que todas as outras pessoas vejam claramente que isso não faz sentido. Então pergunte a um amigo. Diga: "Essa é a situação, e é isso que estou sentindo. É lógico nessa situação ou um pouco exagerado? Por favor, seja honesto comigo. Não diga o que acha que quero ouvir; dê-me sua opinião sincera."

2. Seus pensamentos. Se seus pensamentos sobre sua situação atual são totalmente lógicos, e outras pessoas também acham isso, provavelmente uma memória de estímulo/resposta não está sendo reativada. Se, por outro lado, seus pensamentos não estão em harmonia com sua situação atual, uma memória de estímulo/resposta está sendo reativada. Queremos viver no presente, não no passado ou no futuro. Surpreendentemente, pouquíssimas pessoas conseguem fazer isso. O motivo é que aquelas memórias celulares dolorosas que causam pensamentos e sentimentos do passado estão sendo reativadas.

3. Seus comportamentos. Se você vive fazendo coisas que não quer fazer e vão contra seus objetivos de vida, está agindo de acordo com uma memória de estímulo/resposta. Um exemplo muito óbvio disso é a questão do peso. Muitas pessoas que fazem os Códigos da Cura querem emagrecer, e geralmente conseguem. Mas quando você vê pessoas que querem emagrecer e continuam a comer demais, pode ter certeza de que estão tendo memórias celulares reativadas. Elas atribuem isso a circunstâncias atuais ("Estou muito estressado, vou parar amanhã..."). Você já ouviu isso, se é que já não o fez. A verdade é que quase todos os vícios ou hábitos destrutivos estão encerrados em memórias celulares dolorosas. As crenças contidas nessas memórias celulares estão sendo reativadas e causando sofrimento. O vício é usado para atenuar a dor ou fazer a pessoa se sentir bem por algumas horas.

4. Perda do controle consciente. O modo mais popular de tratar todos esses problemas é o que chamo de "lidar" com eles. Se você tem um problema de saúde, isso é tratar o sintoma em vez da fonte. Algumas vezes você pode empurrar a pedra colina acima por algum tempo, administrar, lidar, fazer melhor... mas isso sempre é uma luta forçada. Frequentemente você sente tensão ao tentar permanecer no caminho certo. Essa tensão é estresse, e pode acabar prejudicando-o. Esse não é o modo de você fazer, sentir e pensar o que quer. O único modo de conseguir o que deseja é curando as memórias celulares.

Portanto, se seu sistema de crenças racional não o está levando para onde você quer, você está se sabotando. Se parece ter azar o tempo todo, se fica resmungando ou tem graves problemas de saúde, se seus relacionamentos não são amorosos, íntimos, alegres e tranquilos como os que todos nós desejamos, se não consegue vivenciar aquilo em que acredita racional e logicamente baseado nos fatos, é porque sua crença de estímulo/resposta está sendo ativada, fazendo-o reagir à velha dor como da primeira vez. Em resumo, você acaba tendo uma vida que não deseja.

VOCÊ FAZ AQUILO EM QUE ACREDITA

Sempre fazemos aquilo em que acreditamos. Se você está fazendo algo errado, é porque acredita em algo errado. Só fazemos aquilo em que acreditamos. Você está pronto para me dar um soco no nariz, não é? Você diria: "Fiz muitas coisas em minha vida que não devia ter feito, sabia que não devia fazer, me senti mal depois e o resultado não foi bom." Deve estar pensando: "Fui contra as minhas crenças para fazer isso!"

Com todo o respeito, você está errado. Na verdade, é impossível fazer algo em que não se acredita. O problema está nas crenças de que nem mesmo temos consciência. Estamos falando em crença consciente *versus* crença inconsciente. Apesar de isso ser discutido em detalhes no Sétimo Segredo, permita-me concluir afirmando que podemos acreditar em uma centena de coisas diferentes, em níveis diferentes, sobre o mesmo assunto. Parece que somos todos esquizofrênicos, não é?

Felizmente, a maioria de nós não chega a esse ponto. É suficiente dizer que acreditar na verdade e vivenciá-la consciente e inconscientemente em harmonia é como uma transformação de lagarta em borboleta. Agora essa transformação é possível para você através dos segredos deste livro. O melhor do que estamos lhe oferecendo é um modo de alçar voo que não se baseia em esforço ou em estar "certo". Há um sistema em seu corpo que pode fazer isso automaticamente.

O único modo que conheço de resolver total e permanentemente esse problema é curar as memórias celulares que causam os problemas que estão sendo protegidos pela mente inconsciente.

Voltemos à pergunta sobre como descobrir essas memórias e, uma vez descobertas, como curá-las. Se a psicoterapia não funciona, se mudanças comportamentais só lhe permitem lidar com isso — e, na verdade, podem criar mais estresse —, precisamos remover o estresse para alcançar a cura. Temos de chegar ao ponto em que podemos vivenciar o que acreditamos que é a verdade, lógica e racionalmente. Deus nos deu a capacidade de raciocínio lógico e racional para que fosse usada. Para usá-la, temos de curar a mente inconsciente, o que chamo de "coração" e depois viver regidos por esse coração curado.

Então, vamos ao Sétimo Segredo, e a mais sobre o coração.

CAPÍTULO SETE

Sétimo Segredo:
Quando o coração e a cabeça
estão em conflito, quem vence é...

Durante anos, ao viajar dando palestras sobre psicologia, espiritualidade e cura natural, fiz um pequeno teste. Alguns o conhecem; de fato, meu bom amigo Larry Napier me falou sobre ele, e o fez pelos Estados Unidos ao dar palestras, obtendo resultados parecidos.

O teste é muito simples e você pode ver uma ilustração dele a seguir. Eu desenho um círculo em uma folha de papel e o divido em quatro partes iguais, como se fosse uma torta. Numero-as: 1, 2, 3 e 4. Amarro uma chave de carro ou casa na ponta de um barbante. Peço a um voluntário que segure o barbante entre os dedos indicador e médio de modo que a chave fique pendurada no centro da torta, bem no meio de 1, 2, 3 e 4, uns 3 a 5cm acima do papel.

A primeira instrução que dou para a pessoa é manter a chave totalmente parada no centro da torta. Se você está lendo isto, vá em frente e veja se consegue fazê-lo. A maioria das pessoas se sai bastante bem. Algumas ficam nervosas, por isso suas mãos tremem um pouco, e pode ser que outras tenham algum problema de saúde que faz a chave se mover um pouco, mas a maioria consegue manter a chave bem no centro ou muito perto dele.

Nas demonstrações, parabenizamos a pessoa e depois eu lhe dou uma segunda instrução. Mas antes lembro-a de que a primeira instrução ainda está valendo. Mesmo com a segunda instrução, ela tem de manter a chave no meio da torta.

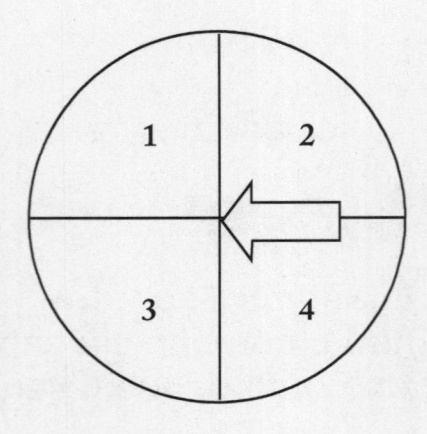

Então eu lhe dou a segunda instrução. Enquanto a pessoa segura a chave parada no centro, deve imaginá-la se movendo do número 1 para o número 2. "Para a frente e para trás entre os números 1 e 2. Apenas imagine-a balançando entre esses números. Mas lembre-se da primeira instrução! Não mova a chave! Apenas imagine que ela está se movendo."

O que você acha que acontece? Os resultados são realmente impressionantes. Em 75 a 80% dos casos, a chave começa a se mover entre os números 1 e 2, em geral tão visivelmente que ninguém na sala tem a menor dúvida do que está acontecendo. Não é que ela se mova ao redor apenas um pouco e "talvez possa ter sido entre o 1 e 2". É óbvio.

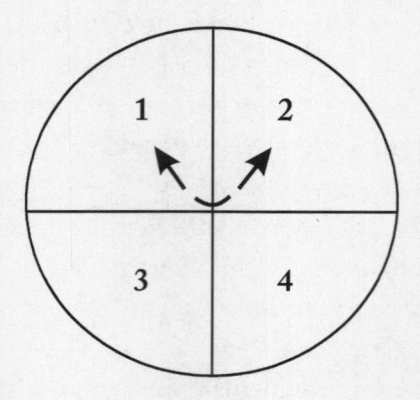

Depois dou a terceira instrução. A primeira ainda está valendo: não mova a chave. A segunda também está valendo. Agora digo à pessoa para imaginar a chave se movendo do número 2 para o 4, 2 para o 4, 2 para o 4. Mas a primeira instrução ainda está valendo — não mova a chave. Novamente, em 75 a 80% dos casos, a chave se adapta. Às vezes faz um círculo por apenas um segundo e então se mantém entre 2 e 4, 2 e 4, 2 e 4. Toda a sala fica impressionada e bate palmas.

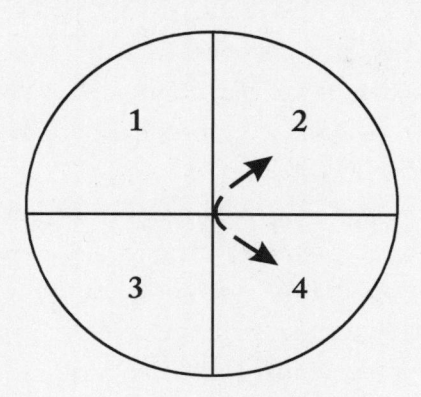

Quando perguntamos à pessoa "Você tentou fazer isso?", a resposta sempre é "Não!". Geralmente ela ri e diz: "Não entendo, tentei não fazer isso!"

Eis o que acontece. Eu dou à pessoa dois comandos: um comando da cabeça e um comando do coração. Estou definindo a cabeça como a mente consciente e o coração como a mente inconsciente, entre outras coisas. O primeiro é um comando da cabeça: "Não mova a chave. Concentre-se conscientemente em não movê-la." O segundo é um comando do coração: "Imagine que a chave está se movendo." A imaginação é uma função da mente inconsciente e subconsciente, embora possamos manipulá-la conscientemente. Assim, eu lhe dou um comando da cabeça e um do coração. *O comando do coração prevalece sobre o comando da cabeça.*

O CORAÇÃO SEMPRE VENCE

Essa não é uma situação traumática como as de que falamos até agora. É uma situação sem riscos, inocente e quase festiva. Ainda assim, o coração prevalece sobre a cabeça, e a chave se move nas direções em que o inconsciente lhe diz para se mover. Imagens, não palavras, são a linguagem do coração, e a imaginação é quem faz o quadro. A imagem da chave se movendo é o comando do coração que prevalece sobre o da cabeça, e faz a chave se mover.

Como isso acontece? Quando a pessoa imagina a chave se movendo, os neurônios começam a disparar no cérebro. O cérebro envia frequências de energia e impulsos através do pescoço, dos ombros, do braço, da mão e, finalmente, dos dedos. Isso faz os dedos ao redor do barbante se moverem, com frequência tão baixa que ninguém consegue ver, mas esse é exatamente o movimento necessário para mover o barbante e a chave. Às vezes podemos ser criativos e dizer "Quero que você se imagine movendo a chave em um círculo", e ela se moverá. Portanto, quando o coração e a cabeça estão em conflito, o coração sempre vence.

Esse é um ponto crucial. Já falamos sobre como Tracey e eu, conscientemente, tínhamos as mesmas crenças e estávamos sintonizados e preparados para o casamento. A mulher estuprada acreditava conscientemente nas coisas certas; era cristã, acreditava que devia perdoar o estuprador e tentou fazer isso muitas, muitas vezes. Acreditava que era pura diante de Deus e não impura, culpada ou sem valor. O problema era que nunca *sentira* isso. Nunca experimentara isso. Experimentara o oposto. A mulher da história do picolé sabia conscientemente: "Tenho um QI de 180, posso fazer isso melhor do que todas essas pessoas, é o que quero na vida e não consigo pensar em nenhum motivo para haver tanta tensão entre minha mãe e eu o tempo todo."

Mas quando o coração e a cabeça estão em conflito, o coração vence. Com Tracey e eu, as memórias dolorosas inconscientes começaram a se manifestar em nosso casamento e pusemos a culpa em nossas circunstâncias na época, mas não era isso que estava acontecendo. Minha cliente que foi estuprada tinha memórias subconscientes e inconscientes que sempre estiveram presentes. Não conseguia se livrar delas. Insegurança, desvalorização e raiva prevaleciam sobre sua mente consciente e a impediam de ter a vida que desejava. É o que sempre acontece quando temos uma crença subconsciente ou inconsciente muito forte baseada em uma memória dolorosa de estímulo/resposta. Quando isso ocorre, a memória dolorosa inconsciente vence.

O que significa "vence"? Significa que pensamos, sentimos e fazemos coisas que conscientemente não queremos fazer. Também significa que a resposta de estresse do corpo é iniciada quando não deveria ser. É por isso que é tão importante curar as memórias que são a causa desse processo.

A FONTE DE TODOS OS PROBLEMAS

Agora, o que aconteceu com os outros 20-25% de pessoas que não moveram a chave e o barbante? Parece que o coração não prevaleceu sobre a cabeça. Sempre que isso aconteceu, eu perguntei à pessoa: "Quando eu lhe disse para imaginar a chave e o barbante se movendo, você conseguiu fazer isso? Conseguiu ver isso com o olho da sua mente?" Nunca alguém disse que conseguiu ver. Jamais.

O que isso significa? Em primeiro lugar, que essas pessoas não conseguiram ativar os mecanismos do coração que o fariam prevalecer. Em segundo, e isso é mais preocupante, as pessoas que perderam toda a capacidade de imaginar geralmente têm mais memórias dolorosas inconscientes e subconscientes do que as outras do grupo. Como uma proteção, suas mentes anulam sua capacidade de imaginar, porque tudo que elas veem ativa imagens dolorosas (lembre-se de que essas lembranças são codificadas e evocadas na forma de imagens). Sua mente inconsciente anulou essa capacidade para que elas pudessem tentar ter uma vida razoavelmente normal. Contudo, isso ainda está presente o tempo todo. Embora em suas circunstâncias atuais elas não consigam ver suas memórias e usar sua imaginação, ainda podem sentir a dor e ter pensamentos destrutivos e dolorosos sobre si mesmas, os outros e as situações, e fazer coisas que não desejam.

Há um versículo na Bíblia: "Guarda teu coração acima de todas as outras coisas, porque dele brotam todas as fontes da vida." Um estudioso me disse que se você procurasse no texto original dessa passagem a resposta para a pergunta: "Que porcentagem de fontes da vida?" — ela seria 100%. Então, segundo a Bíblia, que acredito ser a verdade inegável (você é livre para ter sua própria opinião), se você tem um problema na vida, a origem dele é uma questão do coração. Se você não cura a questão do coração, pode combater os sintomas, mas não obter a cura total e permanente, porque não tratou a fonte.*

Então este é o Sétimo Segredo: *quando o coração e a cabeça estão em conflito, o coração sempre vence*. Sabemos que esses sinais enviados do coração — as memórias celulares do coração — ativam a reação de estresse do corpo, o que leva a todos os nossos problemas.

INTENÇÃO INCONSCIENTE E CONSCIENTE

Tive o prazer de passar um dia com o professor William Tiller, de Stanford. O Dr. Tiller publicou muitos livros, foi um dos astros do filme *Quem somos nós?* e é considerado por muitos um dos físicos quânticos mais proeminentes de nossos tempos. Várias maravilhas surgiram da minha conversa com ele naquele dia. Eis duas delas:

1. Há uma intenção inconsciente na maioria dos problemas da vida. Todos falam na intenção consciente — que é real e importante, mas não toda a história.
2. Quando a intenção inconsciente e a consciente estão em conflito, a inconsciente vence.

O Dr. Bruce Lipton diz praticamente a mesma coisa. Em um programa que Ben e eu fizemos com ele, o Dr. Lipton afirmou que é quase impossível resolver nossos problemas através da força de vontade, porque a mente subconsciente é 1 milhão de vezes mais poderosa do que a força de vontade. Ele também disse que algo como os Códigos da Cura é praticamente indispensável para você resolver esses problemas.

---

* Como um comentário adicional, nós mesmos assumimos o compromisso de seguir Jesus. Portanto, acreditamos que a cura mais profunda provém de Jesus Cristo. Essa é a nossa fé, segundo a qual vivemos. De fato, eu acredito que minha fé foi um elemento vital em minha descoberta dos Códigos da Cura, como descrevi na Introdução deste livro. Mas não estamos tentando impor isso a ninguém que o esteja lendo. Segundo nossa experiência, o Código da Cura funciona independente de credo, idade, sexo, nacionalidade ou etnia. As pilhas AA funcionam em qualquer aparelho compatível com essa fonte de energia. O Código da Cura funciona porque opera segundo as leis absolutas da natureza chamadas de física quântica. Elas se baseiam em como o universo foi criado.

AS QUESTÕES DO CORAÇÃO SÃO QUESTÕES ESPIRITUAIS

Vou fazer algumas afirmações corajosas aqui.

No Primeiro Segredo, dissemos que sempre que temos um problema de saúde ou relacionamento deveríamos perguntar: "Que estresse está causando isso?" Acredito que deveríamos ir mais longe e, sempre que tivermos um problema de saúde, de relacionamento ou profissional, perguntar: "Qual é a questão do coração que é a fonte disso, e como tratá-la?" Você pode estar pensando: *Ok. Agora vamos entrar na área da espiritualidade*, e minha resposta seria: "Você está totalmente certo."

O Código da Cura, embora seja um mecanismo físico que você liga e ativa no corpo, também é um exercício espiritual no sentido em que trata as questões do coração. Ele perdoa as pessoas por você? Tira o pecado da sua vida? De modo algum. Essas coisas só você e Deus podem fazer.

O que o Código da Cura faz é corrigir o padrão de energia destrutiva da memória que contém uma crença errada que faz você ter medo quando não deveria ter, e ativa seu sistema de reação de estresse quando não deveria ativar, levando a problemas de saúde e a todos os outros de que temos conhecimento. Acredito que o que vemos aqui é a união perfeita da Bíblia e da ciência, mas a Bíblia disse isso muito, muito antes: "Do coração brotam todas as fontes da vida."

Agora vamos às afirmações corajosas de que eu estava falando. Meu mentor espiritual, Larry Napier, ensinou-me, vinte anos atrás, a maioria dessas verdades que mudam a vida, antes de serem comprovadas pela ciência. Quanto mais vivo e aprendo, mais acredito nelas. Essas verdades mudaram minha vida para sempre. Agradeço a Larry por me amar e irei compartilhá-las com você amorosamente. Espero que tenham um impacto semelhante em sua vida. Aqui estão elas:

> **Você é quem é em seu coração.** Você pode dizer às pessoas: "É assim que eu sou, é nisso que acredito, é isso que tenho feito e que farei", mas você realmente é quem é em seu coração, porque, quando o coração e a cabeça estão em conflito, o coração vence. **Você acredita no que acredita em seu coração.** A história de como eu e Tracey concordávamos a respeito de todas as nossas

crenças conscientes, mas menos de um ano depois queríamos o divórcio, mostra que, na maior parte do tempo, vivemos de acordo com nossas crenças inconscientes. Você acredita no que acredita em seu coração.

Você está onde está baseado no que há em seu coração. O sistema de crenças de estímulo/resposta, quando ativado, leva você à idade que tinha quando a memória dolorosa foi criada. A mulher de Wall Street na casa dos 30 no escritório elegante em Manhattan, tinha 5 anos, e se sentia como uma criança de 5 anos, muitas vezes por dia, sempre que aquela memória do picolé era reativada. Sentia-se desamparada, zangada, sem valor e "incapaz de fazer esse trabalho", embora ela e os outros soubessem conscientemente que era altamente qualificada. Mas essa não era a realidade que vivenciava. Quando uma dessas memórias dolorosas é reativada, você volta para onde estava quando a memória foi criada e a idade que tinha na época, com a capacidade de raciocínio, os sentimentos e as emoções dessa idade.

Você faz o que faz baseado no que há em seu coração. Conscientemente, fazemos planos maravilhosos. Podemos até mesmo ter a capacidade de colocá-los em prática. Mas se temos memórias dolorosas sobre essas mesmas ações e questões, acabamos reagindo involuntariamente a elas, de acordo com as crenças dessas memórias, até conseguirmos curá-las. Quando não estamos fazendo o que queremos fazer, ou pelo menos não com a constância que precisamos para conseguir o que queremos na vida, isso é um sinal de que essas memórias dolorosas estão sendo reativadas e nos levando a fazer algo que não queremos. Isso também inclui pensamentos e sentimentos indesejados.

O coração é programado para proteger. A principal função do coração é evitar que coisas dolorosas e possivelmente fatais aconteçam com você e, sobretudo, que aconteçam de novo. Quando o coração e a mente estão em conflito, o coração vence porque o coração é programado para proteger. Faz isso estimulando a reação de estresse do corpo. Se o estresse surge quando não deveria surgir, faz-nos ter medo quando não deveríamos ter. Se o coração e a mente estão em conflito, e o coração vence de um modo destrutivo que afeta nossa saúde, nossa carreira ou nossos relacionamentos, ou nos impede de ficar em paz, é porque o medo está em nosso coração. Podemos não senti-lo conscientemente, mas é transmitido para nossas células.

Suas prioridades são determinadas pelo que está em seu coração. Se você perguntar a uma centena de pessoas como elas estabelecem prioridades na vida, é bem provável que todas respondam que decidem o que é importante ou não baseadas em um exame racional e lógico dos fatos e das circunstâncias. Mas a verdade é que suas prioridades são determinadas pelo que valorizam, e o que valorizamos se baseia no que está em seu coração. Isso significa que somos apenas robôs e uma visão racional e lógica da vida é sem sentido? É claro que não! Isso é um fator no processo, e desde que o coração concorde com o pensamento racional, não há nenhum problema. Porém, quando nossa memória celular dita uma crença baseada no medo, isso nos faz, literalmente, examinar o mesmo fato de forma racional, mas chegar a uma conclusão não necessariamente lógica ou coerente.

AS REGRAS DO CORAÇÃO

Quando meu filho Harry tinha 12 anos, assistiu ao primeiro filme da série *Tubarão*. (Minha mulher e eu ainda não chegamos a uma conclusão sobre se isso foi uma boa ideia.) Desde criança Harry adorava água. Certa vez, quando tinha uns 2 anos, estávamos caminhando nos jardins de um hotel, no meio do inverno. Para nossa surpresa, ele pulou na piscina. Isso aconteceu mais de uma vez em momentos e lugares diferentes. Harry nada como um peixe, seja numa piscina, num lago ou no mar. Ele adora nadar. Depois de assistir a *Tubarão*, lhe perguntei se queria ir para o lago. Pude ver uma profunda reflexão em seus olhos e rosto, como se estivesse analisando as possibilidades como um homem de 35 anos analisaria seus impostos. Cerca de um minuto depois, Harry disse que preferia ficar em casa e brincar de Lego.

Quando lhe perguntei se sua decisão tinha algo a ver com o filme, ele respondeu: "De modo algum." Só estava com muita vontade de construir alguns prédios com as peças do Lego. Estava bastante convencido disso. Perguntei-lhe se poderia testá-lo e ver se tinha uma memória celular de medo produzida pelo filme. Conforme eu previra, ele tinha. Harry fez um Código da Cura, que demorou uns quatro minutos, e adivinhe o que aconteceu. Nesses quatros minutos, suas prioridades mudaram totalmente! Seu pensamento racional e lógico mudou completamente. Então Harry decidiu que poderia brincar com Lego em qualquer outra hora e adoraria ir para o lago — "Quando podemos ir?"

Isso não acontece apenas com uma criança de 12 anos. Acontece constantemente com todos nós. O que achamos que são decisões racionais e lógicas baseadas na verdade frequentemente são uma racionalização inconsciente de valores e prioridades baseados em memórias do coração destrutivas.

Esse processo é quase sempre inconsciente, pelo menos até você começar a olhar ao redor e descobrir ou curar algumas dessas memórias. Às vezes elas se tornam conscientes depois de curadas porque o coração deixa de achar que tem de protegê-las, mas geralmente são inconscientes. Por isso grito com minha mulher e penso: "Por que fiz isso?" Como quando não quero. Não dou os telefonemas que preciso dar para ser bem-sucedido em meu trabalho. Fico arranjando desculpas e dizendo para mim mesmo, dia após dia, que vou fazer isso. Posso até mesmo começar a mentir para minha mulher ou meu patrão e tudo que sei é que isso não é do meu feitio. É porque tenho memórias dolorosas em meu coração que estão sendo reativadas e precisam ser curadas.

Portanto, a única maneira de viver e amar a partir do coração, do modo como desejamos, é curar as memórias destrutivas do coração.

A CONEXÃO CORAÇÃO-CORPO

Deixe-me fazer mais uma afirmação. Nesses últimos quatro Segredos falamos sobre coisas que consideraríamos não físicas: memórias, crenças, ações, pensamentos. Mas, por favor, não se esqueça do Primeiro Segredo: essas memórias, crenças e questões do coração controlam a fisiologia do corpo. As crenças erradas produzem a reação de estresse do corpo quando ela não deveria ocorrer. Com o passar do tempo, isso causa praticamente todas as enfermidades e doenças que conhecemos. Fecha as células, desativa o sistema imunológico e provoca todos os tipos de problemas de saúde que podemos imaginar. Tanto os problemas físicos quanto os não físicos se originam das questões do coração, das memórias celulares que criam frequências de energia destrutivas que levam o corpo a ter a reação de estresse quando não deveria.

Assim, os sete Segredos foram revelados. Acreditamos que esse material nunca tinha sido reunido dessa forma. Parte dele são novos insights e pesquisas sobre como o corpo, a mente e o coração funcionam. Acreditamos que, pela primeira vez, você poderá usar todas essas informações e verdades para tratar suas questões do coração, curar suas memórias celulares, remover o estresse de sua vida e fazer tudo com que sempre sonhou em termos de realizações, relacionamentos, carreira, desempenho máximo, saúde preventiva, cura de problemas de saúde e relacionamentos com parentes. Acreditamos que qualquer coisa em sua vida poderá ser melhorada com a compreensão de como tudo isso funciona e com o uso do Código da Cura para tratar a fonte de todos os problemas — as questões do coração e as memórias celulares dolorosas e destrutivas do coração que contêm crenças erradas.

Bem-vindo a uma nova vida.

Baseados em todos os sete Segredos, chegamos a duas verdades:

1. **Para resolver seus problemas você tem de remover o estresse.** Não há outro jeito. Isso é algo com que todos concordam, inclusive o governo federal, a medicina tradicional, a medicina alternativa, pesquisas feitas há vinte anos e 20 milhões de websites. Simplesmente não pode ser de outra maneira; para resolver total e permanentemente seus problemas você tem de remover o estresse.
2. **Para remover o estresse você tem de curar suas memórias.** Segundo pesquisas da Southwestern University Medical School e Stanford University Medical School, o que causa

a reação de estresse no corpo não é apenas nossa situação atual. Nossas crenças erradas, nossas memórias celulares destrutivas codificadas e armazenadas em nosso coração, nossa mente — o que a Bíblia chama de coração —, também estressam o organismo.

O QUE VOCÊ ESTÁ FAZENDO ATUALMENTE ESTÁ DANDO CERTO?

Depois dessas duas verdades, eis a pergunta: *Você está agindo baseado nelas?* O que você está fazendo atualmente para tentar ser bem-sucedido, curar, resolver ou lidar — seja qual for a palavra que use — está de acordo com essas duas verdades? Está removendo o estresse? Está curando as memórias celulares que causam o estresse? Se não está, as chances de você resolver seu problema total e permanentemente são muito, muito pequenas.

Por quê? Se você não está fazendo essas duas coisas, está tentando resolver seus problemas combatendo os sintomas. Em outras palavras, está tentando se livrar da dor, mas não tratando a fonte dela.

Suponha que você sinta uma dor recorrente no abdômen e constantemente tome Advil ou Tylenol para combatê-la. Você tem a sensação de que "Isso não deveria estar acontecendo", e um medo: "Será que isso é câncer, um problema intestinal ou na vesícula biliar, uma úlcera ou algo do gênero?" Mas em vez de descobrir qual é o problema e resolvê-lo você apenas continua tomando remédios para combater a dor.

Todos nós sabemos que você não resolverá esse problema apenas combatendo a dor, assim como não resolverá os problemas de sua vida apenas tentando lidar com eles, administrá-los, pensar de um modo diferente e ter uma atitude mais positiva. Você precisa tratar a fonte. O Código da Cura tem tudo a ver com isso.

EFEITOS DE LONGO ALCANCE

Acreditamos que os Códigos da Cura são o que as maiores mentes científicas de nossos tempos previram para a medicina do futuro. Só que seu alcance vai além da medicina. Resolvem problemas físicos, mentais, profissionais, de desempenho máximo — o que você puder imaginar —, porque tudo isso provém da mesma fonte, que é o estresse causado pelas memórias celulares dolorosas e destrutivas na mente inconsciente.

Recentemente apresentei um seminário em uma grande cidade do Meio-Oeste americano. Naquela noite, a primeira pessoa que se aproximou de mim foi um homem que começara a fazer os Códigos da Cura sete meses antes. Seu problema não era de sentimentos, crenças ou pensamentos negativos, pelo menos não conscientemente. Era insuficiência cardíaca congestiva, hipertensão, músculo cardíaco com apenas 20% de contração, edema e vários outros problemas físicos relacionados. Ele fez os Códigos da Cura por sete meses e, basicamente, não achava que estavam surtindo efeito. Na véspera do nosso seminário ele foi fazer seu check-up anual com seu cardiologista. Depois de testes exaustivos, o médico entrou na sala coçando a cabeça e disse para esse homem: "Seja o que for que você estiver fazendo, não pare." A pressão arterial dele estava totalmente normal, o edema se fora e o músculo cardíaco estava com 50% de contração. O médico suspendeu a medicação e lhe disse que aqueles resultados eram basicamente impossíveis.

Temos centenas dessas histórias. Algumas são contadas neste livro, mas você pode ler outras em nosso site (www.thehealingcodebook. com), em inglês. Muitos dos testes feitos nesse meu amigo avaliam frequências de energia, como já dissemos antes. Quando essas frequências mudam, os resultados dos testes mudam. Quando os resultados dos testes mudam, os médicos coçam a cabeça e dizem "Isso é impossível" e "Seja o que for que você estiver fazendo, não pare". Toda essa cura no corpo resulta da cura de um problema de energia. Quando confusão, emoções negativas e padrões de pensamento destrutivos relacionados com um determinado problema desaparecem, a pessoa é capaz de ver a verdade, e a frequência de suas células volta a se tornar equilibrada e saudável.

Agora você conhece todos os sete Segredos. Espero que entenda a causa de seus problemas e tenha mais esperança do que nunca de alcançar a cura. Mas não deixaremos nada nas mãos do destino. Agora vamos juntar todos os segredos na forma de cinco passos para você obter os resultados que deseja em sua vida.

CAPÍTULO OITO

Tudo tem a ver com resultados

No filme *Jerry Maguire,* Tom Cruise faz o papel de um agente esportivo que passa por uma crise em sua vida profissional. A frase desse filme que se tornou parte da cultura popular foi de uma cena memorável com Cuba Gooding Jr., na pele de um jogador de futebol profissional. Ele estava tentando fechar um contrato que achava que merecia, mas ao qual na verdade nunca fizera jus. Em um momento intenso de verdade para o personagem de Cruise, Cuba Gooding Jr. proferiu seu mantra como atleta profissional: "Me mostre o dinheiro, me mostre o dinheiro!" Em outras palavras, falar é fácil, quero resultados! Foi exatamente nesse ponto que este livro começou. Eu prometi que "lhe mostraria o dinheiro" com relação à sua saúde, vida e prosperidade. Em outras palavras: "Como você pode obter os resultados que deseja em sua vida?"

Antes de juntarmos todos os fios soltos de nossa meada, uma observação interessante é que o personagem de Cruise acabou dizendo ao seu cliente que lhe mostraria o dinheiro quando ele começasse a jogar com o coração em vez de com a cabeça. Os contos de fadas sempre têm finais felizes nos filmes, e esse não foi exceção. Gooding aprendeu a jogar com seu coração e, por isso, Cruise conseguiu "lhe mostrar o dinheiro".

Isso sintetiza bem todo este livro. Se você aprender a viver a partir do seu coração, obterá os resultados que deseja na vida.

Esperamos que a esta altura você tenha entendido que seus problemas, assim como suas soluções, provêm do seu coração. Como juntar tudo isso de um modo prático para que não seja apenas uma teoria que parece boa e faz sentido, mas não produz uma mudança duradoura em sua vida? Experimente este pequeno exercício de Walt Disney.

Walt Disney era considerado um gênio por todos. Era um gênio em muitas áreas: animação, desenho e negócios, entre outras. Mas talvez a maior tenha sido a da imaginação. Disney desenvolveu em sua empresa um processo chamado *storyboarding*, agora usado em todo o mundo em empresas, igrejas, pequenos negócios, filmes, artes — tudo em que você possa pensar. *Storyboarding* é um processo que organiza a imaginação e depois a torna viável na prática. O modo como aprendi *storyboarding* começava com soltar a imaginação e anotar tudo que vinha à mente como uma possibilidade para o tema que estava sendo desenvolvido. É por esse ponto que quero começar. Deixe sua mente voar livremente. Deixe seu espírito imaginar como sua vida pode ser daqui para a frente.

Agora anote aqui o que você deseja, precisa, busca, quer, pede etc. Seja o mais específico que puder, sem limitações. Veja, sinta, saboreie, toque, cheire e experimente isso. Imagine.

_____

_____

_____

_____

_____

_____

_____

_____

_____

_____

_____

_____

_____

RESULTADOS

Permita-me impor apenas duas limitações: a verdade e o amor. Agora leia tudo que você anotou e veja se está dentro do contexto da verdade e do amor. Se não estiver, risque.

Isso pode variar de pessoa para pessoa. Por exemplo, Bill Gates, antes de se tornar o Bill Gates que todos conhecemos, começou como uma pessoa comum, não um bilionário. Não tive o prazer de lhe fazer essa pergunta, mas talvez, ao usar sua imaginação, tivesse se visto como um bilionário. Portanto, para ele, o sonho de sua imaginação estaria dentro do contexto da verdade e do amor. Porém, tenho a sensação de que se eu pudesse voltar no tempo e perguntar a Madre Teresa, quando era uma jovem freira, se um dos resultados que desejava era ser uma bilionária, ela teria dito: "Não, de modo algum. Essa não é a minha missão. Não recebi um chamado para isso." Para Madre Teresa, ser uma bilionária não estaria no contexto da verdade e do amor.

Sei que você deve estar pensando: "Como vou saber qual é o resultado que está dentro do contexto da verdade e do amor para mim?" Você não vai gostar da minha resposta, mas é a única sincera que posso lhe dar. *Você saberá*. Poderá não saber em um dia, uma semana ou em seis meses. Mas se continuar a buscar a verdade e o amor, encontrará a resposta para essas dúvidas. Quando curar as memórias destrutivas do seu coração, essa visão se tornará clara para você. Lembre-se de que são as memórias celulares destrutivas que nos fazem acreditar no que não é verdade, ter medo quando não deveríamos e ativar a reação de estresse do corpo. Portanto, quando você curar essas memórias celulares, encontrará uma clareza de objetivos nunca antes experimentada.

Essa é uma jornada que dura toda a vida, mas muitas dessas coisas você já sabe. Por exemplo, os resultados que desejo em minha própria vida são: ser o melhor marido que puder; ser o pai mais amoroso possível para Harry e George; que todos os meus clientes não só alcancem a saúde, mas sintam que realmente me interesso por eles. Esses são os resultados mais importantes em minha vida, e são simples. Certa vez ouvi em um seminário que, independente do que as pessoas digam, todas querem o mesmo: amor, alegria e paz. Confirmei isso através de perguntas aos meus próprios clientes sobre o que queriam, e depois me aprofundando cada vez mais até chegar ao cerne dos seus reais desejos. E eram essas três coisas. É claro que muitas pessoas nunca se dão conta de que é isso que realmente querem, o que é um assunto totalmente diferente e, intrinsecamente, uma questão do coração.

A ENERGIA DAS CRENÇAS

Para obter resultados, você precisa de energia. Assim como um aspirador de pó é inútil enquanto você não plugá-lo, um carro sem gasolina não anda ou uma pessoa sem alimento não funciona adequadamente, é preciso haver energia para que os resultados sejam atingidos. Quanto mais energia, mais resultados.

Muitos anos atrás, os Estados Unidos acabaram com uma grande guerra jogando duas bombas atômicas no Japão. Isso pôs fim à guerra porque não havia nenhuma outra arma no mundo capaz de liberar a energia de uma bomba atômica. Foi um grande avanço quântico na área de armamentos, e quem não tivesse a bomba atômica, não poderia competir. Os japoneses sabiam disso e, em vez de serem aniquilados, se renderam. Até hoje outros países tentam desenvolver e/ou roubar o segredo da energia atômica, mas os Estados Unidos chegaram lá primeiro.

Uma das coisas fascinantes na descoberta da tecnologia atômica é que, basicamente, a energia não é criada, mas liberada. Em outras palavras, a energia que destruiu duas cidades em 1945 estava bem ali o tempo todo, disponível em partículas chamadas átomos. O segredo estava em descobrir um modo de separar esses átomos e liberar a energia. É claro que a liberação dessa energia era extremamente destrutiva.

As usinas nucleares utilizam a mesma energia para objetivos mais construtivos. A energia está disponível para qualquer objetivo; o fato é que está disponível para ser usada. Desde o uso destrutivo da energia atômica, descobrimos como usá-la para o bem — fornecer energia a lares e até mesmo a alguns veículos.

Há uma energia tremenda dentro de você nas "questões do coração", que pode ser construtiva ou destrutiva. Pode bloquear seus objetivos e relacionamentos e criar enfermidades e doenças. Ou fortalecê-lo para realizações fantásticas, relacionamentos maravilhosos e uma ótima saúde. Você tem todas as ferramentas e os recursos de que precisa para obter os resultados que anotou. Só precisa liberar essa energia.

Como fazer isso? *A energia é liberada pela crença.*

Podemos ver essa energia da crença no que é conhecido na medicina como efeito placebo, em que alguém recebe um comprimido de açúcar mas lhe dizem que é uma nova droga milagrosa para resolver qualquer que seja o problema. O surpreendente é que muitas pessoas realmente experimentam o efeito desejado sem tomar nada que, aparentemente, o produziria. Em outras palavras, o problema desaparece com a pílula de açúcar! De fato, em uma pesquisa de médicos norte-americanos em todos os Estados Unidos, apresentada em 2008, metade deles admitiu que prescrevia placebos. Pesquisas em Israel, na Dinamarca, Grã-Bretanha, Suécia e Nova Zelândia obtiveram resultados semelhantes.* Ética à parte, por que os médicos prescrevem comprimidos de açúcar? Porque placebos funcionam!

Há mais prova da energia da crença: o outro lado do efeito placebo, chamado "efeito nocebo". Os médicos também o conhecem: é o que acontece quando as pessoas recebem um placebo e são avisadas dos efeitos negativos que isso pode ter. Elas experimentam esses efeitos! "Em testes clínicos duplo cego de antidepressivos, até mesmo participantes que receberam um comprimido de açúcar relataram efeitos colaterais, como desconforto gastrointestinal, se alertados pelos inves-

---

* "Half of Doctors Routinely Prescribe Placebos", *New York Times*, 23 de outubro de 2008 (http://nytimes.com/2008/10/24health/placebo.html?ref=health).

tigadores da possibilidade desses efeitos", relata a revista *Time* em um estudo famoso sobre a dor, conduzido pela neurocientista italiana Martina Amanzio.*

Além disso, os pacientes que receberam placebos desenvolveram sintomas parecidos com os efeitos colaterais das drogas que *pensavam* ter tomado. "Pacientes que receberam pílulas de açúcar tenderam a relatar problemas compatíveis com a droga que pensaram ter engolido. Ninguém que pensou ter tomado um anti-inflamatório não esteroide ou triptano relatou problemas de memória ou formigamento, mas algumas pessoas que pensaram ter tomado anticonvulsivos relataram. De igual modo, somente os grupos placebo que pensaram ter tomado um anti-inflamatório não esteroide relataram efeitos colaterais como desconforto estomacal e boca seca."

Recentemente soube de um estudo em que deram um placebo a indivíduos com dor crônica e lhes disseram que era uma nova forma espetacular de morfina que podia aliviar milagrosamente sua dor. Conforme o previsto, em muitas das pessoas testadas a dor desapareceu. Isso já aconteceu milhares de vezes em pesquisas em todo o mundo. Mas eu nunca tinha ouvido falar na próxima coisa que eles fizeram nesse estudo. Examinaram o interior do corpo para ver o que realmente havia acontecido nas pessoas que tomaram o placebo que fizera a dor desaparecer. O que descobriram foi surpreendente. O corpo havia produzido uma quantidade extremamente alta do equivalente natural da morfina, e esse era o motivo do desaparecimento da dor. Como isso aconteceu? Ninguém sabe. O que realmente sabemos é que estudos placebo feitos mais de 50 anos atrás provam, sem sombra de dúvida, que o corpo e a mente são capazes de fazer coisas que acharíamos impossíveis. O que causa esses resultados notáveis? A pessoa acredita neles. Não consigo pensar em um exemplo melhor de como as crenças liberam energia para nossos resultados do que o "efeito nocebo".

---

* "The Flip Side of Placebos: The Nocebo Effect", John Cloud, *Time,* 13 de outubro de 2009 (http://www.time.com/time/health/article/0,8599,1929869,00.html?id=sphere inline-sidebar).

Deixe-me ir um pouco além. Os resultados não acontecem apenas com comprimidos de açúcar e química do corpo. Também acontecem com pensamentos, sentimentos e ações. Lembra-se da história do jovem aluno de caratê do Segredo "Eu Acredito"? O jovem que fez o que nunca fora feito por nenhum mestre na história estava experimentando o oposto do efeito placebo. Placebo é um pouco de energia sendo liberada porque você acredita, mas está acreditando em uma mentira e os resultados não são mantidos. O jovem aluno de caratê acreditava em toda a verdade — 100% da verdade sem nem 1% de dúvida, medo ou confusão. Devido a essa crença, ocorreram resultados milagrosos que alguns achariam impossíveis. Essa é a diferença entre viver baseado em memórias celulares destrutivas que contêm mentiras e viver acreditando na verdade.

A SURPREENDENTE VERDADE SOBRE AS "AFIRMAÇÕES"

Tenho de parar por um momento aqui para tratar do tema das afirmações. Há décadas, e principalmente nos últimos vinte anos, o mundo da autoajuda cresceu com afirmações. Muitos "gurus" enriqueceram ensinando que tudo que as pessoas têm de fazer para conseguir o que querem é acreditar, e a afirmação certa criará a crença e lhes trará "magicamente" um novo carro, milhões de dólares, o amor de sua vida ou até mesmo cura física.

O problema é que isso quase nunca funciona. Muitas pessoas gastam milhares de dólares e décadas de sua vida nessa prática baseada em "placebo" e acabam em um círculo vicioso que as deixa desiludidas, mais pobres e, frequentemente, sem tempo.

Durante cerca de dois anos testei afirmações do tipo "dê-lhe um nome e reivindique". Submeti pessoas a VFC (o teste médico para medir o estresse) e lhes disse para fazer afirmações como "meu novo carro está a caminho" ou "meu câncer está sendo curado neste momento".

Adivinhe o que aconteceu? Seus testes de VFC sempre mostraram muito mais estresse depois dessa afirmação. E lembre-se de que o estresse é a causa de praticamente tudo de ruim que conhecemos. Fiquei muito impressionado quando, em 2009, um novo estudo da University of Waterloo, no Canadá, testou afirmações. Isso foi manchete em quase todo o mundo. Os resultados foram que, para a grande maioria das pessoas, esses tipos de afirmações não só não funcionam como tornam as coisas *piores*.

Por isso, durante muitos anos, tenho defendido o que chamo de "afirmações com foco na verdade". Sim, elas são positivas, mas coisas em que você realmente acredita. Assim, em vez de "meu câncer está sendo curado", quando você realmente não acredita que está, a afirmação com foco na verdade poderia se "quero que meu câncer seja curado, acredito que pode ser e peço a Deus que me ajude a curá-lo". Durante testes de VFC, quando as pessoas fazem uma afirmação com foco na verdade, o estresse tende a diminuir. Qual é a diferença? É a mesma entre um placebo e o remédio real. Em uma afirmação você acredita, e isso é positivo. Na outra afirmação você não acredita, portanto, está mentindo para o seu coração.

CRENÇA E COMPORTAMENTO

Nós sempre fazemos aquilo em que acreditamos, e tudo que fazemos é devido a algo em que acreditamos. Se você está fazendo algo que não quer fazer, é porque tem uma crença errada. Para mudar o comportamento indesejado, tem de mudar a crença. O efeito placebo parece ilustrar isso muito bem, mas lamento dizer que há um problema. Outra verdade universal sobre o efeito placebo é que o resultado desejado quase nunca é mantido. Isso significa que você sentirá um sabor efêmero do resultado que deseja em sua vida ou saúde, mas ele não durará. Por esse motivo, o efeito placebo realmente pode ser muito perigoso. Centenas de milhões de dólares são gastos todos os anos porque algo parece bom. Quando as pessoas o experimentam, obtêm algum benefício, mas a mudança não é permanente. Contudo, como elas obtiveram algum benefício de qualquer que fosse a pílula ou o programa, podem tentar, mês após mês e ano após ano, fazer algo acontecer na vida delas sem a energia para fazer com que realmente aconteça.

Por que os resultados do placebo não são mantidos? Se você pensar sobre isso, é simples: porque as pessoas não estão acreditando na verdade. Estão acreditando que uma pílula de açúcar é uma droga milagrosa. Mas isso não é verdade. Para os resultados serem mantidos, a energia tem de ser mantida.

Você não pode apenas plugar o aspirador de pó por trinta segundos e limpar seu tapete. Tem de mantê-lo plugado. A energia só é mantida com a crença em toda a verdade. É surpreendente como acreditar em qualquer coisa libera um pouco de energia. Por mais que isso possa parecer loucura, até mesmo uma mentira a libera, o que torna esse fenômeno extremamente perigoso. É fácil, especialmente quando estamos doentes ou precisando de algo, sermos seduzidos por um pouco de energia ou um sabor do resultado há tanto tempo desejado. Nós nos agarramos a isso e somos arrastados para um buraco negro. Somos dominados pela mentira. Como sair do buraco? Descartando a mentira e abraçando a verdade, toda a verdade e nada além da verdade. Isso não é fácil como parece, porque, quando você está abraçando a mentira, tende a ficar confuso. Leia mais sobre confusão a seguir.

ACREDITE NA VERDADE, MUDE A REALIDADE

Uma coisa interessante na física quântica (a energia atômica está entrelaçada com a física quântica) é que a realidade é mudada pelo modo como você olha para ela. Em outras palavras, você literalmente muda a constituição física das partículas e a realidade física de acordo com o ângulo do qual olha ou observa as pequenas partículas. O ângulo do qual você olha para algo é determinado por aquilo em que acredita. Como temos dito em todo este livro, se você chegar ao ponto em que olha para sua própria vida na verdade e no amor, isso mudará totalmente sua realidade e seus resultados.

Portanto, acreditar no amor e na verdade sobre sua vida liberará a energia que produzirá resultados, os melhores resultados. Estamos falando de saúde, prosperidade, relacionamentos íntimos, realização e, é claro, amor, alegria e paz. Agora, que resultados você obterá? Só Deus e você podem responder a essa pergunta. Veja bem, não sei se você é Bill Gates ou Madre Teresa. Talvez você não saiba. Mas se tirar o que não presta do seu coração conhecerá sua missão e seu destino.

Então, como acreditar na verdade e no amor? Tudo começa com a VERDADE. Mas às vezes você tem de atravessar a floresta de mentiras para chegar a ela.

COMO A CONFUSÃO BLOQUEIA A VERDADE

O primeiro passo deveria ser curar suas memórias destrutivas do coração. Por quê? Porque elas o fazem acreditar em algo que não é verdade. Isso se chama confusão. Qual é o resultado da confusão? Seguir o caminho errado. Acreditar na verdade nos dá a sensação de que "sei que isso está certo", mas quando acreditamos em algo que não é a verdade ficamos confusos e não sabemos que rumo tomar.

A confusão é causada por três coisas. A primeira é o conflito entre as memórias celulares. Em outras palavras, vozes do passado lhe dizem o que fazer, mas lhe dizem para fazer coisas diferentes ao mesmo tempo. A segunda é o conflito entre as mentes consciente e inconsciente (o que chamamos de cabeça e coração — veja o Sétimo Segredo, "Quando o coração e a cabeça estão em conflito"). A terceira causa é você estar com o raciocínio "embotado" devido a estresse (veja o Primeiro Segredo). O estresse diminui ou impede nosso pensamento racional. Como 90% de nós apresentamos algum grau de estresse fisiológico, nossa capacidade de pensar de forma correta e com clareza é diminuída proporcionalmente ao nosso estresse.

Você está confuso agora? Se está, por qual das três causas? Muitas pessoas experimentam todas as três ao mesmo tempo.

Em nossa casa, temos uma estante enorme que meus pais mandaram vir de Hong Kong, peça por peça. Ela ocupa uma parede inteira da sala de estar. As pessoas que vêm nos visitar frequentemente sabem da minha formação em psicologia, por isso olham para todos os livros nas prateleiras e dizem: "Nossa, você lê muito!" Tenho de ser muito sincero e lhes dizer que provavelmente não li nem três livros daquelas prateleiras. Tracey leu todos, e muitos mais, nos 12 anos em que procurou desesperadamente alívio da depressão. Não sei quantas vezes naqueles anos a vi lendo um livro, ouvindo uma fita ou uma palestra, e fiquei muito animado pensando que talvez aquilo fosse trazer a verdade para seu coração e livrá-la da depressão.

O que acontecia, e deve ter acontecido umas quinhentas vezes ao longo daqueles anos, era que eu perguntava a Tracey o que ela estava achando do livro ou se estava aprendendo algo com ele. Sua resposta era sempre a mesma. Quatro palavras: "Eu não entendo isso." Muitas vezes lhe pedi maiores esclarecimentos. Quer dizer que você não compreende isso? Tracey respondia: "É claro que compreendo. Li o mesmo parágrafo quatro vezes. Sou capaz de recitá-lo. Só não entendo. Isso não faz nenhuma diferença em minha vida." E era uma mulher com um QI de 129! Para mim, esse foi um dos grandes mistérios dos primeiros 12 anos de nosso casamento, porque muitas daquelas coisas a que Tracey expunha sua mente eram verdades maravilhosas. Ela lia as palavras de sabedoria de muitas das maiores mentes de nossos tempos, assim como a sabedoria eterna da Bíblia, de Madre Teresa e muitos mais. Como podia não entender? Como podia não fazer nenhuma diferença? Como podia não se aplicar à vida dela? Tudo aquilo se aplicava à vida dela! Por que ela não conseguia enxergar?

Quando aprendi as verdades que estão no livro que você está segurando, compreendi. A resposta era que Tracey não podia ver a verdade. Estava em tal estado de confusão devido a todas as mentiras em seu coração (e lembre-se de que quando o coração e a mente estão em conflito, o coração vence) que não conseguia entender a verdade. Ela também tinha crenças verdadeiras em seu coração? É claro que sim! Muitas delas. Mas é exatamente isso que acontece quando você tem verdades e mentiras (nas quais de certo modo acredita) conflitantes em seu coração. Ambas parecem até certo ponto certas. Isso causa confusão. Podemos nos sentir mais confortáveis em relação a uma alternativa do que a outra, mas ainda ficamos confusos e em dúvida.

O TESTE DA PAZ

Qual é o teste definitivo para essa confusão? É a paz, ou ausência dela. Se estou em paz em relação a uma determinada crença ou linha de ação, isso indica que estou acreditando na verdade e no amor. Se estou ansioso, triste, confuso, em dúvida e com uma sensação desagradável no peito ou na boca do estômago, estou acreditando em algo em meu coração que está interferindo em minha capacidade de acreditar em toda a verdade. Em outras palavras, não estou acreditando na verdade e no amor e não obterei os resultados que desejo.

Preciso dizer mais algumas palavras sobre essa paz a que me refiro. Muitas pessoas confundem paz com duas outras coisas. A primeira é uma sensação de felicidade e contentamento porque "as coisas estão indo como eu quero". Isso não é paz. É uma situação favorável. Como você sabe com qual das duas está lidando? Você sente essa paz mesmo se a situação se torna ruim, ou mergulha em confusão, depressão e ansiedade? A verdadeira paz independe da situação.

A segunda coisa que as pessoas confundem com paz é a sensação de entorpecimento. "Eu não sinto confusão, não sinto ansiedade, não sinto medo, não sinto dor... não sinto nada!" Isso também não é paz. Geralmente é um sinal de uma grande quantidade de memórias celulares destrutivas, tantas que seu coração desligou sua "capacidade de sentir" para você poder sobreviver, porque tudo que sentia lhe causava muito sofrimento.

A ENERGIA DE TODA A VERDADE

Para obter os resultados que prometi no início do livro, você precisa acreditar na verdade.

Quando era criança, assisti a um filme que me deixou absolutamente encantado. Foi um dos melhores filmes que vi nessa época da minha vida. Voltei rapidamente para casa e pulei do nosso telhado com um guarda-chuva. Não, eu não estava tentando me suicidar; acabara de assistir a *Mary Poppins*. Obviamente, depois de ver Julie Andrews voando com seu guarda-chuva, acreditei que também poderia fazer o mesmo. Você quer uma prova de que acreditei? Pulei do telhado! Tudo que fazemos é devido a algo em que acreditamos. Teria sido impossível eu pular do telhado se não acreditasse que ficaria bem. Eu acreditava sinceramente que poderia voar com aquele guarda-chuva, mas isso não me fez obter o resultado desejado. O único modo de obter resultados é acreditar na verdade.

Você deve estar dizendo: "Espere um pouco, pensei que energia fosse liberada quando você acredita em alguma coisa, mesmo se não for verdade. Então, onde está a energia na história do pulo do telhado?" Em primeiro lugar, no meu coração. No momento em que pulei daquele telhado, senti-me como o Super-Homem — e não tinha tomado nenhum comprimido. Eu era forte, livre e feliz... aquilo era energia. Em segundo lugar, eu pulei. Se você enfileirasse cem garotos da minha idade naquele telhado e lhes pedisse para pular, quantos pulariam? Provavelmente, nenhum! Mesmo se você tentasse suborná-los com dinheiro, doces ou desenhos, eles provavelmente não pulariam. Acho que é preciso uma enorme energia para fazer um garoto ir contra seu instinto de sobrevivência para fazer algo que está em seu coração. Isso é energia, e resultado. O problema é que eu não obtive os resultados que desejava e, é claro, os resultados não eram sustentáveis.

Então eu tinha uma parte de verdade, que era ter visto naquele filme alguém voando com um guarda-chuva, mas não a parte de que pular do telhado desafia a lei absoluta da natureza chamada de gravidade. Se em vez de voltar para casa do cinema e pular imediatamente eu tivesse obtido mais informações e sabido a verdade, estou convencido de que não pularia. Por quê? Eu procuraria luz, gravidade e queda em nossa enciclopédia. Certamente pediria a opinião dos meus pais e, se estivesse suficientemente desesperado, a do meu irmão mais velho. Poderia ter ido para o jardim da infância no dia seguinte e perguntado à professora se ela assistira ao filme e o que pensava sobre pular do telhado. Você entende o que estou querendo dizer. Eu obteria informações novas e verdadeiras suficientes para não ter aquela mentira em meu coração e a possibilidade de me machucar seriamente.

O COMPONENTE QUE ESTÁ FALTANDO

A esta altura talvez você já tenha percebido que algo está faltando. Então vamos fazer uma pequena revisão. Em primeiro lugar, precisamos saber os resultados que desejamos. Em segundo, é preciso energia para atingi-los. Em terceiro, a crença para liberar energia. E em quarto, devemos acreditar na verdade para manter os resultados desejados. Então, o que está faltando? Voltarei às quatro palavras de Tracey: "Eu não entendo isso." Em outras palavras, podemos ter toda a verdade de que precisamos para alcançar ou manter resultados, mas ainda assim não liberar nenhuma energia. Foi o que aconteceu com Tracey até a primavera de 2001. Esse é o problema mais crucial em todo este livro. A maioria das pessoas tem acesso a mais verdade do que nunca, especialmente nesta era da internet. Isso deveria significar mais resultados mantidos, mas não é o que acontece. Sim, estamos vivendo por tanto tempo quanto as pessoas já viveram e, em muitos casos, ainda mais. Contudo, estamos ficando cada vez mais doentes.

Na noite passada, recebi um telefonema de um homem cujo filho pequeno lutava há anos contra a asma. Ele me contou que, na turma do filho, havia muitas outras crianças asmáticas, e não só na dele, mas em toda a escola. Talvez você não saiba, mas há alguns anos a asma era bastante rara. Agora é comum. Há alguns anos, transtorno de déficit de atenção (TDA) e transtorno de déficit de atenção com hiperatividade (TDAH) eram termos desconhecidos. Hoje são temas importantes para todas as escolas do mundo. Em 1971, o presidente Richard Nixon declarou guerra ao câncer. Naquela época, o câncer era a oitava ou nona principal causa de morte nos Estados Unidos. Em 2009, era a segunda principal causa de morte nos Estados Unidos, depois da doença cardíaca. Estamos perdendo a guerra, e não só contra doenças físicas. As doenças mentais vêm aumentando há anos. Recentemente ouvi de uma mulher que quase todas as mulheres em sua aula de estudos da Bíblia tomavam antidepressivos ou ansiolíticos. Até pouco tempo, Valium era a medicação mais prescrita. Os relacionamentos parecem descartáveis de um modo que teria sido um estigma para a sociedade alguns anos atrás.

Como isso pode ocorrer quando estamos fazendo tantos avanços médicos? A esta altura você já deveria saber — porque esses avanços não têm nada a ver com a fonte do problema — que são as memórias celulares destrutivas. A sociedade nos satura diariamente de imagens negativas através da televisão, de filmes, revistas e jornais, mas na maioria das vezes não nos damos conta disso.

Não faz muito tempo vi um anúncio de um filme e a chamada que deveria fazer você querer assisti-lo era: "Sexo, assassinato, traição, fraude." Sabe do que mais? São essas coisas que criam memórias celulares que bloqueiam seus resultados e fazem com que adoeça. Assistir a um bom filme pode infundir em nós memórias verdadeiras e saudáveis, assim como um mau filme pode nos prejudicar.

Mas, voltando ao que está faltando. O segredo para acreditar na verdade é ENTENDIMENTO.

ENTENDIMENTO E TODA A VERDADE

Lembre-se da pesquisa do Dr. Bruce Lipton, da Stanford University Medical School, de que em 100% dos casos a causa do estresse que nos adoece é uma crença errada. O que é uma crença errada? É acreditar em algo que não é verdade. De fato, é mais correto chamar isso de "interpretação errada da verdade". Em praticamente todas as memórias destrutivas, há alguma verdade. Minha cliente do Sétimo Segredo tinha muitas coisas na memória do estupro que eram verdade. De fato, a maior parte do que ela lembrava era verdade. A principal inverdade era sua interpretação do significado do estupro: "Eu não tenho valor, nunca estarei segura e ninguém olhará mais para mim da mesma maneira." De algum modo, ela examinava o fato e a verdade do que lhe acontecera e chegava a uma conclusão errada. Interpretava mal a verdade. Na história do picolé, a maior parte daquilo em que aquela doce mulher acreditava também era verdade. Sua mãe realmente lhe disse que não podia tomar um picolé e deu um para a outra filha. Realmente lhe disse que se almoçasse direito ganharia um picolé, mas apesar disso ela interpretou errado, entendeu errado e chegou a uma conclusão errada. Suas conclusões foram muito parecidas com as da mulher estuprada: "Não sou digna de amor; não tenho valor; há algo de errado comigo." A falta de energia e resultados na vida das duas mulheres também era similar. Sim, era muito mais intensa na mulher estuprada, mas as crenças básicas eram bastante parecidas.

Nos três casos, o da depressão de Tracey, o da mulher estuprada e o da mulher com a história do picolé, quando as mentiras foram eliminadas de seu coração elas conseguiram entender a verdade. Acreditaram, a energia foi liberada, e todas mantiveram seus resultados desde então.

À primeira vista, pode parecer um pouco assustador ter de descobrir toda a verdade sobre qualquer coisa para conseguir manter resultados. Não se desespere; não é tão difícil. Se tivermos um coração relativamente puro, frequentemente saberemos a verdade em nosso coração na primeira vez em que a virmos ou ouvirmos. Ela ecoará e poderemos senti-la na mais profunda essência de quem somos, porque temos um mecanismo interno chamado "consciência". Seu único objetivo é nos ajudar a descobrir essas verdades. Porém, quando há muitas mentiras no coração relacionadas a um determinado tema, a voz da consciência é sufocada ou pelo menos obscurecida pelas vozes concorrentes e discordantes. O segredo é tirar do coração os mal-entendidos que estão embutidos em nossas memórias celulares.

Até pouco tempo, isso não passava de uma simples proposição. As pessoas passavam anos em aconselhamento ou terapia e, como Tracey, compravam muitos livros de autoajuda, geralmente com pouco sucesso. Isso ocorria porque tentávamos curar essas memórias celulares com ferramentas incapazes de curá-las. Desde 2001, com a descoberta dos Códigos da Cura, temos uma ferramenta simples que trata de um modo constante e previsível a fonte, em vez de tratar sintomas. Leia mais sobre os Códigos da Cura no próximo capítulo.

O LUGAR DA ORAÇÃO

Não quero dar a impressão de que antes da descoberta dos Códigos da Cura as questões do coração não podiam ser curadas. O que as cura é substituir mentiras por verdades, e isso certamente está no cerne da oração e dos ensinamentos da Bíblia. O problema é que, mesmo entre os cristãos, poucos realmente seguem esse processo de deixar Deus curar o coração substituindo mentiras por verdades. O Código da Cura não funciona no nível da oração e não é um substituto para ela. Atua mais no nível das estratégias anteriormente mencionadas de lidar com o problema e como um substituto para elas. Como mostramos, o Código da Cura funciona muito melhor porque trata a fonte, em vez de tentar aliviar sintomas ou lidar com o problema. Funciona *com* oração, como você verá no próximo capítulo. Sempre rezo antes de fazer qualquer coisa, pedindo a Deus para agir pelo meio que escolher — inclusive por meio dos Códigos da Cura.

Agora vamos dar uma olhada nos cinco passos para obter o que lhe prometi no início do primeiro capítulo do livro: Resultados, Energia, Crença, Entendimento, Verdade. Se você tiver a coragem de dar esses passos para aquilo que deseja mudar em sua vida, obterá os resultados que procura.

Isso significa que qualquer que seja o resultado que você decidir que deseja antes de iniciar o processo será exatamente o resultado que obterá? Não. Significa que obterá o melhor resultado, talvez um que nem mesmo seja capaz de imaginar agora.

SEJA O JUIZ

Ok. Está na hora de você julgar. Fizemos uma promessa no início do livro, e acreditamos tê-la cumprido. Esperamos que entenda que seria muito difícil você ter um problema que esse modelo de cura não resolvesse. Se tem problemas de relacionamento, é porque alguém não está entendendo a verdade sobre o relacionamento, sua vida, as circunstâncias ou sobre si mesmo. Mas as questões que causam problemas podem ser esclarecidas pelo conhecimento da verdade.

Se você tem um problema de realização profissional ou financeiro em sua vida, garantimos que o que impede seu sucesso é uma interpretação errada da verdade. Ela nos leva a não fazer o que resultará em realização e sucesso, e a fazer o que tenderá a sabotar nossos resultados. Em outras palavras, estamos acreditando em uma mentira que nos tira a energia de que precisamos para ser bem-sucedidos.

E, é claro, se você tem um problema de saúde, segundo as últimas grandes pesquisas feitas pelas maiores mentes e escolas de medicina, acreditar em uma mentira sempre é a origem dos problemas de saúde. Produz a reação de estresse no corpo, fecha as células e nos faz adoecer.

Então, se cumprimos nossa promessa e você realmente vê esperança para sua situação, seu problema ou a realização do seu sonho, nós o desafiamos a dar o último passo e virar mais uma página para aprender sobre o mecanismo capaz de criar uma nova base para sua vida, saúde e prosperidade. Na Parte Dois, juntaremos tudo isso para lhe mostrar exatamente como remover o estresse que está lhe causando problemas — tanto o estresse inconsciente, produzido pelas memórias celulares destrutivas, quanto o consciente, produzido pelas circunstâncias. Você pode começar a mudar sua vida antes de o dia terminar.

PARTE DOIS

Soluções para praticamente todos os problemas de saúde, profissionais e amorosos

CAPÍTULO NOVE

O que é um Código da Cura?

Uma das áreas mais populares e com mais publicações da autoajuda nos últimos quarenta anos é a que trata do pensamento positivo, da intenção, de lidar com problemas etc. Embora haja alguma verdade em todas essas abordagens, também há um elemento crítico faltando. Já falei sobre a grande quantidade de livros de autoajuda e psicologia em nossa sala de estar; quase todos os autores populares de livros de autoajuda que se possa imaginar estavam presentes na biblioteca de Tracey. Além disso, Tracey, perfeccionista como é, seguiu ao pé da letra cada programa, técnica ou conselho para a cura. E continuou deprimida.

Você pode ficar tentado a achar que esse é um caso isolado. Contudo, durante meus anos como conselheiro e terapeuta em clínica particular, realizei extraoficialmente uma pesquisa de opinião com meus clientes para chegar ao cerne dessa questão. Esses clientes tinham problemas que variavam de doenças físicas e mentais graves a relacionamentos conflituosos e todos os tipos de vícios. Eu lhes fazia duas perguntas.

A primeira pergunta era: "O que você poderia fazer de diferente em relação ao seu problema?" Das várias centenas de pessoas a quem perguntei isso, só duas não sabiam a resposta certa. Uma era esquizofrênica e a outra, um adolescente rebelde que eu sei que sabia a resposta mas não ia me dizer.

A segunda pergunta era: "Por que você não está fazendo isso?" A resposta de todas as pessoas se encaixava em uma de duas categorias. "Eu não sei" ou "Eu não consigo". Todas elas — repito, *todas* elas — estavam tentando o máximo possível resolver seus problemas ou tinham tentado em algum momento no passado, mas estavam em um ponto de desesperança. Essa descoberta não é isolada. Qualquer bom conselheiro ou terapeuta lhe falará sobre esse fenômeno.

Então, por que essas técnicas, esses programas e livros com os quais as pessoas gastam milhões de dólares não parecem funcionar para quem precisa desesperadamente de ajuda? Como quase sempre acontece com a verdade, a resposta aqui é muito simples. Nenhuma dessas coisas pode tratar a fonte do problema. Qual é a minha prova disso? Se pudesse, todos os problemas físicos e mentais estariam resolvidos — não só em alguns casos, mas de um modo constante e previsível.

Como sei disso, mesmo na esfera da possibilidade? Em primeiro lugar, porque, segundo a teoria e a pesquisa, a cura total é o que deve ocorrer (lembre-se do Primeiro, Segundo e Terceiro Segredos), embora historicamente nunca tivéssemos tido nenhum mecanismo para fazê-la acontecer. O mais importante é que essa tem sido a nossa experiência com os Códigos da Cura desde sua descoberta, na primavera de 2001.

No Capítulo Dois, você leu vários depoimentos de pessoas que foram curadas. Estamos incluindo mais aqui para lhe mostrar o que é possível. Essas histórias foram espontâneas; surgiram de vidas mudadas nos últimos oito anos ou mais em cinquenta estados e noventa países. Quando você estiver pronto para ir para a parte "o que é isso" e "como" deste capítulo, passe para a página 179 e comece.

Porém, antes de fazer isso, o aconselhamos veementemente a pelo menos folhear as próximas páginas. Por quê? Essas são pessoas reais, como você. Homens, mulheres, jovens, velhos, doentes, saudáveis, esperançosos, desesperançados — que buscavam a cura, como você (ou não estaria lendo isto). Obtivemos até mesmo depoimentos de curas milagrosas em animais de estimação. Esperamos que você se encontre nas páginas a seguir e que isso lhe dê a esperança de agir antes que se passe outro dia, que não voltará mais. A propósito, você verá neste livro referências aos "Códigos da Cura" ou ao "Código da Cura" (plural ou singular). Os Códigos da Cura são um sistema que usa códigos específicos para curas específicas, abrangendo qualquer problema que você algum dia possa ter em sua vida. O Código da Cura é o "Código da Cura Universal" que descobrimos, através de anos de testes, que funciona para praticamente todo mundo e todos os problemas. Ambos se baseiam no mesmo procedimento e tratam das questões básicas do coração. Os depoimentos são de pessoas que usaram o sistema ou o Código da Cura neste livro.

Códigos da Cura em ação: depoimentos de usuários*

FALTA DE PERDÃO

Eu estava de férias na Costa Leste, longe do meu marido. Começar os Códigos da Cura realmente me fizera muito bem. Sentia-me diferente de um modo geral, até mesmo eufórica durante grande parte do tempo. Sentia-me amando muito todo mundo. Sentia-me diferente em relação a todos que estava visitando. Via-os de uma outra perspectiva. Durante muito tempo houvera questões não perdoadas em relação ao meu marido. A intensidade das minhas emoções negativas em relação a ele era "10". A hora de voltar para casa e para ele se aproximava, e esse problema pesava sobre mim. Tendo-o em mente, decidi me concentrar na falta de perdão. Quando cheguei em casa, meu marido e eu nos sentamos para conversar e minhas emoções negativas haviam desaparecido! Fiquei surpresa porque há anos pensava que isso não poderia mudar. Aquele problema agora é 0! — Tena

O MEDO INFANTIL DA MORTE DOS PAIS

Minha filha Kelsey tem 10 anos. Desde que consigo me lembrar, ela era insegura. Estava sempre precisando de muita atenção e era basicamente grudenta. Isso havia se tornado insuportável nos últimos cinco ou seis meses. Meu marido e eu tínhamos chegado ao nosso limite e não sabíamos o que fazer. Há muito tempo Kelsey era obcecada pela morte. Tinha pesadelos,

---

* Para depoimentos em vídeo, visite o site www.thehealingcodebook.com (em inglês).

passava noites em claro, dias chorando, não conseguia ir à escola e achava que meu marido ou eu iríamos morrer.

Minha cunhada nos incentivou a experimentar os Códigos da Cura em Kelsey. Eu não sabia bem como falar sobre isso com minha filha, e tentei fazê-lo parecer muito simples. Kelsey se mostrou bastante receptiva, por isso lhe pedi para desenhar uma das imagens que a incomodava. Ela desenhou, começou a chorar e a avaliou com um 10. Escolheu suas afirmações da verdade e comecei a aplicar nela o Código para a paz. Kelsey logo começou a respirar profundamente e relaxar. Não pensei que ela fosse ficar sentada parada porque costuma ser muito irrequieta. E ela ficou sentada e relaxada. Quando terminamos, já estava muito diferente. Fiquei bastante animada. Ela disse que sua imagem (memória) era quase 0 e estava muito feliz. Continuou a me pedir para lhe aplicar o Código da Cura. Na próxima vez escolheu uma imagem diferente e também a avaliou com um 10. Depois disse novamente que a imagem não a incomodava mais. Ela não tem mais nenhuma imagem e se sente ótima. Agora é uma outra garotinha. Dou graças a Deus pelos Códigos da Cura. Testemunhei um milagre em minha filha. — Sue

ESCOLIOSE E DOR CRÔNICA

Tenho escoliose desde os 7 anos e usei um colete de gesso durante cinco anos. Quando cheguei perto dos 20, tinha dor crônica. Ao longo dos anos, experimentei quiropraxia, ioga, trabalho corporal, suplementos e por aí vai. O alívio que obtinha era sempre momentâneo. Acho que nunca lidei muito bem com o estresse, por isso tudo do meu mundo externo era um gatilho e parecia opressivo. Desde a primeira vez em que fiz um Código, obtive ótimos resultados. Primeiro experimentei um relaxamento profundo e uma sensação de paz. Toda a minha dor desapareceu e me senti muito mais leve, calma, focada e flexível em meus movimentos corporais. Há trinta anos eu tinha essa dor no corpo e agora estou livre dela.

Estou fazendo os Códigos da Cura há dois meses e meio. Meus pulmões estão se purificando, há muita desintoxicação e minha coluna vertebral está ficando reta. Alguns dos ossos que tinham se fundido devido ao estresse da escoliose agora estão começando a se separar. São mudanças enormes! Esta-

va trabalhando apenas três dias por semana porque não conseguia trabalhar mais, e precisava de quase três dias para me recuperar. Agora volto para casa depois de três dias de trabalho me sentindo ótima. Estou pronta para aproveitar a vida e acho que estou lidando com o estresse de um modo muito diferente. Obrigada pela técnica maravilhosa de autocura, Dr. Loyd, e por partilhá-la com todos. — Katherine

RECUPERAÇÃO ANOS APÓS UMA CIRURGIA

Meu marido e eu estamos fazendo os Códigos da Cura juntos há três meses. Descobrimos que não só estamos nos sentindo muito melhor como também mais felizes, sociáveis e confiantes. Mesmo após anos de casamento ainda temos muito o que aprender e fazer juntos. Meu marido teve câncer há uns quatro anos. Passou por uma grande cirurgia no lado esquerdo da face e sofreu os efeitos da radioterapia. Perdeu a sensibilidade no lado esquerdo da face, a capacidade de produzir saliva e grande parte do paladar. Está começando a recuperar tudo isso agora. Recuperou a sensibilidade no rosto e consegue saborear coisas que não saboreava há anos. Sua boca não está mais seca. Juro que ele está com mais cabelos no alto da cabeça que antes era careca! Os médicos disseram que ele havia melhorado tanto quanto era possível. Mas, com os Códigos, melhorou ainda mais e estamos realmente animados com isso. Nos sentimos muito abençoados. — Marilyn

CURA EMOCIONAL E COMPORTAMENTAL (VÍCIO)

Eu estava consciente de que os Códigos da Cura, no início, eram usados para problemas emocionais, e mais tarde começaram a descobrir que também resolviam problemas físicos. Eu os comprei para um problema físico. A ironia é que quanto mais eu me dedico a fazer os Códigos para meu problema físico mais experimento cura emocional. Obtive excelente aconselhamento e fiz parte de grupos de 12 passos. Embora saiba que experimentei muita cura com essas modalidades, os Códigos tornaram automático para mim um comportamento saudável que antes era parte de um processo de pensamento consciente. Esse é um novo nível de liberdade, pelo qual sou muito grato. — Jamie

INSÔNIA

Deixe-me dizer o quanto estou feliz com os Códigos. Meu padrão de sono mudou quase imediatamente. Tive problemas de insônia durante quase toda a minha vida e agora durmo melhor e mais profundamente do que nunca. Continuo a fazer os Códigos e acredito que também resolverão meus outros problemas. — Helle

DOR EXTREMA (NEVRALGIA DO NERVO TRIGÊMEO)

Durante mais de oito anos senti a dor causada por um problema chamado nevralgia do nervo trigêmeo. É uma dor facial extrema provocada pelo ato de comer, falar, escovar os dentes, tocar... ou apenas uma leve brisa no rosto. Às vezes eu ficava deitada imóvel, e ainda sentia uma dor facial lancinante. Mesmo quando não a sentia, vivia constantemente esperando/temendo a próxima crise súbita de dor.

Apenas duas semanas após começar a usar os Códigos da Cura, percebi que a dor havia diminuído, tanto em intensidade quanto em frequência. Uma semana depois, passei um dia e meio sem dor, e depois houve uma redução gradual e constante na intensidade e frequência dessa dor. Já faz dois meses que comecei, e estou feliz em dizer ao mundo que não sinto nada há uma semana. Isso é surpreendente!! Continuarei a usar os Códigos diariamente pelo resto da minha vida!! Obrigada a vocês todos! — Sarah

DOR NAS COSTAS E ENXAQUECA

Machuquei seriamente minhas costas erguendo uma caixa de ferramentas que eu sabia que era muito pesada. Depois de alguns dias a dor nas costas havia se tornado realmente insuportável e descido até minha perna. Fui a dois quiropráticos diferentes, mas dessa vez eles não puderam me ajudar. Então telefonei para minha médica e ela me prescreveu um analgésico, um relaxante muscular e seis semanas de fisioterapia. Nada ajudou. Uma grande amiga minha me falou sobre os Códigos da Cura, e eu os encomendei. Estava disposta a tentar de tudo. Poucos dias depois havia melhorado, e após uma semana não sentia mais dor. Eu não podia acreditar naquilo. Incentivei meu marido a experimentá-los e ver se funcionavam para ele. Meu marido obteve algum sucesso com a enxaqueca. Agora os está usando para hipoglicemia. — Joyce

DIABETES

Durante dez anos fui diabético dependente de insulina, e tinha de tomar injeções quatro vezes por dia. Estava começando a ficar preocupado com as complicações do diabetes que estavam surgindo. A primeira foi mãos e pés muito frios, a segunda, pequenos problemas oculares, dor nas pernas, levantar três ou quatro vezes por noite para urinar, sentir-me cansado o tempo todo, perder a paciência e me estressar muito facilmente.

Você deve estar se perguntando o que melhorou. Bem, estou seguindo esse programa em casa há três semanas. Até agora a dor nas pernas desapareceu e elas parecem muito mais leves quando estou subindo uma ladeira. Noto muitas diferenças. Não acordo mais no meio da noite e não me sinto cansado. Estou começando a ter mais sensibilidade nos pés e eles não estão mais frios. Uma coisa que todos na minha família logo notaram foi que estou mais paciente e calmo e não me estresso mais por qualquer bobagem. Se me curei do diabetes? Neste momento eu diria que não, ainda não. Mas precisei reduzir as injeções de insulina, porque meus níveis de açúcar estão caindo. Ainda estou na quarta semana dos Códigos da Cura e me sinto melhor do que me senti em dez ou 15 anos.
— Steve

CURA DE ANIMAL DE ESTIMAÇÃO

Estou fazendo os Códigos da Cura há vários meses com bons resultados, mas nada como o que aconteceu ontem à noite. Tenho muitos animais exóticos em casa. Cheguei tarde do trabalho e tive de cuidar deles mais rápido do que de costume. Um de meus pequenos lagartos estava solto e não o notei, até que pisei acidentalmente em sua cabeça.

Ele estava sangrando pela boca e pelo olho, e achei que sua cabeça fora esmagada. Senti-me muito mal. Ele estava mole e com sangue saindo pela boca. Achei que estava morto. Deitei-o sobre toalhas de papel, pensei nos Códigos e fiz um para ele durante 45 minutos. Continuei observando-o. Sua respiração estava bastante fraca e ele estava inconsciente. Dali a duas horas voltou a si, mas continuou com os olhos fechados. No dia seguinte, estava com os dois olhos abertos e agindo normalmente. Obrigado a vocês todos por esse incrível processo. — Bill

CÂNCER

Quando meu amor e melhor amiga soube que tinha melanoma metastático eu a ajudei a usar os Códigos da Cura junto com uma dieta muito rígida para equilibrar o sistema imunológico. Suas tomografias mostraram que ela estava totalmente livre do câncer. Estamos esperando ansiosamente pelo próximo exame de sangue que mostrará seu sistema imunológico equilibrado.
— William

CURA PARA MEMBROS DA FAMÍLIA (HEMORROIDAS)

Há anos lido de várias formas com questões de cura e obtenho um sucesso limitado — TLE, Método Sedona, Holosync, Cura Teta, Chi Gong, suplementos e até mesmo hipnose.

Como você pode ver, sempre acreditei e procurei um modo de encontrar a paz interior e me curar. Sabia que algum dia encontraria a ÚNICA CHAVE para curar a mim mesma e meus entes queridos. Bem, encontrei a minha CHAVE. É esta: os Códigos da Cura!

Livrei-me de crenças erradas que tive durante minha vida inteira e que não me servem, algumas das quais tiveram um impacto em minha carreira, saúde e estabilidade emocional — e isso foi fácil! Emagreci sem esforço. Consegui ajudar aqueles que amo a se livrarem de seus problemas de saúde também.

Um deles foi a hemorroida do meu marido. Ele tinha isso há mais de vinte anos, e realmente o incomodara nos últimos anos. Finalmente o fiz concordar em ir a um médico, mas o mais cedo que o especialista poderia atendê-lo seria dali a três meses. Então comecei a fazer os Códigos para ele!

No dia da consulta, meu marido disse que achava que não precisava ir, porque as hemorroidas tinham desaparecido. Pensei que ele só estava tentando evitar ir ao médico, por isso insisti que fosse — na verdade, fui com ele! E adivinhe! O especialista não conseguiu encontrar nenhuma evidência de hemorroidas! Ele nem mesmo entendeu por que meu marido estava lá. Pediu à enfermeira para checar também. Nada. Meu marido ficou chocado e perguntou: "Tem certeza?" Não foi preciso nenhum tratamento e ele recebeu um atestado de saúde!

Agora todos os dias meu marido me pede para fazer Códigos para isto ou aquilo — e eu sempre faço!

Portanto, posso dizer que minha busca terminou. Encontrei a Resposta para a cura em todos os níveis: físico, mental e espiritual. Se alguém tiver alguma dúvida, apenas experimente isso com o coração e também passará a acreditar! — Laurie

MILAGRES OU APENAS UM NOVO PARADIGMA?

Todas essas curas parecem milagres? Se parecem, pense nesta citação de Santo Agostinho: "Os milagres acontecem não em oposição à natureza, mas em oposição ao que conhecemos da natureza." Deus criou em nós a possibilidade de cura "milagrosa" como parte de sua intenção original para o mundo, e isso ainda está à nossa disposição hoje em dia. Os Códigos da Cura só foram descobertos recentemente, pela graça de Deus, mas o mecanismo para a cura sempre esteve em nós. Talvez o motivo de só terem sido descobertos recentemente seja que, até poucos anos, não tínhamos a ciência ou as metáforas para entender como funcionam. O que antes estava oculto, porque não tínhamos a capacidade de entendê-lo, foi trazido à luz devido a outros avanços recentes.

Então, como e por que um Código da Cura funciona?

O MECANISMO FÍSICO QUE DESATIVA O ESTRESSE

Como descrevemos em todo este livro, o estresse é a fonte de todos os nossos males. Um Código da Cura funciona removendo o estresse na fonte. Pesquisas do Institute of HeartMath, na Califórnia, indicam que se o estresse é removido, até mesmo os genes frequentemente se curam. Eles identificaram um recurso interno tão poderoso que é literalmente capaz de curar o DNA danificado.

A descoberta dos Códigos da Cura revelou a função física que ativa automaticamente esse recurso de cura identificado pelo Institute of HeartMath. Utilizando-o, *o Código muda o padrão básico de energia destrutiva, ou frequência, de uma imagem destrutiva para uma saudável.*

A energia curativa, direcionada para combinações diferentes dos quatro centros de cura no corpo, é usada para tratar crenças e imagens doentias. Essas combinações de cura poderiam ser comparadas aos quatro aminoácidos que compõem o DNA. Todas as diferenças, em todas as pessoas no mundo, são determinadas por uma combinação única de apenas quatro aminoácidos.

Isso se encaixa perfeitamente nas descobertas de pesquisas recentes de que nossas memórias e imagens podem, literalmente, ser armazenadas no campo energético de informações de todas as células do corpo, da mesma forma que o DNA. (Isso também explicaria por que receptores de órgãos podem ter memórias que pertenciam ao doador.) Quando você faz um Código da Cura com a combinação apropriada dos quatro centros de cura, acreditamos que, literalmente, inunda cada célula do corpo de energia curativa.

Então, o que é exatamente um Código da Cura e como ele pode ativar um processo tão profundo?

OS QUATRO CENTROS DE CURA

A descoberta dos Códigos da Cura é realmente a descoberta dos quatro centros de cura do corpo. Os quatro centros de cura correspondem aos principais centros de controle de cada célula no corpo. Esses centros de cura parecem funcionar como uma caixa de fusíveis oculta que, quando os interruptores certos são ligados, torna possível a cura de quase tudo. Fazem isso removendo o estresse no corpo que os havia desligado, permitindo ao sistema neuroimunológico retomar seu trabalho de curar o que quer que esteja errado no corpo.

Se você seguisse o caminho da energia saudável na viagem através dos quatro centros de cura do corpo, os sistemas físicos que descobriria incluiriam:

Ponte: a hipófise (frequentemente chamada de glândula mestre porque controla os principais processos endócrinos do corpo) e a glândula pineal.

Têmporas: o cérebro esquerdo e direito de alto desempenho, e o hipotálamo.

Maxilares: o cérebro emocional reativo, inclusive as amígdalas e o hipocampo, e mais a medula espinhal e o sistema nervoso central.

Pomo de adão: o sistema nervoso central, e mais a tireoide.

Em outras palavras, *você descobriria os centros de controle de todos os sistemas, todos os órgãos do corpo*. A energia curativa desses centros flui para todos eles.

COMO UM CÓDIGO ATIVA OS CENTROS DE CURA

Os centros de cura são ativados com os dedos. Um Código da Cura é um conjunto de posições fáceis de mãos. É muito simples. Podemos ensiná-lo a uma criança de 6 ou 7 anos. Você faz um Código da Cura apontando todos os cinco dedos de ambas as mãos para um centro de cura, ou mais centros, a uma distância de 5 a 7cm do corpo. As mãos e os dedos dirigem os fluxos de energia para esses centros.

Os centros de cura ativam um sistema de cura energético que funciona de um modo análogo ao sistema imunológico. Em vez de matar vírus e bactérias, tem como alvo as memórias relacionadas ao assunto no qual a pessoa está pensando. Usando frequências de energia curativas e positivas, cancela e substitui as frequências destrutivas e negativas.

Quando as células são inundadas de energia saudável por um Código da Cura, a energia doentia é literalmente cancelada pela positiva, assim como um fone de ouvido com cancelamento de ruídos cancela as frequências sonoras prejudicais. Depois que as frequências destrutivas forem canceladas, a imagem irradiará uma energia saudável que contribuirá para a boa saúde das células, dos órgãos e do sistema físico em que reside. A energia curativa muda a energia destrutiva armazenada nas memórias celulares no corpo/na mente, em última análise influindo na fisiologia das células no corpo.

O QUE É UM "CÓDIGO"?

O motivo de chamarmos isso de "Códigos da Cura" é que todos os procedimentos envolvem uma sequência codificada. Quando nós dois demos a palestra em Maui, recebemos uma chave da porta, na forma de um código. A porta da frente tinha um teclado numérico com um código de quatro dígitos, e quando o digitávamos ("bip, bip, bip, bip") ouvíamos o clique da porta sendo destrancada. Talvez você tenha uma porta de garagem que funcione de um modo parecido.

É mais ou menos assim que os Códigos da Cura funcionam. O exercício ativa uma combinação desses quatro centros de cura em uma sequência de prioridades. A sequência de prioridades é crucial para a remoção do estresse no corpo relacionado a um determinado problema e a cura das memórias celulares relativas a esse problema. Você leva em média seis minutos para fazer um Código da Cura, ativando com os dedos esses centros de cura. Pode fazer isso confortavelmente deitado em uma cadeira reclinável. Sabemos de pessoas que o fizeram enquanto falavam ao telefone, viam TV, liam um livro e realizavam outras atividades.

O Código da Cura que lhe daremos no capítulo a seguir ativa todos os quatro centros de cura na sequência ótima, e acreditamos que é por isso que funcionam para praticamente todos os problemas e todas as pessoas.

HÁ EVIDÊNCIAS DE QUE OS CÓDIGOS DA CURA REALMENTE FUNCIONAM?

Como já foi dito, a legitimidade dos Códigos da Cura é estabelecida por:

1. Relatos por parte de milhares de clientes de autocura de todos os tipos de problemas, inclusive muitos considerados incuráveis.
2. Exames diagnósticos da medicina convencional (Variabilidade de Frequência Cardíaca) mostrando o estresse sendo constantemente removido do corpo após o uso de um Código da Cura.

Este é um método relativamente novo, e a legitimação de nossos resultados ainda está em andamento, assim como nossa compreensão de como um Código da Cura funciona.

Isso não é, de maneira alguma, incomum, mesmo em relação a coisas usadas há décadas por milhões de pessoas. Por exemplo, podemos não saber como determinados remédios funcionam, mas acreditamos que funcionam, por isso os tomamos. Você pode ficar surpreso em saber que os pesquisadores têm dúvidas sobre como muitos remédios funcionam, apesar de anos — até mesmo décadas ou mais — de uso.

Eis apenas alguns exemplos do *Physicians Desk Reference* (PDR), o principal livro de referência usado pelos médicos norte-americanos para prescrever drogas farmacêuticas:

Roacutan: "O mecanismo exato do Accutane ainda é desconhecido."

Zoloft: "*Presume-se* que o mecanismo da sertralina [Zoloft] esteja ligado à inibição da captação neuronal da serotonina pelo sistema nervoso central." [Ênfase acrescentada.]

Frontal: "O mecanismo de ação exato é desconhecido."

Risperdal: "O mecanismo do Risperdal, assim como o de todos os outros antipsicóticos, é desconhecido."

Depakote: "O mecanismo pelo qual o valproato [Depakote] exerce seus efeitos terapêuticos ainda não foi estabelecido."

Esses exemplos são uma amostra representativa de várias grandes categorias de drogas. O PDR é repleto de muitas outras cujos métodos de ação também são desconhecidos ou incertos.

O QUE PARECE UM MILAGRE É SIMPLESMENTE UMA NOVA DESCOBERTA

Deixe-nos repetir as palavras de Santo Agostinho: "Os milagres acontecem não em oposição à natureza, mas em oposição ao que conhecemos da natureza."

Embora saibamos há muito tempo que os padrões de energia destrutiva causam estresse e problemas de saúde, pouco está sendo feito pela medicina moderna para mudar esses padrões. O motivo de você não ter ouvido mais sobre essas verdades é que ninguém descobriu um modo confiável, constante, previsível e legítimo de transformar os padrões de energia destrutiva em padrões saudáveis. Além disso, a própria tentativa de fazer isso não se encaixa no paradigma da medicina moderna tradicional, que é focada em tratamento bioquímico, não em prevenção ou cura usando a bioenergia.

Segundo a física, é preciso a frequência exatamente oposta para cancelar a outra frequência. Para um Código da Cura funcionar, algo tem de encontrar as memórias inconscientes relacionadas, determinar suas frequências e criar as frequências exatamente opostas. E o faz!

Os Códigos da Cura não só funcionam, como parecem funcionar em 100% das vezes. Em uma conferência no México, todas as 142 pessoas que aplicaram um Código à memória celular ligada ao maior problema da vida delas tiveram a energia negativa dessa memória zerada, ou avaliada como 1 em uma escala de 0 a 10. Com resultados como esse, temos de estar chegando a um sistema feito para curar. Se algo aconteceu mais de 99% das vezes na natureza, nem mesmo precisamos fazer um estudo. Sabemos que um objeto cairá sempre que o soltarmos, e acreditamos nisso muito antes de entendermos a força invisível da gravidade.

Os Códigos não só funcionam, como têm efeitos duradouros. Como já foi mencionado, os estudos de Variabilidade da Frequência Cardíaca mostraram que as pessoas permaneceram em equilíbrio muito depois de fazerem um Código da Cura. Quando avaliei modalidades de cura que usam o sistema energético de chacras/meridianos (pontos de acupuntura), os testes de VFC mostraram que as pessoas que usaram os dois métodos tiveram seu sistema nervoso autônomo equilibrado imediatamente (cerca de sete em dez com meridianos e oito em dez com Códigos da Cura). Contudo, 24 horas depois, somente duas em dez das pessoas com o protocolo de meridianos permaneceram em equilíbrio, enquanto mais de sete em dez das usuárias dos Códigos da Cura permaneceram equilibradas. Disseram-nos que esses resultados nunca haviam sido vistos.

Baseados em nossa experiência e pesquisa, acreditamos que a correção desses padrões de energia destrutiva é exatamente o que um Código da Cura faz. E temos uma notícia ainda melhor! *Um Código da Cura funciona sem que precisemos estar conscientes das imagens, das crenças, dos pensamentos e dos sentimentos destrutivos que estão sendo curados.*

Um Código da Cura — que atua exclusivamente nas imagens destrutivas no coração — é capaz de acabar com o estresse e as crenças erradas na base de todos os problemas físicos e não físicos em nossa vida.

Podemos não ser capazes de explicar isso totalmente, mas acreditamos conhecer a natureza da energia curativa aparentemente milagrosa acessada por um Código da Cura.

O QUE É ESSA ENERGIA CURATIVA IMPRESSIONANTE?

Assim como todas as cores da luz estão contidas na luz branca pura, acreditamos que todas as virtudes (coragem, verdade, lealdade, paz, paciência etc.) estão contidas no amor puro.

De fato, *acreditamos que a frequência de energia do amor puro cura tudo — e essa pode ser a única energia que cura.* A frequência vibracional do amor é o recurso supremo de cura.

QUAL É NOSSA BASE CIENTÍFICA PARA ESSA TEORIA?

Nos últimos anos vários indivíduos conseguiram isolar e quantificar as frequências do amor e de outras virtudes. A frequência do amor reside em nós em cada memória amorosa de nosso coração. Deixe-me provar isso.

Pense na lembrança mais alegre e amorosa de sua vida. Dedique um momento a revivê-la com os olhos fechados, chamando-a de volta para sua vida. O que sente? Não se sente bem? Não experimenta novamente, pelo menos em algum grau, o acontecimento amoroso — mesmo se ocorreu décadas atrás? Por que isso acontece?

No instante em que você acessa e ativa uma memória amorosa, a frequência do amor é transmitida através de todo o seu corpo, e tem um efeito curativo fisiológico correspondente. Como já foi mencionado, o Institute of HeartMath publicou estudos indicando que a ativação desses tipos de memórias positivas realmente tem um efeito curativo no DNA danificado.*

Assim como as memórias amorosas transmitem frequências de cura para todo o corpo, memórias dolorosas, destrutivas e distorcidas transmitem frequências que causam enfermidades e doenças. Segundo a pesquisa do Dr. Lipton, essas memórias destrutivas emitem um

---

* Veja www.heartmath.com (em inglês).

sinal no corpo que nos faz interpretar circunstâncias atuais como ameaçadoras, mesmo quando não são. É isso que mantém nosso corpo sob estresse. Eu o incentivo a fazer outro experimento. Pense em uma lembrança que ainda lhe seja dolorosa e observe como se sente. Se você pensar muito nela, não só se sentirá mal como literalmente porá suas células no "modo de autoproteção" e seu sistema nervoso no modo de "luta ou fuga".

Infelizmente, sua mente inconsciente pode estar focada nessas imagens destrutivas sem o seu conhecimento. Quando isso acontece, tem o mesmo efeito danoso na fisiologia do corpo que as imagens e os pensamentos negativos. Em muitas pessoas esse "processo de criar enfermidades e doenças" ocorre todos os dias, sem que elas saibam disso, até ficarem muito doentes. Esse é o motivo de a fonte de nossos problemas ser em 90% do tempo inconsciente, tornando impossível tratar conscientemente a causa de nossos problemas físicos, emocionais e espirituais.

A boa notícia é que *a resposta para a solução dos problemas em sua origem é encontrada dentro do coração humano,* não em algo externo a nós. Tudo que é preciso é um modo de usar a energia dos recursos de amor do coração para curar as imagens destrutivas que levam a doenças.

POR QUE VOCÊ NÃO PODE SE CURAR SOZINHO?

Se os recursos de amor já estão dentro de nós emitindo seus sinais de cura, por que essas imagens não se curam sozinhas?

Vamos voltar ao Quinto Segredo. O problema é que certas memórias ou imagens parecem protegidas contra correções quando as frequências de cura são transmitidas para todo o corpo. Elas podem ser uma memória oculta ou reprimida, conforme descrito na psicologia, mas também podemos estar totalmente conscientes da memória. É como se a mente tivesse construído uma fortaleza ao redor de certas memórias. Ela fez isso para nos proteger da dor de algo similar nos acontecendo de novo. Acredita que, se não estivermos em guarda, poderemos nos ferir novamente. Evitar a dor é bom, mas protegendo as imagens destrutivas dessa maneira a mente também impede que os recursos do corpo as alcancem e curem. É preciso haver um modo de infundir frequências de cura nas imagens que estão causando o problema, mas não recebendo a energia curativa.

É exatamente isso que um Código da Cura faz. Acessando os recursos de amor e saúde de todo o corpo, transmite essas frequências através dos dedos para os quatro centros de cura a fim de mudar os padrões de energia de imagens destrutivas para imagens saudáveis, mesmo as protegidas.

Pessoas nos dizem repetidamente que ao fazerem o Código da Cura as memórias dolorosas parecem simplesmente se dissolver e, quando isso ocorre, os sintomas físicos também desaparecem. Acredito que é exatamente isso que aqueles cientistas previram quando fizeram comentários como o do Dr. William Tiller, que disse: "A medicina do futuro se baseará no controle da energia no corpo."

Com isso, nós o convidamos a experimentar o Código da Cura. Que ele possa mudar sua vida como mudou a nossa e a de tantas outras pessoas!

ESPORTES E DESEMPENHO MÁXIMO

Como atleta profissional, estive na TV, capas de revistas, manchetes de jornal etc. Saí de casa muito jovem para treinar para ser um atleta internacional — e me tornei exatamente isso. Experimentei toda a psicologia e o treinamento disponível para o desempenho máximo, e os médicos mais conceituados em Nova York e Los Angeles.

Tudo mais tenta ensinar você a "lidar" com aquilo que o está prendendo, ou apenas ignorá-lo com o uso de algum truque mental — na maioria das vezes os truques não funcionam e exigem muito esforço. O Código da Cura faz o que nada mais faz: trata a fonte do que o está prendendo ou limitando, e o fortalece para que maximize sua capacidade! O melhor de tudo é que faz isso rápida e simplesmente, quase sem esforço. LITERALMENTE, REPROGRAMA VOCÊ PARA O SUCESSO! — Michael, Los Angeles

Todas as técnicas dos Códigos da Cura — inclusive o Código da Cura Universal e o exercício de Impacto Instantâneo neste livro — são técnicas de autoajuda usadas para relaxamento, redução do estresse e reequilíbrio dos sistemas bioenergéticos, e não pretendem substituir a assistência médica. Nenhuma ação ou falta de ação deve se basear apenas no que está contido aqui; em vez disso, os leitores ou observadores devem consultar os profissionais de saúde apropriados sobre qualquer tema relacionado com sua saúde. O Código da Cura trata do que Salomão chamou mais de 3 mil anos atrás de "questões do coração." Não há nenhum Código para nenhuma enfermidade ou doença física ou mental; cada Código da Cura se concentra apenas nas questões espirituais do coração. Quando essas questões espirituais são resolvidas, o estresse fisiológico diminui e o funcionamento do sistema imunológico melhora. O sistema imunológico é capaz de curar quase tudo, se não estiver desativado pelo estresse. Durante 100% do tempo, o foco do Código da Cura é apenas nas questões do coração.

O Código da Cura também NÃO é nenhum tipo de aconselhamento ou terapia. É a aplicação de uma ferramenta de cura descoberta em 2001 e apresentada pela primeira vez ao público em 2004. Qualquer

Código da Cura tem em vista apenas as imagens destrutivas do coração (memórias) e só deve ser usado conforme indicado. O uso esporádico ou descompromissado desse Código pode retardar o processo de cura de imagens. Ninguém é aconselhado a descontinuar ou suspender consultas médicas ou psicológicas.

A teoria e a prática do Código da Cura se baseiam em experiências. Após a descoberta do sistema The Healing Codes®, em 2001, nós o testamos durante um ano e meio, e depois passamos mais um ano e meio transformando-o em um pacote que qualquer pessoa pode usar facilmente sozinha em casa. Ele é o único no gênero. Nunca ninguém nos disse que viu isso antes.

Segundo Paul Harris, Ph.D., "esse é o único campo da saúde em que nunca na história houve um caso comprovado de dano". Embora este livro e nossos resultados reflitam nossas experiências, seus resultados não podem ser garantidos. O que você pode sensatamente esperar do Código da Cura é que as questões do seu coração sejam curadas ou melhoradas e, do Impacto Instantâneo, que seus sentimentos de estresse diminuam.

Assim sendo, este livro e os métodos que descreve não devem substituir o conselho e o tratamento de um médico ou outro profissional qualificado da área de saúde. As informações e opiniões aqui fornecidas são consideradas corretas e sólidas com base no melhor conhecimento, na experiência e na pesquisa dos autores. Os leitores que não consultarem os profissionais apropriados da área de saúde assumirão o risco de quaisquer lesões.

USAR AS TÉCNICAS AQUI DESCRITAS É RECONHECER QUE VOCÊ LEU, ENTENDEU E CONCORDA COM ESTE TERMO DE RESPONSABILIDADE E, PORTANTO, QUE O CONSENTIMENTO INFORMADO FOI ESTABELECIDO.

CAPÍTULO DEZ

Seu "Código da Cura Universal"
de seis minutos

Em todo este livro, nós nos referimos a The Healing Codes®, porque foi o que descobrimos em 2001, e é no que nossos dados se baseiam.

Ao trabalhar com milhares de clientes e fazer apresentações e testes ao vivo, chegamos à conclusão de que realmente há um Código da Cura que parece funcionar para praticamente todos os problemas e todas as pessoas. Provavelmente porque ativa todos os quatro centros de cura, esse único Código age como uma espécie de "código mestre" para a cura de qualquer tipo de estresse.

Você só precisará de alguns minutos para aprendê-lo, mas os resultados serão para toda a vida!

Lembre-se de que também pode fazer isso para outras pessoas, até mesmo animais de estimação. É só seguir as instruções!

UMA PALAVRA SOBRE A ORAÇÃO

O Código da Cura inclui oração. A oração é uma das práticas mais estudadas na medicina. Repetidamente, foi comprovado que ajuda a curar — mesmo se as pessoas não rezam, mas alguém reza por elas. A oração sempre é minha primeira linha de ação, mesmo antes de fazer qualquer Código. O Código da Cura é apenas uma ferramenta, uma nova e surpreendente "chave de fenda" que faz coisas que nenhuma outra chave jamais fez. Ainda assim, é apenas um instrumento. O mais importante é seu relacionamento com Deus, independente de sua religião. Por isso, recomendamos que você torne a oração seu principal foco, usando o Código da Cura como parte do processo. (Um cliente diz que o Código da Cura "coloca esteroides na oração".)

COMO FAZER O CÓDIGO DA CURA UNIVERSAL

Use as quatro posições de exercícios mostradas a seguir na ordem em que estão relacionadas, e depois dirija o "brilho" de seus dedos relaxados, a uma distância de 5 a 7cm do corpo, para os centros de cura (como se as pontas de seus dedos fossem pequenas lanternas agrupadas). Não importa se seus dedos estão retos ou curvados (faça como for mais confortável para você), só é preciso manter as pontas voltadas para a área ao redor do centro de cura.

Manter os dedos a uma distância de 5 a 7cm do corpo é muito mais eficaz do que tocar nos centros de cura. Isso cria um campo de energia na entrada do centro de cura que permite ao corpo produzir automaticamente o padrão de energia positiva/negativa necessário para curar. O motivo da maior eficácia se cristalizou para mim quando estávamos apresentando um seminário na cidade de Oklahoma. Um homem disse que manter os dedos afastados do corpo faz total sentido: isso funciona como uma vela de ignição. Não sou mecânico, mas ele disse que a vela de ignição não toca o metal. Há um espaço ali, e a energia se move em arco da vela de ignição para o metal. Disse que, de fato, se não houver espaço suficiente, ela não funcionará direito. Não haverá energia suficiente. O mesmo vale para o Código da Cura. Manter os dedos afastados do corpo cria exatamente a polaridade necessária em um determinado segundo para aumentar significativamente a energia.

OS QUATRO CENTROS DE CURA

Ponte: entre a ponte do nariz e o meio das sobrancelhas, se as sobrancelhas fossem juntas.

Pomo de adão: diretamente sobre o pomo de adão.

Maxilares: na base do ângulo posterior do osso maxilar, dos dois lados da cabeça.

Têmporas: 1,25cm acima da têmpora e 1,25cm na direção da parte de trás da cabeça, nos dois lados da cabeça.

Cada um dos quatro centros de cura tem uma posição de mão normal e uma posição de mão em repouso, exceto o pomo de adão; a posição normal para ele é a de repouso. As posições de repouso são fornecidas para que você possa repousar suas mãos sobre seu corpo e realizar os procedimentos mais confortavelmente. Nas posições normais, as pontas de seus dedos ficam a uma distância de 5 a 7cm do corpo. Nas posições de repouso, apontam para o topo do centro de cura de 5 a 7cm abaixo ou ao lado do centro.

Acrescente alguns minutos ao Código ao usar as posições de repouso. Se seu braço ficar muito cansado de fazer um Código durante o tempo especificado, experimente as posições de repouso, apoie seus braços em um travesseiro ou seus cotovelos em uma mesa ou escrivaninha. Se suas mãos se desviarem do centro, a cura ainda ocorrerá. Sua intenção de curar é muito mais importante do que manter as posições de mão perfeitas.

Antes de fazer o Código da Cura, é útil avaliar seu desconforto em uma escala de 0 a 10 (com 10 sendo o maior desconforto), quando pensar em seu problema. Esse é o melhor modo de medir seu progresso ao ver o nível de desconforto baixar até chegar a 0 ou 1.

Faça o Código em um lugar privado e sossegado onde possa relaxar sem distrações ou interrupções.

Eis a sequência:

1. Avalie o problema em termos do quanto o incomoda, de 0 a 10, sendo 10 o que mais incomoda.
2. Identifique os sentimentos/crenças não saudáveis relacionados ao seu problema.
3. *Descobridor da Memória*: pense se houve outro momento em sua vida em que você se sentiu do mesmo modo, mesmo as circunstâncias sendo muito diferentes. Estamos procurando o mesmo tipo de *sentimento*. Não se aprofunde demais — apenas dedique um instante a se perguntar se houve outro momento em sua vida em que se sentiu como se sente agora. Estamos procurando as semelhanças no sentimento, não as circunstâncias. Se você está se sentindo ansioso em relação a um exame médico próximo, pergunte se já sentiu esse mesmo tipo de an-

siedade quando era mais jovem, não se fez um exame médico antes. Procure a memória mais antiga que aflorar, e se concentre em curar essa primeiro.

4. Avalie essa memória mais antiga, de 0 a 10. Podem haver outras memórias. Procure a mais antiga ou forte, e trabalhe nela primeiro. O que o incomoda agora tende a ser penoso justamente porque está ligado a uma memória não curada, ou é desencadeado por uma. Frequentemente, quando você cura a memória mais antiga ou forte, todas as outras memórias "ligadas" a essa memória básica são curadas ao mesmo tempo.

5. Faça a oração para a cura, incluindo todos os problemas que descobriu ("minha lembrança de quando tinha 4 anos, meu problema de medo, minhas dores de cabeça", seja o que for).

REZO PARA QUE TODAS AS IMAGENS NEGATIVAS CONHECIDAS E DESCONHECIDAS, CRENÇAS NÃO SAUDÁVEIS, MEMÓRIAS CELULARES DESTRUTIVAS E TODAS AS QUESTÕES FÍSICAS RELACIONADAS COM _____ [SEU PROBLEMA] SEJAM DESCOBERTAS, ABERTAS E CURADAS ENCHENDO-ME DE LUZ, VIDA E DO AMOR DE DEUS. TAMBÉM REZO PARA QUE A EFICÁCIA DESTA CURA SEJA AUMENTADA CEM OU MAIS VEZES. (ISSO DIZ AO SEU CORPO PARA TORNAR A CURA UMA PRIORIDADE.)

6. Faça o Código da Cura mantendo cada posição por cerca de trinta segundos, repetindo a Afirmação com Foco na Verdade que se oponha a qualquer crença não saudável ou trate da sua questão. Quando você fizer um Código da Cura, não se concentre no negativo, mas no positivo. Alterne todas as quatro posições antes de finalizar (geralmente várias sequências). **Faça a sequência do Código por pelo menos seis minutos.** Certifique-se de que ficou em todas as quatro posições antes de parar. Você sempre pode demorar um pouco mais, especialmente se avaliou seu problema acima de 5 ou 6. Sugerimos no mínimo seis minutos.

(Primeira Posição) Ponte: entre a ponte do nariz e o meio das sobrancelhas, se as sobrancelhas fossem juntas.

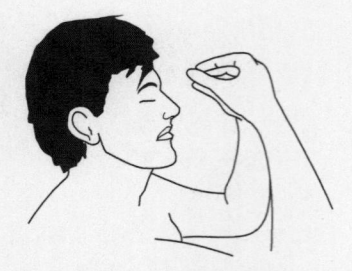

Posição principal de ponte

Posição de repouso

(Segunda Posição) Pomo de adão: diretamente sobre o pomo de adão.

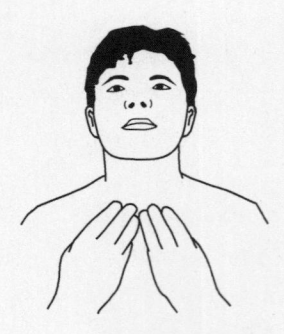

(Terceira Posição) Maxilares: na base do ângulo posterior do osso maxilar, dos dois lados da cabeça.

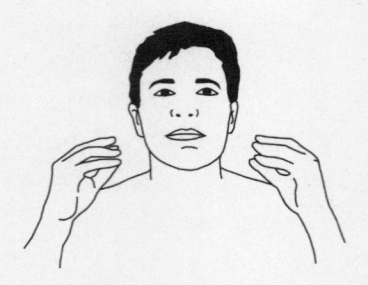

Posição dos maxilares

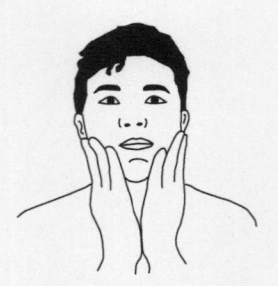

Posição de repouso

(Quarta Posição) Têmporas: 1,25cm acima da têmpora e 1,25cm na direção da parte de trás da cabeça, nos dois lados da cabeça.

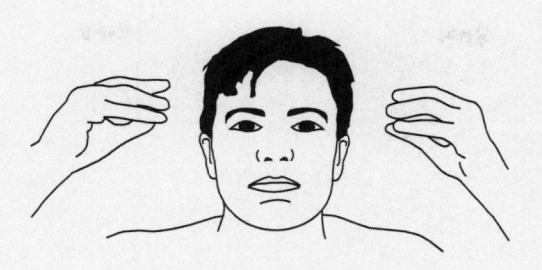

Posição das têmporas

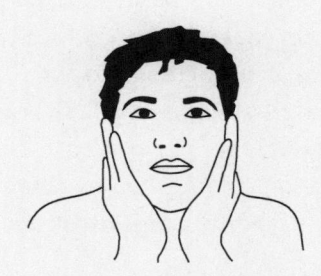

Posição de repouso

7. Após fazer o Código, avalie novamente seu problema. Quando essa memória mais antiga/forte baixar para 0 ou 1, você pode ir para a próxima memória ou o problema que o incomoda mais.

FAZENDO O CÓDIGO PARA OUTRA PESSOA

Você pode fazer o Código para outra pessoa. Simplesmente faça a oração, assim:

EU REZO PARA QUE TODAS AS IMAGENS NEGATIVAS CONHECIDAS E DESCONHECIDAS, CRENÇAS NÃO SAUDÁVEIS, MEMÓRIAS CELULARES DESTRUTIVAS E TODAS AS QUESTÕES FÍSICAS RELACIONADAS COM _____ [O PROBLEMA DO SEU ENTE QUERIDO] SEJAM DESCOBERTAS, ABERTAS E CURADAS ENCHENDO-ME DE LUZ, VIDA E O AMOR DE DEUS. TAMBÉM REZO PARA QUE A EFICÁCIA DESSA CURA SEJA AUMENTADA CEM OU MAIS VEZES.

Faça o Código em si mesmo. Quando terminar, apenas reze, "Eu libero todos os efeitos dessa cura para [nome da pessoa], com amor".

Recomendamos que você faça o Código da Cura três vezes ao dia. Pode fazer mais, quando necessário, para obter resultados mais rápidos. Ainda pode obter resultados fazendo-o apenas uma vez por dia, e recomendamos firmemente que o faça pelo menos uma vez por dia. Também pode fazê-lo por mais de seis minutos. *A constância é fundamental.* O ideal é fazê-lo por seis minutos três ou mais vezes por dia, para obter os melhores resultados.

PERGUNTAS QUE VOCÊ PODE TER SOBRE O CÓDIGO DA CURA

O que devo esperar que aconteça quando fizer meu Código da Cura? Há duas áreas em que você tenderá a ver mais mudanças quando fizer o Código da Cura:

1. A *imagem ou memória* em que estiver se concentrando.
2. O *problema* físico ou não físico resultante das memórias.

Mudanças em sua imagem da memória: tenha em mente que o Código só cura as imagens no coração. Não remove as imagens da memória. Isso significa que aquilo que é removido é a intensidade emocional ligada à imagem, não a imagem em si. Muitas pessoas dizem que, quando fazem o Código, a imagem em que estão se concentrando começa a desaparecer e frequentemente se torna difícil visualizá-la ou mantê-la em foco. Quando a memória é curada, algumas pessoas descrevem isso como se a energia de poder tivesse sido tirada da imagem e ela não as controlasse mais. Frequentemente isso é acompanhado de uma sensação de paz e encerramento. Você saberá que sua imagem está curada quando experimentar um dos sinais mencionados aqui, ou talvez todos eles.

Mudanças no problema que o incomoda mais: geralmente, quando sua imagem é curada, você começa a ver uma mudança em outros problemas que o incomodam. Contudo, é importante entender que embora alguns problemas só tenham uma imagem ligada a eles, outros podem ter mais do que isso. Se, após completar o Código em uma imagem particular, seu problema mais incômodo não tiver mudado, não desanime. Se continuar o processo de trabalhar em suas imagens, a cura ocorrerá dentro da capacidade do seu sistema imunológico de curar o problema.

Em nossos seminários, quando fazemos o Código da Cura com pessoas, elas constantemente dizem que sentem uma diferença em uma sessão de seis minutos. Obviamente, problemas como câncer podem precisar de muitas sessões de seis minutos. Portanto, quando dizemos "seis minutos para resolver qualquer problema", o fazemos do mesmo modo como você diria "tome vitamina C para combater resfriados e melhorar seu sistema imunológico". Todos sabem que isso não quer dizer "tome uma vitamina C uma vez e nunca mais ficará resfriado". Significa que se você tomar vitamina C constantemente tenderá a pegar resfriados e outras doenças com menos frequência. O Código da Cura funciona exatamente assim — quando feito com frequência.

E se eu sentir que não estou progredindo muito?

Se você sentir que está se esforçando, mas não está progredindo, concentre-se na imagem de quando o problema começou e os sintomas físicos e não físicos começaram. Por exemplo, se enxaquecas fazem com que sinta dor física e com que se sinta emocionalmente deprimido, concentre-se em quando a dor e a depressão começaram.

Se após fazer o Código cinco vezes separadas, você ainda não tiver sentido uma redução na avaliação de intensidade de 0 a 10, procure novamente outra imagem. Pode ser uma imagem entre sua imagem mais antiga e a imagem atual, ou pode ser sua imagem atual. Trabalhe na imagem mais intensa em vez de na mais antiga.

Você também pode tentar voltar à época em sua vida imediatamente antes de seu problema começar (até dois anos antes). Descobrir um choque, trauma ou acontecimento emocional intenso nesse período. Concentre-se nesse acontecimento até suas emoções e crenças serem curadas.

Se você ainda não experimentar uma mudança em sua condição, talvez seja porque há outro problema ligado à raiz do seu problema atual. Continue a trabalhar nas questões que o incomodam mais até eliminar o problema. (No próximo capítulo falaremos sobre uma ferramenta que pode ajudá-lo a identificar essas questões. Isso pode ser especialmente útil se você não sentir que está progredindo. Muitas vezes o que achamos que é a verdadeira questão não está realmente no centro do problema.)

E se eu me sentir pior depois de completar o Código?

Reações de cura desconfortáveis ocorrem com talvez uma em dez pessoas. Isso não acontece apenas com o uso dos Códigos da Cura. É um fenômeno bem conhecido na medicina como reação de Herxheimer. Chamamos isso de uma reação de cura porque é uma prova de que você está realmente sendo curado. As toxinas físicas e emoções negativas podem estar saindo do seu sistema.

Quando você curar as memórias celulares destrutivas e crenças não saudáveis que causavam seus problemas, o estresse resultante em seu corpo diminuirá. Então seu sistema neuroimunológico começará a curar a fisiologia do seu corpo. Durante esse processo, toxinas, vírus e bactérias frequentemente começarão a deixar seu corpo. Quando isso ocorrer, com frequência você se sentirá pior até a desintoxicação estar completa. Se você já seguiu um regime de desintoxicação, pode reconhecer os sintomas. Beber bastante água acelerará a capacidade do seu corpo de se livrar das toxinas.

É importante lembrar que *o que você está sentindo não é um problema — você está sentindo seus problemas serem curados!* Essa é uma das coisas mais maravilhosas que podem lhe acontecer fisiologicamente. Contudo, também pode ser desconfortável. As reações de cura mais comuns que nossos clientes relatam são dor de cabeça, fadiga e uma sensação de piora nos problemas que estão tentando curar. Isso não é uma regra, mas em geral quanto mais lixo você tem no corpo e no coração, mais lixo tem de sair. Comumente os problemas emocionais são parte das reações de cura.

As reações de cura são naturais. Tendemos a pensar na gripe como febre, arrepios, garganta inflamada etc. Isso não é de modo algum a gripe: são as reações de cura do corpo e do sistema imunológico em suas tentativas de eliminar o vírus que o ameaçam. A gripe é o vírus em si. Você não precisa ficar alarmado se experimentar uma reação de cura quando seu corpo entrar em ação para curar as imagens destrutivas e o estresse resultante em sua fisiologia.

Uma reação de cura é uma prova de que você está progredindo! Ela parará quando a limpeza estiver completa.

Devo continuar a fazer o Código se tiver uma reação de cura?

Sim. Se você tiver uma reação de cura, continue a fazer o Código, mas mude seu foco para reduzir o desconforto da reação.

É claro que se você tiver um sintoma que acredita que pode ser uma enfermidade ou lesão, deve procurar a assistência médica apropriada.

Segundo Paul Harris, Ph.D., a medicina energética é o único campo da saúde em que nunca houve um caso comprovado de dano. Essa é outra prova de que as reações que algumas pessoas experimentam são parte de uma cura maravilhosa, não sintomas de seus problemas.

Enquanto a cura ocorre, tampouco é incomum experimentar uma reação emocional bidirecional. Pode haver dias em que você acha que "isso é um milagre" ou "não me sinto bem assim há anos" e outros em que se lembra de como se sentia antes de a cura começar. Isso também é normal. Tente não se impacientar com o processo. Ele demora o quanto for necessário. Lembre-se de que provavelmente está se livrando de lixo de décadas.

Exemplo: tivemos dois clientes de meia-idade que sofriam de enxaqueca há 15 anos. A enxaqueca de um deles foi curada em uma semana e nunca mais voltou, enquanto a do outro demorou um ano para ser curada. Por que essa enorme diferença de tempo para o mesmo problema? Porque eles não tinham o mesmo problema! *Tinham apenas os mesmos sintomas.* O Código da Cura trata a fonte espiritual dos problemas, que são sempre memórias celulares destrutivas/imagens e crenças não saudáveis, e não sintomas físicos, enfermidades ou doenças. Embora esses dois homens tivessem os mesmos sintomas, as fontes de seus problemas eram imagens totalmente diferentes.

Devo parar de tomar medicações? Elas interferirão no Código da Cura?

De modo algum! Isso não deve substituir o que você está fazendo agora. Use-o como uma complementação dos outros tratamentos. O Código da Cura provou funcionar independente do que você está fazendo para resolver seu problema. Nunca descontinue medicações sem consultar um profissional da área de saúde.

Devo abandonar o tratamento médico ao fazer o Código da Cura?

De modo algum! O Código da Cura é complementar e funciona bem com tratamentos tradicionais. Acreditamos que você deve trabalhar na cura com o máximo de ângulos saudáveis possíveis. Nunca abandone ou descontinue o tratamento médico sem consultar um profissional da área de saúde.

Como saberei que está funcionando?

Você pode notar um nível mais profundo de paz e relaxamento. Notar que as coisas que costuma enfrentar deixaram de ser difíceis. Ou perceber algo mudando. O melhor modo de observar suas mudanças é manter um registro das avaliações de intensidade no Descobridor de Imagem da Memória. Quando esses números diminuírem, saberá que o Código está definitivamente funcionando.

Em quanto tempo obterei resultados?

O tempo necessário para a cura varia muito de pessoa para a pessoa. Isso ocorre porque problemas aparentemente idênticos (medo, dor de cabeça etc.) podem ser causados por muitas imagens de memórias destrutivas em pessoas diferentes, como foi mencionado no exemplo anterior sobre dores de cabeça.

E se eu for interrompido durante minha sessão?

Se você for interrompido uma vez, continue o Código de onde parou. Se for interrompido duas vezes, recomece o Código.

Quanto devo olhar para o relógio enquanto fizer meu Código?

Tente ficar em cada posição por uma quantidade igual de tempo dentro do destinado ao Código (pelo menos seis minutos). Contudo, não se distraia com um relógio. O mais importante é sua intenção de curar e como isso afeta suas imagens. Se fizer as Afirmações com Foco na Verdade, conforme foi sugerido, poderá estimar as vezes que equivalem a trinta segundos, e depois usar isso para "cronometrar" trinta segundos.

Com que intervalo devo realizar minhas sessões?

É melhor distribuir suas sessões de Código da Cura durante todo o dia. Contudo, é melhor fazer todas de uma vez do que deixar de fazer uma.

O quanto é importante manter cada posição exatamente como foi descrita?

Tente manter cada posição como foi descrita. Contudo, se você chegar perto disso, a cura ainda ocorrerá. A intenção de curar é o fato mais importante para o sucesso.

O Código funcionará em problemas com os quais não estou concentrado?

Você poderá experimentar benefícios fora da questão em que está trabalhando, porque problemas diferentes podem ser afetados pela mesma imagem.

Às vezes tenho a impressão de que há uma batalha ocorrendo dentro de mim. Por quê?

Chamamos isso de *conflito consciente*. Se algo em sua vida vai contra seu próprio sistema de crenças, mas você não tem certeza de que está pronto para abandoná-lo porque lhe dá prazer ou supre alguma necessidade em sua vida (por exemplo, comida, drogas, álcool), precisa primeiro trabalhar nessas necessidades. Muitas vezes, quando as pessoas não se curam tão rápido quanto esperam, é devido a um conflito consciente. Continuar a fazer o que você sabe que é errado se encaixa na categoria de "ações danosas" do sistema dos Códigos da Cura. (Leia mais a esse respeito no próximo capítulo.) É um dos inibidores da cura, e pode ser uma das áreas mais difíceis de curar. Contudo, a mudança ocorrerá quando você resolver as outras questões que contribuem para o problema. Para remover os bloqueios à cura criados pelas ações danosas e pelos conflitos conscientes, tudo que você precisa fazer é querer mudar, e depois começar a dar até mesmo os mínimos passos nessa direção. À medida que você for curando todas as áreas de sua vida, se tornará cada vez mais fácil escolher apenas ações saudáveis.

Eu noto que outras coisas estão mudando para melhor mesmo antes de meu problema principal desaparecer. Por quê?
Outras coisas podem mudar antes de o problema que o incomoda desaparecer porque estão relacionadas com sua questão primária. O corpo dá prioridade às necessidades que precisam ser curadas para tratar a fonte do problema, não apenas os sintomas. Se você não deixa isso acontecer, frequentemente o problema volta. A maioria dos problemas na vida de uma pessoa estão interligados, portanto, na verdade, você está trabalhando em vários ao mesmo tempo. Para curar o problema em sua fonte, outras coisas também têm de ser curadas.

Depois que eu faço o Código, parece que vejo as coisas de um modo diferente, até mesmo as que não estão sendo trabalhadas. Por quê?
Seu corpo está encontrando e curando automaticamente as imagens e crenças ligadas ao seu problema. Frequentemente pessoas nos dizem que não veem mais as coisas como viam antes de fazer o Código da Cura. Quando suas imagens mudaram, as lentes através das quais veem o mundo também mudaram.

Exemplo: lembra-se da vítima de estupro mencionada no Capítulo Cinco? Quando lhe foi perguntado como se sentia em relação ao estuprador antes de fazer os Códigos da Cura, ela respondeu: "Eu tinha vontade de pegar uma espingarda e explodir a cabeça dele!" Depois de fazer os Códigos durante vários dias, algo mudou. Ela disse que, quando pensava em seu agressor, sentia pena e compaixão do homem que a estuprara, e finalmente conseguiu perdoá-lo. Suas imagens haviam mudado e logo depois seus problemas foram curados.

Como posso explorar as experiências positivas que tive na vida?

Tente se concentrar em "imagens de amor" ao fazer seu Código. Identifique o que chamamos de Imagem de Amor pensando em uma ou mais pessoas em sua vida que o amam. Podem ser pessoas do passado ou presente, amigos e parentes — até mesmo um animal de estimação. Nós o incentivaríamos a incluir Deus ou Jesus nessa lista. Imagine-se cercado dessas pessoas em sua "lista de amor" e sendo amado por elas — o que está imaginando é a verdade. Imagine-as uma de cada vez ou como um grupo. Relaxe e desfrute a sensação do amor delas tocando em seu coração. Se você não conseguir encontrar uma Imagem de Amor, imagine-se sendo amado como gostaria de ser. Cuidado: alguns indivíduos têm imagens negativas de pessoas que deveriam tê-los amado, mas realmente não expressaram esse amor. Não inclua essas pessoas; isso pode interferir na cura. Inclua apenas aquelas cujo amor aqueça seu coração.

Os Códigos da Cura podem me prejudicar de alguma forma?

Citaremos novamente o Dr. Paul Harris, palestrante e especialista em cura alternativa conhecido internacionalmente: "Esse é o único campo da saúde em que nunca na história houve um caso comprovado de dano." Entre muitas pessoas que trabalharam com os Códigos da Cura, nunca soubemos de nenhuma que tivesse sofrido algum dano.

Isso é como...?

Embora os Códigos da Cura possam parecer similares a coisas das quais você já ouviu falar ou que já fez, é totalmente diferente. Não se baseiam em medicina chinesa, chacras ou sistemas de acupuntura. A teoria e os exercícios são apenas do sistema dos Códigos de Cura, embora os Códigos claramente trabalhem em todo o sistema energético, assim como todo o resto.

E se eu não me lembrar de uma imagem mais antiga?

Talvez você nem sempre saiba em que imagem está trabalhando, mas seu coração sempre sabe. Seu coração se conecta automaticamente com cada imagem relacionada com seu problema. Geralmente você sente a cura dessas imagens mesmo se não está consciente de quais são.

E se eu não me lembrar de nada de quando era pequeno?

Algumas pessoas têm bloqueios devido a traumas. Um trauma pode ser qualquer coisa que perturbe o coração, em qualquer idade. Às vezes uma memória surge após várias sessões do Código da Cura. Como o Código trabalha em um nível inconsciente, não é preciso que você se lembre conscientemente da imagem.

Meus pais nunca me trataram mal. Como eles podem estar relacionados com esse problema?

É ótimo você ter tido um bom relacionamento com seus pais. Contudo, a mente inconsciente nem sempre interpreta os acontecimentos do mesmo modo que a mente consciente. Por isso, para seu eu adulto, uma imagem lembrada pode não parecer muito importante, embora tivesse sido quando você tinha 5 anos. Lembre-se da história do picolé!

Como isso pode ajudar em minha dor de cabeça (ou qualquer outro problema físico)?

Se seu problema for dor de cabeça, você trabalhará na imagem que está ligada a ela em seu coração. Quando a imagem for curada, o estresse será removido do corpo e em geral você melhorará da dor de cabeça quando seu corpo funcionar do modo como foi feito para funcionar. (Lembre-se de que o Código da Cura não trabalha na dor de cabeça ou em nenhum outro problema físico — só trabalha nas imagens destrutivas.)

Isso não funciona. Minha dor de cabeça desapareceu, mas agora tenho câncer.

Lembre-se de que só estamos trabalhando em imagens. Fico feliz em saber que sua dor de cabeça desapareceu, e espero que seu câncer também seja curado em breve. Mas só estamos trabalhando nas imagens do coração. Esperamos que você esteja grato pela dor de cabeça ter desaparecido e continue a remover o estresse de seu corpo fazendo o Código. Isso deixará seu corpo livre para usar sua energia no câncer.

E se eu fizer os Códigos apenas duas vezes por dia em vez de as três que você afirma serem o ideal? Isso ainda funcionará?
Seu Código da Cura sempre funciona. Só que funciona mais devagar se você dedica menos tempo a ele.

E se eu perder um dia?
Tente não perder um dia, porque a frequência é muito importante para o processo. Se você o perder, continue no dia seguinte, e tente se concentrar em fazer o trabalho diariamente. A cura ainda ocorrerá.

E se o Código da Cura parar de funcionar?
Nossa experiência é a de que o Código está sempre funcionando. Pode haver vezes em que você não sente mudanças, ou elas não acontecem tão rápido quanto deseja. Suas sensações não equivalem à sua cura. De fato, tivemos muitos depoimentos de semanas ou meses de cura depois de o Código ter sido feito pela última vez.

E SE A CURA NÃO OCORRER?

Se depois de seguir todas as sugestões anteriores e fazer seu Código fielmente três vezes ou mais ao dia você não experimentar nenhuma cura para seu problema importante, pode se perguntar o que está acontecendo e se isso é real.

O primeiro lugar onde deve procurar uma explicação é em seu próprio coração. Você precisa ser honesto consigo mesmo e determinar se está tendo conflito consciente, como foi anteriormente descrito. Essa é a principal causa descoberta da desaceleração da cura. O conflito consciente pode envolver tudo, de ações perigosamente danosas a má alimentação. Também pode ser algo que alguém está fazendo do qual você escolhe continuar a fazer parte, como tolerar abuso em um relacionamento. A cura é desacelerada quando você cria constantemente mais imagens destrutivas e estresse que precisam ser curados.

Algum elemento de sua vida está em conflito com seus próprios valores? Todos nós temos conflito consciente. Descobrimos que se você dá até mesmo os menores passos na direção de viver aquilo que acredita ser certo, isso geralmente elimina o conflito consciente que desacelera a cura. Se você não está obtendo os resultados do Código da Cura que deseja, procure conflito consciente e trabalhe nele primeiro com o Código.

O segundo lugar onde procurar é em seu modo de praticar o Código. Você escolhe um tempo e lugar tranquilo e silencioso? Mantém sua mente concentrada em pensamentos ou imagens de coisas positivas, como uma Afirmação com Foco na Verdade ou Imagem de Amor? Completa no mínimo todo o tempo e número de repetições? Faz o Código constantemente todos os dias?

Percebemos que a maioria dos nossos depoimentos são de progresso rápido, mudanças súbitas e às vezes até mesmo resultados milagrosos em problemas físicos e emocionais. A maioria das pessoas que dedicam tempo a nos escrever faz isso porque está animada e grata pelo que lhe aconteceu tão rápido. O progresso gradual inspira muito menos e-mails, mas, por favor, note que também temos depoimentos disso.

Por que nem todos conseguem cura milagrosa? Realmente faz mais sentido perguntar por que alguém *realmente* experimenta essa cura. O Código não visa solucionar problemas físicos. Tampouco visa solucionar diretamente problemas emocionais. Só visa à cura das questões do coração descritas nos 12 problemas espirituais abordados no Descobridor de Questões do Coração (veja o próximo capítulo). Ainda ficamos impressionados com o fato de que, quando esses problemas espirituais são resolvidos, muitos problemas físicos e emocionais também são.

O exemplo dos dois pacientes com enxaqueca é um caso perfeito de diferenças na cura. A enxaqueca de um desapareceu em uma semana e a do outro demorou um ano para ser curada. A diferença foi que o segundo tinha muitas questões inconscientes e crenças erradas, todas ligadas à enxaqueca. O primeiro só tinha duas questões diretamente ligadas à enxaqueca. Os problemas físicos são um *sintoma de problemas espirituais subjacentes.*

Se você nota que a aflição que sente em relação a um problema ou uma memória é reduzida quando faz os Códigos, sabe que a cura está ocorrendo. Muitos clientes notam mudanças sutis, porém profundas, em suas atitudes em relação aos outros e à vida em geral. Sentem menos raiva no trânsito; não se aborrecem tanto com certas pessoas ou situações; dormem mais profundamente. Essas mudanças podem ser tão graduais e parecer tão normais e naturais (como de fato são) que talvez você nem se lembre bem de como as coisas costumavam ser desgastantes. A ausência de algo negativo nem sempre impressiona, a menos que algo mais o traga à mente. Note que essas mudanças sutis são encorajadoras quando você precisa ver progresso.

Um paciente nos disse: "Estou usando os Códigos da Cura há mais de dois anos. Nem todos os meus problemas foram resolvidos, mas estou experimentando cura em quase todas as áreas da minha vida: física, emocional, espiritual, amorosa e profissional. Frequentemente, quando faço um Código, logo depois me esqueço totalmente de qual era o problema que me incomodava, mesmo se o desconforto tinha sido avaliado em 9 ou 10! A cura, às vezes, é sutil, e em outras ocasiões, surpreendente, mas sempre é profunda."

Usar o Código da Cura deveria começar a resolver os problemas em sua vida, sejam físicos, de relacionamentos ou relacionados com o sucesso ou desempenho. Esperamos que sua simplicidade e seu poder lhe mostrem que o sistema de cura explicado neste livro de fato é uma realidade.

No próximo capítulo nós lhe apresentaremos uma ferramenta que o ajudará a identificar as questões do coração, desse modo melhorando muito sua experiência do Código da Cura.

CAPÍTULO ONZE

Use o Descobridor de Questões do Coração para identificar seus problemas

Como a esta altura você já sabe, muitos dos problemas que o incomodam têm sua fonte em memórias celulares e estão abaixo do nível da consciência. O Código da Cura chega a essas questões, mas funciona mais rápido se você puder identificar pelo menos alguma parte de sua questão atual.

Precisei de 16 anos e uma equipe de especialistas (Lorna Minewiser, Ph.D., e E. Thomas Costello, assim como de programadores de computador) para desenvolver o que chamo de Descobridor de Questões do Coração. Essa ferramenta é a única do gênero que chega às questões do coração que, como você já sabe, são a fonte de todos os seus problemas. Meu doutorado tinha uma ênfase em psicometria e criação de testes. Com base nesse conhecimento, minha equipe e eu criamos o Descobridor de Questões do Coração para identificar corretamente essas questões. Depois que você responder às perguntas online, receberá imediatamente um relatório personalizado de 10 a 15 páginas de suas questões. Descobrimos que todos os problemas que uma pessoa pode ter se encaixam em uma (ou mais) de 12 Categorias, delineadas a seguir, e o Descobridor de Questões do Coração lhe fornecerá resultados em cada uma delas. Depois que as explicarmos, mostraremos como utilizar o Código da Cura e o Descobridor de Questões do Coração para, daqui para frente, levar a cura para todas as áreas de sua vida.

Eis uma visão geral das 12 Categorias que o Descobridor de Questões do Coração avalia.

Primeira Categoria: Falta de perdão
Segunda Categoria: Ações danosas
Terceira Categoria: Crenças erradas
Quarta Categoria: Amor *versus* egoísmo
Quinta Categoria: Alegria *versus* tristeza/depressão
Sexta Categoria: Paz *versus* ansiedade/medo
Sétima Categoria: Paciência *versus* raiva/frustração/impaciência
Oitava Categoria: Gentileza *versus* rejeição/rudeza
Nona Categoria: Bondade *versus* não ser bom o suficiente
Décima Categoria: Confiança *versus* controle
Décima Primeira Categoria: Humildade *versus* orgulho/arrogância/controle da imagem não saudáveis
Décima Segunda Categoria: Autocontrole *versus* descontrole

Vamos examinar brevemente essas categorias e por que são tão cruciais para a cura de problemas em sua fonte.

OS TRÊS INIBIDORES

Chamamos as três primeiras categorias do sistema dos Códigos da Cura de inibidores. Usamos o termo "inibidor" porque inibem a vida, a saúde e a prosperidade. Portanto, para que ocorra uma cura completa e permanente, devem ser eliminados. Isso é importante, e talvez nenhum de nós consiga fazê-lo totalmente. Tudo bem. Uns 90% já serão suficientes.

PRIMEIRA CATEGORIA: FALTA DE PERDÃO

Durante anos, dei palestras ao redor do mundo dizendo que nunca vi um problema de saúde grave em que não houvesse um problema de falta de perdão. Anos depois, conheci o Dr. Ben, que dera palestras em todo o mundo dizendo que nunca tinha visto um paciente com câncer que não tivesse um problema de falta de perdão!

A falta de perdão é a primeira categoria, porque pode muito bem ser a mais crítica. No Pai-Nosso, o perdão é o único tema de que Jesus trata duas vezes. Segundo nossa experiência, qualquer pessoa que tenha um problema em qualquer uma das outras 11 categorias quase sempre tem um problema relacionado à falta de perdão. Contudo, muitas vezes essas pessoas dizem que não o têm, já trabalharam nele, lidaram com ele anos atrás em terapia ou de algum modo o deixaram para trás.

A falta de perdão frequentemente se revela em alguma forma de raiva ou irritação, ou em não querer estar perto de certa pessoa. Não importa que nome você dê, isso pode matá-lo.

Muitas pessoas que têm consciência de sua falta de perdão não querem perdoar porque acham que isso seria livrar o perpetrador do crime cometido. Essas pessoas interpretam o perdão de forma totalmente errada. Perdão é interesse próprio iluminado. Livra-me *a mim* do perpetrador. Enquanto me recuso a perdoá-lo, continuo preso a ele, e quanto mais esse processo durar, mais perto chegarei de ser arrastado para o abismo com ele. Frequentemente a pessoa que me recuso a perdoar não está sofrendo nem um pouco com isso. Não está dando a mínima para isso. Nesse caso, é impossível a falta de perdão estar prejudicando alguém além de mim mesmo. Muitas vezes a coisa mais amorosa que posso fazer por minha família, meus filhos, amigos ou vizinhos é perdoar alguém e livrar essa pessoa do meu julgamento dos erros que percebo nela.

Tendo dito tudo isso, muitas pessoas realmente tentam perdoar durante décadas, mas não conseguem. Garanto-lhe que minha cliente que foi estuprada experimentou absolutamente tudo que conhecia para tentar perdoar seu estuprador. Ela sabia conscientemente que sua falta de perdão a estava matando e arruinando sua vida. Estava morrendo, e o cheiro da morte era absorvido por tudo e todos ao seu redor. Apesar de suas boas intenções, três anos depois ela só piorava, e sua falta de perdão se transformara em um monte de raiva e medo. Menos de dez dias depois de tratar seu problema de falta de perdão com os Códigos da Cura, rompeu as amarras que a ligavam ao estuprador e ao estupro.

SEGUNDA CATEGORIA: AÇÕES DANOSAS

Os comportamentos destrutivos talvez sejam a maior categoria com a qual se ocupa o mundo da autoajuda, aconselhamento e terapia todos os anos. Incluem problemas de peso, dieta e exercícios, e todos os vícios. Como os comportamentos são um resultado de questões do coração (lembre-se do Sétimo Segredo: "Quando o coração e a cabeça estão em conflito, o coração vence."), são "sinais de aviso" que ajudam muito a determinar onde temos problemas que precisam ser resolvidos.

Uma coisa interessante sobre os comportamentos é que muitos não são certos ou errados. É *por que* algo é feito, não apenas *o que* é feito, que pode torná-lo prejudicial. Por exemplo, estou escrevendo isto no dia do meu aniversário, decidido a tomar um milk-shake de chocolate feito em casa com muito chantilly, sorvete de baunilha e o melhor chocolate que eu puder encontrar. Mal consigo esperar e posso saboreá-lo bem agora, enquanto escrevo. Então, é um comportamento destrutivo querer tomar um milk-shake no meu aniversário? Absolutamente. Esse é um momento para celebrar e me soltar um pouco! Na verdade, provavelmente seria mais estressante para mim, seguir minha dieta no dia do meu aniversário enquanto todas as minhas memórias celulares são de muitos anos de bolo e sorvete. O outro lado dessa moeda é se eu estiver tomando um milk-shake de chocolate por um motivo destrutivo. Digamos que tive um dia ruim no trabalho e quis afogar minhas mágoas nas profundezas decadentes de um milk-shake de chocolate. Ou talvez eu tome milk-shake de chocolate todos os dias, embora saiba que isso pode me fazer mal ao ponto de me tirar da minha família em uma idade muito jovem. O mesmo comportamento, tido uma vez pelos motivos certos, e outras vezes pelos motivos errados. Em outras palavras, o mesmo comportamento pode ser saudável ou destrutivo.

É claro que há vários comportamentos que sempre serão errados, como estuprar, abusar de crianças ou roubar. Até mesmo esses comportamentos nunca são a fonte dos problemas de uma pessoa, sempre são um sintoma de memórias celulares destrutivas. Então, por que tratar deles? Por que não apenas concentrar-se nas memórias ocultas? É exatamente isso que lhe pediremos para fazer nesta categoria. Saber que estou tendo comportamentos destrutivos pode ser uma luz em meu painel avisando que há memórias celulares que precisam ser tratadas e curadas.

Todos os comportamentos destrutivos se encaixam em uma de duas categorias: autoproteção ou autogratificação. Quando Tracey ficou deprimida durante os 12 primeiros anos do nosso casamento, apresentou as duas. Na verdade, estávamos rindo disso hoje em meu almoço de aniversário. Tracey preparava biscoitos de chocolate (os melhores que você poderia comer em sua vida — todos acham isso!) e depois se trancava no quarto e se escondia debaixo das cobertas para comê-los. Os biscoitos de chocolate são um bom exemplo de comportamento de autogratificação, enquanto se trancar no quarto seria autoproteção. Esses são exemplos bastante óbvios. Muitos outros não são tão fáceis de identificar. De fato, muitos comportamentos que as pessoas acreditam ser saudáveis na verdade são motivados por memórias celulares destrutivas inconscientes.

Chamamos de autogratificação e autoproteção os dois estilos de reação de ações danosas. Mas a que são essas reações? A maioria das pessoas acharia que são às suas circunstâncias atuais — dificuldades financeiras, atritos em relacionamentos, frustração profissional. Embora tudo isso possa contribuir para o estresse em nossa vida, não são a causa primária. A reação destrutiva é uma resposta a uma memória celular reativada que contém uma mentira sobre sua vida. No caso de Tracey e sua depressão, as mentiras eram aquelas comuns em que muitas pessoas acreditam sem perceber: "não sou bom o suficiente", "as pessoas me magoarão", "minha vida está perdida", "todos são melhores do que eu", "não posso confiar em ninguém", "minha única esperança de sanidade é controlar perfeitamente minhas circunstâncias". Tracey concluiu que o melhor que podia fazer era se proteger se escondendo em seu quarto enquanto se consolava com os biscoitos de chocolate.

Se você tem comportamentos destrutivos, pode ser uma das pessoas que acreditam em mentiras parecidas, mas não se desespere. Achamos que tem a solução em suas mãos.

TERCEIRA CATEGORIA: CRENÇAS ERRADAS

Como já discutimos, a pesquisa do Dr. Bruce Lipton na Stanford University Medical School mostrou que em 100% das vezes o que nos adoece é o estresse causado por uma crença errada em relação a nós mesmos, nossa vida ou de outras pessoas. Essas crenças nos fazem ter medo quando não deveríamos ter, e o estresse e a enfermidade são simplesmente medo que se tornou físico.

Você pode resolver muito bem qualquer problema pelo resto da vida usando apenas o Código da Cura e tratando de suas crenças erradas. Essas crenças são os tumores dentro de nossas memórias celulares que espalham enfermidade por toda a nossa vida. São estações de rádio constantemente fazendo propaganda sobre nós mesmos em nossos ouvidos. Após anos ouvindo essas mentiras sem nenhum modo de mudar de canal, começamos a acreditar nelas e a agir de acordo com o que dizem.

Sempre fazemos aquilo em que acreditamos. E tudo que fazemos é devido a algo em que acreditamos. Se suas crenças forem certas, seus sentimentos, pensamentos e comportamentos serão saudáveis. Se você está fazendo, pensando ou sentindo algo que não quer, sempre é devido a algo em que acredita. Se mudar suas crenças, seus pensamentos, sentimentos e atos mudarão automaticamente. Isso parece fácil... onde está a dificuldade? Como discutimos no Quinto Segredo, as crenças que mais precisam ser mudadas são protegidas contra correções pela mente inconsciente, porque servem como um sinal de emergência para ajudar a impedir que coisas ruins aconteçam novamente. É por isso que as pessoas tentam a vida inteira mudar suas crenças, mas poucas conseguem. Esse tipo de mudança é a essência do termo popular nos últimos trinta anos: "romper o círculo".

Lembro-me de uma cliente que começou a fazer os Códigos da Cura para um problema físico. Logo depois de iniciar o processo, ela me telefonou muito animada e disse: "Aconteceu uma coisa e preciso saber se é normal." Quando perguntei o que era, disse: "Minhas crenças estão mudando." Perguntei se isso era bom ou ruim, e ela respondeu: "Nem uma coisa, nem outra... é maravilhoso." Então me contou tudo que havia feito, com resultados limitados, para tentar romper esse círculo de crenças em sua vida. Ao fazer os Códigos, havia se concentrado apenas em um problema físico porque não acreditava que essas crenças poderiam mudar. Sem nem mesmo trabalhar conscientemente em suas crenças, elas foram curadas com os Códigos em um período muito curto. Ouvimos histórias como essa toda semana.

O SISTEMA DE CURA CENTRAL

A Quarta Categoria é o início do que chamamos de "Sistema de Cura Central". Assim como as três Categorias de Inibidores foram criadas para remover o lixo de nossas vidas, as nove Categorias Centrais se destinam a plantar as sementes que se transformarão em vida, saúde e prosperidade. Uma casa saudável não é determinada apenas pela ausência de lixo, pó ou desordem. É definida pela vida que há dentro. A alegria que a permeia. A paz que a torna realmente um lugar de repouso. A gentileza que faz todos que entram nela se sentirem importantes e à vontade. Em outras palavras, um lugar de amor que transforma os corações daqueles que vivem nele ou que o visitam.

Cada uma das Categorias Centrais trabalha em uma virtude que precisa ser plantada, um oposto destrutivo que precisa ser mudado e emoções negativas e crenças erradas que indicam onde a pessoa está no *continuum* entre a virtude e o que quer que a esteja bloqueando.

Também há um sistema no corpo incluído em cada categoria central. Não por coincidência, há nove sistemas físicos principais. Cada órgão, glândula e osso pertence a um deles. O Sistema de Cura Central tem sido uma importante descoberta para a maioria de nossos clientes desde os primórdios dos Códigos da Cura. É uma correlação dos problemas físicos e não físicos que tendem a ocorrer juntos. Isso significa que se você tem uma emoção negativa, mas não consegue identificar nenhum problema físico relacionado, pode ir para a Categoria Central que contém essa emoção negativa e descobrir os sistemas do corpo e órgãos que tenderão a ser mais afetados por ela. De modo inverso, se a única coisa que você sabe é que seu quiroprático diz que você tem um problema com suas glândulas suprarrenais, pode ir para a Categoria das glândulas suprarrenais e descobrir que crenças erradas tendem a estar influindo em sua vida de um modo não saudável.

Incontáveis pessoas nos escrevem e telefonam para dizer que nunca haviam ligado um determinado sintoma físico a um problema não físico particular. Elas dizem que entender como o problema se desenvolveu contribuiu de modo incalculável para sua cura e paz de espírito. Muitas dessas mesmas pessoas nos falaram que muitos médicos, terapeutas alternativos e outros profissionais confirmaram que elas tinham um problema físico em certa área que ainda não se manifestara ao ponto de ser notado. Elas descobriram isso através da correlação do Sistema do Código da Cura. Por exemplo, um cliente com autoestima baixa aprendeu com os Códigos da Cura que autoestima baixa tende a se manifestar em problemas glandulares e hormonais. Embora o cliente não tivesse nenhum sintoma nessa área, a fez ser examinada, sabendo que o estresse da autoestima baixa operara nele durante décadas. O diagnóstico precoce dos problemas glandulares e hormonais feito pelo seu médico tornou os problemas muito mais fáceis de serem curados do que se só tivessem sido tratados quando diagnosticados.

QUARTA CATEGORIA: AMOR *VERSUS* EGOÍSMO

O amor é a virtude da qual todas as outras fluem. Os Beatles tinham razão: "Tudo que você precisa é de amor." Perguntaram a Jesus: "Há alguma coisa que é mais importante?" A resposta dele foi, em resumo: "Sem dúvida. O amor." De fato, ele foi além da pergunta e disse: "Se tu amas, fizeste tudo." Se você tem bastante amor, dentro e fora, em geral todo o resto está bem. Se você obtém amor, dentro e fora, em geral tudo se resolve muito rapidamente.

Antes de irmos mais longe, como o amor é a virtude mais importante, vamos nos certificar de que concordamos sobre o que é o amor. Isso é particularmente importante porque parece que a palavra é usada para tudo. "Eu amo chocolate", "Eu amo estas calças", "Eu amo futebol" e assim por diante. Com frequência a palavra "amor" é usada de um modo que na verdade descreve o oposto do amor, que é o egoísmo. O amor, o verdadeiro amor, é ir além da minha própria necessidade ou vontade ao ponto de fazer o que é melhor para outras pessoas e para mim mesmo. Se a opção for minha própria necessidade ou vontade, ou o bem de outra pessoa, o amor escolherá a outra pessoa. Essa é uma das coisas mais importantes que nos separa dos animais, que agem por instinto.

"Amor" significa escolher sofrimento. Se você já amou de verdade, não tem nenhuma dúvida de que amor é sofrimento. Se eu tivesse me divorciado de Tracey na primeira vez em que não senti amor por ela, teríamos nos divorciado antes mesmo de sairmos da igreja. Devo ter ouvido "mais uma foto", quarenta vezes, e meu rosto estava quase rachando de sorrir e eu estava morrendo de vontade de comer um pedaço de bolo. Mas o amor supera o sofrimento e escolhe fazer o melhor em todas as circunstâncias. Isso não significa que nunca tenho minhas necessidades satisfeitas. De modo algum. Para mim, seria muito difícil, se não impossível, amar os outros sem amar a mim mesmo. O problema é que quase sempre estamos obcecados por nós mesmos ou tão sujeitos às nossas memórias destrutivas que frequentemente nem mesmo vemos as oportunidades de demonstrar amor por outras pessoas.

O amor também não é sexo. Digo isso porque essa pode ser a ideia mais errada em nossa sociedade. Sexo não é *fazer* amor. Sexo deve ser uma celebração do amor. Lembro-me da velha frase que muitos rapazes do ensino médio, cujos hormônios clamavam por sexo, diziam para suas namoradas frequentemente ingênuas: "Se você realmente me amasse, faria..." Se eles realmente a amassem, nunca diriam isso. Embora esse exemplo de sexo adolescente seja divertidamente óbvio para a maioria dos adultos, com frequência temos a mesma motivação em comportamentos diferentes. Vícios em televisão, internet, esportes ou até mesmo bons livros podem se tornar substitutos para o amor que nos obcecam e afastam dos relacionamentos amorosos e íntimos que fomos criados para ter.

Por outro lado, a falta de amor é a origem de praticamente todos os problemas que podemos ter. O sistema físico para a Categoria do Amor é o glandular/hormonal ou endócrino. Assim como todas as outras virtudes fluem do amor e todas as coisas negativas fluem do egoísmo, o sistema endócrino é parte vital de todas as doenças ou enfermidades conhecidas. Você poderia dizer que essa é a categoria mais importante, embora tenhamos feito essa mesma afirmação sobre a falta de perdão. Há um forte argumento para isso, porque a falta de perdão resulta de egoísmo ou falta de amor. Na verdade, a falta de perdão é um dos componentes secundários da Categoria do Amor.

Fazer o Código da Cura nessa categoria curará o amor, o egoísmo e problemas endócrinos. Apesar de já termos dito isso várias vezes, é importante repetir: o Código da Cura não trata de nenhuma enfermidade ou doença física, embora tenhamos acabado de mencionar o sistema endócrino. O foco do Código é sempre na memória celular, na crença errada ou no sentimento negativo.

QUINTA CATEGORIA: ALEGRIA *VERSUS* TRISTEZA/ DEPRESSÃO

Frequentemente a alegria é a categoria mais fácil de usar para determinar se alguém está lidando com questões do coração destrutivas ou não. A alegria é uma daquelas coisas que é mais fingida na vida moderna. Todos querem que as pessoas pensem que estão se saindo bem, por isso "fazemos cara de felizes".

Contudo, a presença ou ausência da verdadeira alegria é um ótimo indicador de onde a pessoa está em sua mente inconsciente. A alegria é uma das primeiras coisas que desaparece quando problemas se manifestam. Muitas pessoas confundem a verdadeira alegria com felicidade, mas, segundo nossa experiência, a felicidade se baseia em nossas circunstâncias. Se as coisas vão bem, eu me sinto bem. Se as coisas vão mal ou não correspondem às minhas expectativas, fico deprimido (outro termo técnico).

A alegria, por outro lado, é uma flor rara. Floresce apesar das circunstâncias. Uma das minhas coisas favoritas é andar pela rua e ver a única flor se abrindo em uma rachadura no concreto. Tenho vontade de parar, aplaudir e dizer: "Vá em frente querida!" Isso é uma verdadeira alegria. É o espírito invencível que reconhecemos em gigantes como Madre Teresa e Viktor Frankl, que passaram pelo inferno na Terra e saíram do outro lado não só intactos, como ainda melhores por isso. A verdadeira alegria floresce no solo do amor. Onde há amor, há alegria. Uma ausência de amor está sempre relacionada com uma falta de alegria.

O sistema físico relacionado com a Categoria da Alegria é a pele (sistema tegumentar), que é o maior órgão do corpo. Em meus anos de aconselhamento e terapia, raramente me lembro de um cliente deprimido que não tivesse algum tipo de problema de pele. Sei que isso era definitivamente verdade em relação a Tracey, que reclamava regularmente de problemas de pele e tinha constantemente calombos nos braços quando estava deprimida. Depois de me associar ao Dr. Ben, achei fascinante ouvi-lo dizer em suas palestras que nunca tinha encontrado um paciente deprimido que não tivesse algum tipo de problema dermatológico.

A tristeza e a depressão estão enraizadas em memórias celulares cuja crença negativa é que não há esperança na vida devido a algo que aconteceu no passado.

SEXTA CATEGORIA: PAZ *VERSUS* ANSIEDADE/MEDO

A paz é o melhor indicador da saúde do coração (mente/consciência/espírito). Por quê? Porque é a única das nove Categorias Centrais que você não pode tentar aumentar através de esforço. É o resultado natural de um coração amoroso. Você pode intencionalmente ser mais feliz, paciente, confiante, gentil ou ter mais autocontrole, seja nesse ponto que seu coração está ou não. Por que o faria? Porque essas coisas são socialmente aceitáveis na maioria das culturas. Embora em geral seja bom cultivá-las, isso ainda pode ser feito com uma motivação egoísta. A paz, por outro lado, não pode ser aumentada dessas maneiras. É um indicador constante e previsível de quem você realmente é. Você pode escolher agir de muitas maneiras diferentes, mas é difícil, se não impossível, determinar a presença ou a ausência da paz por motivos egoístas.

A paz é perturbada pelo medo, e o medo é o pai de todos os sentimentos negativos. Tristeza, impaciência, dificuldade em confiar nos outros, comportamentos contraproducentes, submissão aos desejos, tudo se origina do medo. O medo é uma reação à dor. Embora todos nós experimentemos dor, alguns escolhem o amor e outros cedem ao medo. É claro que o motivo de nossas escolhas se encontra, como tudo mais, no coração. Lembre-se que quando o coração e a cabeça estão em conflito, o coração vence. Mesmo se sua escolha consciente e racional for o amor, se sua motivação inconsciente for o medo, o medo vencerá e roubará sua paz.

Eu (Ben) me lembro de ter visto um adesivo no para-choque traseiro de um carro que dizia: "Se você comprou, um caminhão trouxe." Se você tem uma emoção negativa, foi trazida pelo medo e, não por coincidência, se tem uma doença física, ela veio através do sistema da Categoria da Paz — o sistema gastrointestinal. Na primeira vez em que eu (Alex) ouvi Ben dar uma palestra sobre o sistema gastrointestinal, tive tantos insights que quase gritei. Eu não sabia que praticamente todas as enfermidades e doenças se originam de algum modo no sistema gastrointestinal. Entendendo isso, faz total sentido que o medo cause problemas nesse sistema, porque o medo também é o que causa todas as outras emoções e crenças negativas. Esperamos que você esteja percebendo por que tantas pessoas têm sido tão impactadas apenas pelo entendimento da correlação entre seus problemas de saúde físicos e não físicos.

Para evitar confusão, vamos nos lembrar da Categoria do Amor, porque dissemos que todas as enfermidades ou doenças conhecidas pelo homem estão relacionadas ao sistema endócrino. Isso não está em desacordo com o que acabamos de dizer sobre o sistema gastrointestinal. Está em perfeita harmonia. O sistema endócrino é o primeiro sistema do corpo a ser afetado pelas memórias celulares, e tende a impactar primeiro o sistema gastrointestinal. A partir daí, quase todos os problemas imagináveis podem se desenvolver baseados no elo físico mais fraco.

Não queremos deixar esta categoria sem reforçar mais uma vez o quanto essa correlação é surpreendente e crucial. Em última análise, o amor é a fonte de toda a saúde, e o sistema endócrino correspondente é a primeira peça no dominó dos problemas de saúde. Se essa primeira peça nunca for derrubada, dificilmente qualquer enfermidade ou doença se instalará no corpo. Do mesmo modo, o egoísmo, o oposto do amor, é o que nos faz escolher o medo em vez do amor. Quando o medo é escolhido, sentimentos, padrões de pensamento e comportamentos negativos encontram uma porta aberta para sabotar a vida com que sonhamos.

Nunca é demais dizer o quanto a luz de aviso de paz/ansiedade é importante para determinar quando uma questão do coração está sendo reativada. Ainda mais importante do que a Categoria da Alegria, a verdadeira paz é resistente a condições circunstanciais.

Como isso pode ser usado na prática? Para cada questão com que você estiver lidando, pense em diferentes variáveis, aspectos e linhas de ação, e monitore seu nível de paz ao imaginar as várias possibilidades. Frequentemente a melhor linha de ação é aquela em que você experimenta maior paz.

Infelizmente, muitas pessoas confundem a verdadeira paz com ceder ao medo. Digamos que durante a maior parte da minha vida senti-me compelido a seguir uma determinada carreira, mas por vários motivos nunca agi de acordo com isso. Meus motivos poderiam incluir finanças, relacionamentos ou talvez problemas de saúde. Agora, enquanto estou sentado aqui lendo este livro, decido testar essa linha de ação com meu "Indicador da Paz". Quando penso em de fato fazer o que sonhei durante toda a minha vida, sinto medo imediatamente, e quando paro de pensar a esse respeito, sinto-me melhor. Isso pode me levar a confundir o alívio que sinto (em ter meu medo diminuído porque mudei o foco dos meus pensamentos) com verdadeira paz. É bem possível que o motivo de eu sentir medo quando penso em fazer o que sempre sonhei seja que tenho coisas inúteis no meu coração me dizendo "isso não vai dar certo para mim", "não sou bom o suficiente" ou "outras pessoas podem ser bem-sucedidas, mas eu, não".

É assim que as memórias celulares destrutivas podem ditar nossa vida, por isso é importante entender a diferença. O que preciso fazer é trabalhar nessa questão do medo com o Código da Cura e depois testá-lo usando o "Indicador da Paz". O medo que senti ao pensar em realizar meu sonho é uma prova de que tenho algo para curar. A falta de medo não é uma parte do "Indicador da Paz"; o que você deve sentir é *a presença da paz*.

Explicando melhor, se o "Indicador da Paz" descobrir paz, é fácil — geralmente significa "vá em frente". Se o indicador disser "não", em geral o que está sendo experimentado não é medo, raiva ou tristeza, mas algo que as pessoas costumam descrever como "simplesmente não me sinto em paz em relação a isso". Se você lhes perguntar: "Você sentiu medo, raiva ou tristeza?" a resposta será: "Não, só não me senti em paz em relação a isso" — o que é diferente de sentir fortes emoções negativas. Quando você consegue senti-las, quase sempre é um indicador de que há questões do coração relacionadas a esse problema que precisam ser resolvidas.

SÉTIMA CATEGORIA: PACIÊNCIA *VERSUS* RAIVA/FRUSTRAÇÃO/IMPACIÊNCIA

É bem possível que a paciência seja uma das questões e categorias mais subestimadas. Por alguma razão, tentamos pôr a impaciência em uma categoria totalmente diferente de outras emoções e sentimentos negativos.

Contudo, a impaciência pode ser absolutamente enorme na vida de uma pessoa. Isso prova que não estamos satisfeitos, não estamos contentes. Quase sempre é um indicador de que estamos nos comparando com outras pessoas, o que sempre nos coloca no caminho errado. A comparação nos faz ter sentimentos de inferioridade ou superioridade. Ambos são terríveis e podem levar não só a estresse como também a todos os problemas de saúde possíveis. Sentimentos de irritação, frustração, raiva ou insegurança são indicadores de que esse é seu problema. A prova da natureza fundamental dessa categoria é encontrada em seu sistema físico, que é o sistema imunológico.

A primeira das três "Coisas" no início deste livro é que há uma coisa no planeta Terra que pode resolver praticamente todos os seus problemas: seus sistemas imunológico e de cura. Descobrimos que esses sistemas são mais diretamente desligados pela raiva e por suas muitas afiliadas, e por uma crença não saudável em que "algo tem de mudar para eu ficar bem". Surpreendentemente, quando as memórias celulares relacionadas à raiva, à comparação e ao descontentamento desaparecem, as doenças físicas tendem a ser drasticamente curadas. Isso acontece devido ao religamento do sistema imunológico.

Na próxima vez em que você se sentir impaciente, correlacione isso com o fato de que, naquele exato momento, pode estar desligando seu sistema imunológico e se tornando suscetível a enfermidades e doenças. Uma grande amiga minha que está aqui agora me ajudando acabou de levantar uma ótima questão: "Espere um pouco. Pensei que fosse o medo que ativasse a reação de estresse de luta ou fuga que desliga o sistema imunológico." Ela está totalmente certa. Então, como essas duas coisas podem andar de mãos dadas?

Todas as emoções e todos os sentimentos negativos, inclusive a impaciência e a raiva, se originam do medo. A raiva parece ser o indicador de que o medo foi forte o bastante para desligar o sistema imunológico. Você não pode acabar com as memórias celulares de raiva sem também tratar do medo. Mas não tem de fazer isso conscientemente. O Código da Cura o fará automaticamente. Quando uma pessoa trata de sua impaciência ou questões de raiva, o que notamos é que o sistema imunológico tende a se religar de um modo mais drástico do que quando outras questões são tratadas.

Este também é um bom momento para acrescentar que todas essas correlações são meramente tendências, e que vemos exceções regularmente. Talvez você nunca veja uma correlação entre questões físicas e emocionais em uma categoria particular. Independente de quais sejam suas questões e correlações, se trabalhar primeiro em todas as 12 Categorias, uma por dia, e depois se concentrar nas categorias e questões que o incomodam mais (conforme indicado pelo Descobridor de Questões do Coração), tenderá a se curar de um modo constante e previsível. Em outras palavras, há algo no mecanismo do Código da Cura que cura o que precisa ser curado sem que tenhamos de equacionar tudo isso. Que alívio!

OITAVA CATEGORIA: GENTILEZA *VERSUS* REJEIÇÃO/RUDEZA

A Categoria da Gentileza pode ser a mais crítica para muitas pessoas, principalmente as que sofreram uma dor não física profunda na vida. Uma pessoa egoísta — que reage ao medo em vez de escolher o amor — tende a rejeitar os outros e ser rude devido à sua própria dor e sentimentos de rejeição. A rejeição é a coisa mais devastadora que alguém pode experimentar na vida. É a origem de quase todos os problemas de amor (sentir-se aceito, amado e digno) que podemos ter.

Então, não admira que o sistema físico mais afetado pela rejeição seja o sistema nervoso central. Enquanto nossas memórias celulares parecem ser o mecanismo de controle da cura de todas as células do corpo (veja o Terceiro Segredo), o sistema nervoso central teria de ser considerado o mecanismo de controle de quase todas as outras funções. Os milhões de sinais que coordenam as atividades e os movimentos do corpo consciente e inconscientemente são controlados pelo sistema nervoso central. O núcleo desse sistema é composto por duas das partes mais importantes do corpo: o cérebro e a medula espinhal. A gravidade da rejeição se torna clara quando entendemos que o sistema mais danificado por ela é o principal sistema de controle do corpo. Muitas pessoas acreditam que o estado do corpo acompanha o estado do sistema nervoso. Portanto, as coisas que curam mais diretamente o sistema nervoso central são simples atos de gentileza.

Quando reflito sobre isso, vejo facilmente a grande verdade nessa associação. As pessoas que foram mais gentis comigo são aquelas em que penso quando lembro de quem mais amei e de quem mais me amou. Embora algumas dessas pessoas só tivessem feito parte da minha vida por alguns minutos, tiveram um impacto enorme em meu coração.

NONA CATEGORIA: BONDADE *VERSUS* NÃO SER BOM O SUFICIENTE

A Categoria da Bondade é a mais problemática para várias pessoas, especialmente as que experimentaram abuso emocional, perfeccionismo ou religião legalista. Culpa, vergonha e medo são problemas enormes aqui. Esse sempre foi um grande problema na minha vida, porque fui criado em um lar amoroso, mas numa religião um tanto legalista. Demorei décadas para me recuperar de minha educação religiosa.

Lembro-me claramente de um sermão de um velho pregador do Evangelho numa tenda. Eu tinha 12 anos e o sermão era sobre inferno, fogo e enxofre. Em um determinado momento do sermão o pregador bateu com os punhos durante três a quatro minutos no pódio (que ressoou devido às suas conexões com o microfone), com uma expressão carrancuda, enquanto repetia duas palavras: "Sem esperança. Sem esperança. Sem esperança. Sem esperança. Sem esperança." Sempre que seu punho batia no pódio e aquelas palavras tocavam meu coração, eu afundava um pouco mais em minha cadeira. Quando o culto terminou e fomos embora, eu mal podia caminhar. Tive uma sensação física que acho que nunca mais voltei a sentir em minha vida. O único modo como consigo descrevê-la é que foi como se eu tivesse de ir urgentemente ao banheiro, mas na verdade não tinha. Quando entramos no carro, coloquei imediatamente meu cinto de segurança e pedi ao meu pai para, por favor, dirigir com cuidado. Isso foi no tempo em que ninguém usava cinto de segurança. De fato, meus pais me olharam como se eu estivesse louco.

Fui assombrado pela imagem da fornalha ardente durante dias, até finalmente não conseguir mais suportar aquilo e, por medo, pedir a Jesus para entrar em meu coração. Acredite ou não, esse foi um sermão famoso que anos depois encontrei em um disco. Ainda o tenho até hoje. Durante décadas depois disso, sempre que eu fazia algo que considerava pecaminoso ou errado, sentia uma enorme onda de culpa, medo e vergonha caindo sobre mim. Não ligava isso ao sermão "Sem esperança". Simplesmente achava que eu era mau e não cumpria as exigências. Isso se traduziu em meu relacionamento com Deus, com meus amigos, com meus professores e, mais tarde, com garotas. Culpa, medo e vergonha podem ser absolutamente devastadores.

Além da perturbação emocional, esses sentimentos colocam nosso corpo em um tremendo estresse. Um grupo enorme de pessoas cujos problemas estão nessa categoria são perfeccionistas. Essa é uma categoria enganadora, pois muitas pessoas que lidam com o perfeccionismo acham que isso é uma qualidade boa e admirável, de certo modo parecido com ser um workaholic. Os workaholics são frequentemente elogiados por seu trabalho duro, portanto, pode ser difícil ver que isso realmente não é saudável.

O perfeccionismo de Tracey sempre exigiu que ela fosse perfeita, ou quase perfeita, para ser amada. Enquanto crescia, ela obtinha elogios, afeto e aceitação quando fazia algo certo, mas frequentemente recebia duras críticas ou punição quando ficava aquém das expectativas — às vezes apenas um pouquinho aquém. Então, dali em diante Tracey passou a associar ser amada a ser "certa". O problema óbvio disso é que até mesmo o melhor de nós pode errar e ficar confuso com bastante frequência. Se a autoestima de Tracey é destruída sempre que ela erra, mesmo se antes acertou vinte vezes, ela está em desequilíbrio. Isso foi uma parte importante da depressão de Tracey. Depois de algumas décadas tentando ser perfeita, ela nunca conseguiu realmente sê-lo (embora tivesse chegado perto). Isso finalmente se transformou em desespero e desesperança e, surpreendentemente, na crença em que era má. Por que surpreendentemente?

Alguns anos atrás Tracey e eu contamos um para o outro nossos maiores pecados e transgressões. Enquanto eu desfiei minha longa lista durante horas, Tracey me contou envergonhada seu maior pecado de todos os tempos. Quando era pequena, foi com o pai à loja de ferragens, e quando estavam fechando a conta Tracey viu aquelas pequenas sacolas onde são colocados pregos e imediatamente pensou que uma delas seria perfeita para guardar alguns acessórios da sua boneca Barbie. Ela (a pequena transgressora) pegou uma sacola e escondeu sob o casaco. Quando Tracey e o pai chegaram ao carro, ela se sentiu terrivelmente culpada e contou tudo ao pai, e depois voltou à loja e devolveu a sacola.

É isso aí. Esse é o grande, enorme, gigantesco, monstruoso "isso é tão ruim que nem sei se vou conseguir contar para você" da vida da minha mulher. Como uma pessoa tão pura e inocente pôde se sentir tão mal, culpada e indigna de amor durante toda a vida? Isso ocorreu porque seu coração lhe disse que ela era. Essa era a programação do seu coração. Veja bem, as mensagens do coração, com frequência, nem mesmo parecem ser verdade. Ainda assim acreditamos nessas mensagens, sentimos e agimos de acordo com elas.

O sistema físico para a Categoria da Bondade é o sistema respiratório. Quando alguém experimenta medo, culpa e vergonha, a reação física mais comum é dificuldade em respirar. Nem sei dizer quantos clientes tive que, como viviam nessa categoria, me disseram em algum momento: "Não consigo respirar, simplesmente não consigo respirar profundamente, por que não consigo? Espere apenas um minuto, não consigo respirar."

Uma cliente minha que estava fazendo os Códigos e se curando de câncer de mama tem um depoimento notável a esse respeito. Durante anos ela não havia conseguido respirar profundamente, embora cuidasse muito de sua saúde e nutrição. Ela tinha lido livros, experimentado exercícios especiais, dietas alternadas... tudo em que pôde pensar, porque sabia que a respiração profunda é crítica para a saúde e a respiração rasa, com o passar do tempo, pode ser perigosa. Apesar de todas as suas tentativas, não houve melhora. De fato, alguns anos após o início dos problemas respiratórios, ela recebeu o diagnóstico de câncer de mama.

Essa cliente começou a fazer os Códigos da Cura tratando do que sabia que era o maior problema em sua vida, que estava na Categoria da Bondade. Ela estava trabalhando nesse problema pela segunda vez quando sentiu que se curara totalmente dele. No instante em que sentiu a cura, respirou longa e profundamente, de um modo espontâneo. Nem mesmo tentou fazer isso. Seu corpo o fez involuntariamente. Desde então ela respira profundamente sem nenhum problema. Quando isso ocorreu, ficou tão animada que literalmente dançou pela casa.

Seu marido estava fora do país, mas ela ligou para o telefone celular dele. Quando ele atendeu, minha cliente disse: "Ei, ouça isto!", e respirou profundamente ao telefone. Não disse "Oi, como vai você?", apenas respirou profundamente. Ele também ficou animado, e disse repetidamente: "É você mesmo? É você mesmo? Como fez isso? Isso é incrível!" Ela disse publicamente em um programa de rádio que foi nesse momento que seu câncer começou a ser curado.

DÉCIMA CATEGORIA: CONFIANÇA *VERSUS* CONTROLE

Falaram-me sobre um estudo que me fascinou. Alguma mente brilhante decidiu examinar a vida de pessoas que realmente mudaram o mundo através dos tempos. Jesus, Gandhi, Madre Teresa, Abraham Lincoln e várias outras foram analisadas em busca de um ponto em comum. O autor estava tentando isolar o que torna as pessoas grandiosas. O que muda a vida? O que resulta constantemente em progresso? Em outras palavras, como podemos ser melhores?

Realmente surgiu um ponto em comum. Você adivinhou, cada uma dessas pessoas grandiosas — que mudaram o mundo e às quais todos nós gostaríamos de nos igualar — tinha a capacidade ou fez constantemente a escolha de confiar. A maioria confiava, acima de tudo, em Deus, o que lhes dava uma visão das pessoas que eram confiáveis.

Quando pensamos sobre isso, faz muito sentido. Não se pode amar sem confiar. Sem confiança, temos sempre uma barreira protetora e egoísta que inibe o amor. Quando a derrubamos, coisas incríveis podem acontecer. Qual é a barreira que nos faz querer nos proteger e não confiar? Se você disse: "Ah, isso de novo", está certo. É o medo.

Isso significa que todas essas pessoas grandiosas que eram confiantes nunca passaram por coisas ruins que as fizeram querer se proteger? É claro que não. Se você ler sobre Jesus, Gandhi, Abraham Lincoln ou Madre Teresa, logo descobrirá enormes críticas, perseguição, calúnia, ataque — em resumo, o que faz a maioria de nós fechar as portas de nosso coração. Quando fechamos essas portas, tendemos a adotar um estilo de vida que é a base de quase tudo que é destrutivo:

chama-se "controle". Seja nos relacionamentos, na saúde ou na carreira, o controle extremo geralmente leva a uma morte lenta.

Eis um exemplo do mundo da saúde. Tive uma cliente extremamente controladora em relação à sua dieta porque era sensível a muitos alimentos, um problema ligado a uma doença que enfrentara durante anos. Embora não estivesse mais doente, os anos de luta e sofrimento a tinham deixado com um enorme medo de uma recidiva. No que dizia respeito a isso, talvez o alimento fosse a coisa mais fácil de controlar com o comportamento socialmente aceitável de fazer dieta. Um dia eu a vi depois de ela ter se sentido mal durante um longo período. Ao testá-la com uma técnica que uso para descobrir se algo seria positivo ou negativo (uma forma de cinesiologia aplicada), eu a aconselhei a comer um hambúrguer. Quem visse diria que eu lhe sugeri que roubasse um banco ou raptasse uma criança pequena! Ela ficou absolutamente horrorizada. Veja bem, seu sofrimento com a doença estava produzindo nela um medo quase paralisante. Seu único modo de lidar com o efeito paralisante era manter o máximo de controle possível sobre sua vida. Eu realmente não sabia se voltaria a vê-la porque ela ficou muito zangada comigo por sugerir isso, embora eu tivesse sido o mais amoroso e gentil que pude, porque previra que não receberia bem essa sugestão.

No dia seguinte, ela me telefonou parecendo uma colegial eufórica. Contou sua experiência e observou que, literalmente, desde a primeira mordida no hambúrguer, começara a se sentir melhor. Ela precisa comer um hambúrguer todos os dias? Estou dizendo que carne vermelha é boa para sua dieta? Não. Mas naquela situação, por algum motivo, físico, não físico ou ambos, ela precisava comer um hambúrguer. Sem dúvida isso rompeu sua barreira do medo e desde então ela é uma outra pessoa. Ainda tem uma alimentação muito saudável, mas agora não é por medo, mas por amor a si mesma e à verdade. E de vez em quando come um hambúrguer ou toma um sorvete sem nenhum efeito adverso.

Um último exemplo antes de mudarmos de assunto. Talvez você se lembre da história do Quarto Segredo sobre Tracey e eu quando nos casamos. Tínhamos feito tudo que era concebível para estar preparados e formar um par ideal em um casamento maravilhoso, feliz e bastante livre de estresse. Contudo, menos de um ano depois ambos queríamos o divórcio. O principal motivo disso pode ter sido o fato de que tínhamos nossa "imagem" do que queríamos que o casamento fosse e, em grande parte inconscientemente, exercíamos controle um sobre o outro para tentar tornar nossa imagem realidade. Mas como a imagem de Tracey não combinava com a minha e vice-versa, nossos modos de controlar levaram a raiva, frustração, mal-entendidos e, em última análise, desconfiança, em vez de levar a amor e intimidade. Acredito que essa categoria contém os segredos de por que tão poucos relacionamentos correspondem às nossas expectativas. Pouco tempo atrás soube de um dado estatístico de que cerca de 50% das pessoas se divorciam e muitas das que não se divorciam vivem em apatia, infidelidade ou desespero. Na melhor das hipóteses, cerca de cinco casais em cem experimentam a verdadeira intimidade amorosa que todos nós buscamos e desejamos. O motivo está enraizado na Categoria de Confiança/Controle.

Sabendo disso, o sistema físico que faz sentido para essa categoria é o reprodutor. O sexo deve ser o ápice da intimidade amorosa. A intimidade amorosa é movida pelo combustível da confiança. Se você tira a confiança, tudo que tem é sexo sem intimidade. Infelizmente, é isso que a maioria das pessoas tem, e o motivo pelo qual tantas têm problemas sexuais ou procuram um substituto para o sexo. Também é muito comum que mulheres que não conseguem engravidar ou enfrentam problemas de reprodução tenham problemas de confiança e controle. De fato, Tracey sofreu três abortos e não conseguiu engravidar durante anos. Quando ela entregou o controle a Deus, em uma noite de um domingo de maio, nosso primeiro filho foi concebido.

DÉCIMA PRIMEIRA CATEGORIA: HUMILDADE *VERSUS* CONTROLE DA IMAGEM

"Imagem é tudo." Pelo menos, foi o que disse uma campanha publicitária recente. Embora no fundo todos nós saibamos que isso é uma mentira, muitos ainda vivem como se fosse uma verdade inquestionável. O controle da imagem se origina de uma crença em que "Eu não estou bem, e se as pessoas me conhecerem chegarão à mesma conclusão e, por isso, custe o que custar, preciso que elas vejam uma versão fabricada minha em vez de quem realmente sou". Isso se torna tão crucial para algumas pessoas que elas frequentemente lançam mão de todos os meios necessários para projetar certa imagem ou fazer com que os outros pensem nelas do modo "certo". Chamamos isso de manipulação.

Nunca me esquecerei de uma ida à igreja em uma manhã de domingo, com meus pais brigando como cão e gato. Assim que a porta se abriu e o primeiro irmão ou a primeira irmã disse "Como vai?", meus pais se transformaram milagrosamente. Passaram a amar tudo e todos e a estar loucamente apaixonados um pelo outro e por seus filhos. O mundo se tornou um lugar lindo e maravilhoso e o aperto que meu pai deu na mão do pregador e a resposta enérgica "Ótimo!" me deixaram desiludido. De um modo ou de outro, nós nos acostumamos a precisar que as pessoas nos vejam de certa maneira. Acho que, na maioria das vezes, o desejo de ser apreciado começa antes do jardim de infância e continua durante toda a vida. Tudo bem, ele é parte da natureza humana.

O problema é quando isso nos faz despender energia em algo que não é real — imagem. É claro que queremos despendê-la em algo que renda dividendos — substância. Somos quem realmente somos em nossos corações (veja o Sexto Segredo). Se despendermos energia tirando o lixo de nossos corações, obteremos automaticamente o que de fato queremos, que é nos sentirmos bem em relação a nós mesmos. Então, como as outras pessoas se sentem em relação a nós não será problema nosso.

O sistema circulatório, que está no coração (sem pretender fazer um trocadilho) de nosso corpo é o sistema mais diretamente afetado por esses esforços. Quando cedemos à manipulação e ao controle da imagem, prejudicamos nosso coração físico e não físico. Portanto, concentrar-me em meu coração significa abrir mão de muitas coisas externas que me atraem para o caminho errado.

DÉCIMA SEGUNDA CATEGORIA: AUTOCONTROLE *VERSUS* DESCONTROLE

Talvez você já esteja se perguntando se há um conflito entre o título dessa categoria e nossa discussão dos males do controle, algumas categorias atrás. A resposta é não. Eis o porquê.

Sem autocontrole, não podemos amar ou realizar nossos sonhos, e em geral acabamos rapidamente com nossa saúde. Então, qual é a diferença? O autocontrole não deveria ser uma tarefa forçada e árdua como subir uma montanha com roupas molhadas. Deveria ser mais como descer esquiando uma bela montanha com uma neve perfeita. O autocontrole, quando corretamente exercido, é suave e, às vezes, fácil. A diferença é a condição do coração. Se nosso coração estiver com medo, tentaremos controlar para obter o que precisamos e ficar bem. Se, por outro lado, nosso coração está cheio de amor e verdade, tentaremos controlar com amor, alegria e gratidão. Porque já estamos bem.

Essa sempre foi uma categoria importante para mim. Sou o mais novo de três filhos e desde cedo fui muito mimado. Minha mãe era a cozinheira, motorista e secretária de plantão. Em meu último ano na universidade, eu ainda não tinha a menor ideia de como lavar roupa, conferir um extrato bancário ou cozinhar qualquer coisa.

Isso se tornou um grande problema em minha vida. Lembro-me de ter voltado para casa da igreja em uma manhã de domingo, logo depois de Tracey e eu nos casarmos, e enquanto Tracey se esfalfava na cozinha durante uma hora e meia fiquei sentado diante da televisão assistindo ao jogo da semana da Liga Nacional de Futebol com um copo de chá em uma das mãos, um pacote de salgadinhos na outra e o controle remoto no colo. Lembro-me vividamente de ter ficado irritado por Tracey estar fazendo muito barulho com as panelas, porque eu estava tendo dificuldade em ouvir a transmissão de John Madden. Depois de um almoço com todos os meus pratos favoritos, voltei rapidamente para minha cadeira reclinável e fiquei irritado de novo quando o barulho da louça sendo lavada interferiu no jogo. Fiquei irritado pela terceira vez cerca de uma hora depois, quando Tracey teve a audácia de me incomodar nos momentos finais e emocionantes do jogo com o aspirador de pó. Agora me envergonho disso, mas naquela época era assim que eu estava programado. Aquela preguiça e sensação de direito adquirido são questões críticas na Categoria do Autocontrole.

O sistema musculoesquelético é o sistema mais diretamente afetado pelas questões de autocontrole. É absolutamente impressionante obter relatos de clientes sobre problemas musculoesqueléticos curados quando foram resolvidas as questões do coração de preguiça, sensação de direito adquirido, desamparo, justiça etc.

JUNTANDO TUDO ISSO

Agora que você entende um pouco como o sistema dos Códigos da Cura trata os sintomas físicos e não físicos das questões do coração, deixe-nos mostrar como usar essa informação para se curar agora e pelo resto da sua vida.

Primeiro passo. Sugerimos que você comece usando o Código da Cura trabalhando no problema que o incomoda mais. Siga os passos sugeridos na página 192. Identifique a emoção por trás do que o incomoda (medo, desesperança, raiva, ansiedade, desamparo etc.). Avalie seu problema (de 1 a 10). Veja se surgem memórias de outra época em sua vida em que teve os mesmos sentimentos, mesmo se a situação for totalmente diferente. Avalie essa memória em termos do quanto o incomoda agora. Inclua na oração a memória ou as memórias que vierem à tona, junto com seu problema atual. Faça o Código. Depois reavalie a memória. Continue a trabalhar nessa memória mais antiga ou forte até sua avaliação ser abaixo de 1 e até que você fique totalmente em paz quando se lembrar dela. Então trabalhe nas outras memórias que ainda tenham uma "carga", começando pela mais antiga ou mais forte, até todas serem zeradas ou que sua avaliação seja 1.

Segundo passo. Use o Descobridor de Questões do Coração. Essa ferramenta de avaliação se encontra em www.thehealingcodebook. com (em inglês). Depois de responder às perguntas, receberá imediatamente um relatório personalizado de 10-15 páginas mostrando seus pontos nas 12 Categorias de Questões do Coração.

Esse relatório apontará as questões do seu coração no momento em que obteve a avaliação. Comece pela categoria em que obtiver a menor pontuação. Fique atento a quaisquer memórias e sentimentos/crenças que surjam. Avalie entre 0 e 10, faça o Código e trabalhe nisso até a emoção ficar abaixo de 1, do mesmo modo como no Primeiro Passo. Esta pode muito bem ser a fonte oculta do problema em que trabalhou no Primeiro Passo.

Depois de trabalhar em sua pior pontuação indicada pelo Descobridor de Questões do Coração, trabalhe na próxima pior pontuação (ou o problema que o incomodar mais, se outra coisa tiver surgido). Continue a trabalhar com o Descobridor de Questões do Coração até ter tratado de todos os seus problemas como a pontuação indicou. Você pode usar essa ferramenta quantas vezes quiser, e recomendamos que use. Isso não só lhe permitirá saber que problemas mais precisam ser curados em um determinado momento como também avaliar seu progresso nas várias categorias.

Terceiro passo. Depois que você descobrir seus pontos fracos usando o Descobridor de Questões do Coração, trabalhe nas 12 Categorias deste capítulo, uma por dia. Isso garantirá que tratará de todas as questões (lembre-se de que 90% da fonte de seus problemas são inconscientes). Você pode continuar com esse programa de "manutenção" pelo resto da sua vida. Quando um problema surgir, volte aos Passos 1-3 e continue a curar a fonte de seus problemas.

CURA TOTAL À FRENTE

Agora você tem nas mãos a chave para o que acreditamos ser o sistema de cura mais poderoso descoberto até hoje. Tem o Código da Cura Universal que funciona para todos, em qualquer situação. Tem acesso ao Descobridor de Questões do Coração para guiá-lo na avaliação de suas questões do coração e saber como priorizar sua resolução. Tem as 12 Categorias com as quais usar o Código da Cura para tratar todas as fontes físicas e não físicas de seus problemas.

Porém, adivinhe — sua cura não para por aí!

O Código da Cura e o Descobridor de Questões do Coração lidam com a fonte de seu estresse no nível celular. E quanto ao estresse diário, aquele que vem à mente quando pensamos em estresse? Como aquele quando seu filho tem um ataque de raiva, você fica preso no trânsito ou discute com alguém.

Queremos lhe dar mais uma ferramenta, desta vez para lidar com o estresse situacional de sua vida. No próximo capítulo, você aprenderá como reverter esse tipo de estresse diário — em uma questão de segundos!

CAPÍTULO DOZE

Impacto Instantâneo:
A solução de dez segundos para
o estresse situacional

Sem dúvida você já viu na televisão, na internet, em lojas e quase todos os lugares, anúncios de bebidas (e comprimidos) que lhe darão mais energia quando você precisar. Essa é uma indústria multibilionária.

Esses compostos são feitos com certas vitaminas e ervas que, supostamente, aumentam os efeitos da cafeína que quase sempre contêm. Prometem horas de energia. Mas se você examinar com atenção todos os componentes, verá que esse é outro caso de trocar uma solução de curto prazo (um aumento temporário da energia) por complicações de longo prazo. Até mesmo vitaminas e ervas podem causar efeitos colaterais quando você as ingere em demasia. Algumas bebidas energéticas até mesmo contêm um aviso de quantas latas você pode consumir sem efeitos prejudiciais.

Na verdade, essas bebidas e comprimidos aumentam o estresse no corpo, estimulando-o demais e mascarando a fadiga que deveria levar você a descansar e relaxar, não a ficar mais agitado. A maioria contém açúcar, que refreia o sistema imunológico, ou substitutos do açúcar, que muitos acreditam ser ruim para o organismo.

E se você conseguisse obter um efeito de aumento de energia similar ou maior sem os estimulantes, o custo e a "queda" que sente quando os efeitos do estimulante desaparecem, ou a preocupação com os efeitos colaterais? E se você pudesse obter esse "reforço de energia" sempre que quisesse, em uma questão de segundos, sem o custo ou a inconveniência de comprar algo?

É exatamente isso que o exercício de Impacto Instantâneo fará por você. Sempre que estiver estressado e precisar de mais energia, sempre que emoções negativas ameaçarem acabar com sua paz de espírito, "dê-se um tempo". Dê-se um tempo de dez segundos para lidar com o estresse — novamente, sem mascará-lo tomando estimulantes, o que só aumenta seu nível de estresse fisiológico — *mas chegando à fonte e o eliminando*.

É crucial chegar à fonte do estresse devido aos seus efeitos devastadores no corpo e na mente. Nós lhe demos as ferramentas para curar o estresse no *nível celular,* o tipo de estresse que em geral é ativado inconscientemente. Mas todos nós sabemos que há outro tipo de estresse que é bastante consciente. Vamos examinar de novo esse tipo de estresse, o que é e quando e por que é danoso.

ESTRESSE REVISITADO

O estresse é o modo natural e às vezes apropriado de seu corpo reagir a uma situação que causa medo ou parece opressiva. É necessário para enfrentarmos os desafios da vida.

Ele ocorre quando a mente acredita que estamos em algum tipo de perigo — emocional ou físico. Ocorre quando a mente acredita que não temos a capacidade de lidar com uma situação urgente. Seu corpo bombeia adrenalina para seu sistema a fim de lhe dar um empurrão. Isso é chamado de reação de "luta ou fuga".

Infelizmente para as pessoas na sociedade moderna, essa descarga de adrenalina é física, e deve ser usada para atividade física. Se você não a utiliza lutando ou fugindo, a adrenalina permanece em seu corpo, criando tensão e perturbação emocional. Estresse demais sem alívio pode nos deixar tensos e esgotados, incapazes de cumprir as exigências diárias com o equilíbrio e o pensamento claro que precisamos ter. Nós nos tornamos tensos, irritáveis e cansados, e não conseguimos descobrir por quê.

O ideal seria que apenas as situações que põem em risco a vida desencadeassem a reação de estresse, permitindo-nos agir depressa, pensando menos e com reflexos mais rápidos. Mas hoje essa reação frequentemente é desencadeada por um telefone tocando, um prazo, um chefe, um membro da família ou várias outras situações que não põem a vida em risco. Todos os dias somos constantemente bombardeados com exigências, expectativas e necessidades não supridas. Após estarmos cheios de adrenalina não usada, somos deixados esgotados, com um sistema imunológico funcionando abaixo de sua capacidade e um esgotamento generalizado de recursos físicos, emocionais e espirituais. É aí que podemos ficar tentados a tomar uma bebida energética. Contudo, se fazemos isso, só estamos mascarando o desconforto e acrescentando mais estímulo — estresse — ao nosso corpo.

Assim como as circunstâncias e estilos de vida, os graus em que as pessoas se estressam com acontecimentos e situações variam muito. O que causa medo e opressão a seu vizinho pode não afetar você da mesma maneira. Ainda assim, todos nós temos gatilhos e circunstâncias que não podemos enfrentar tão bem quanto gostaríamos. Isso é chamado de *estresse situacional*.

Algumas das causas comuns do estresse situacional:

Problemas relacionados a trabalho
Insegurança financeira
Medo de fracasso ou de ter mau desempenho
Incerteza quanto ao futuro
Problemas de saúde
Questões familiares
Problemas de relacionamento
Lidar com pessoas negativas
Ter atitudes negativas
Sentir-se desamparado
Autoestima baixa
Perda de algo ou alguém importante

POR QUE SE ESTRESSAR DEMAIS?

Os efeitos a longo prazo do estresse contínuo são perigosos — até mesmo fatais — para a saúde e felicidade.

Como ilustra essa lista muito incompleta de causas comuns do estresse, o estresse situacional está em toda parte. É tão generalizado que afeta nossos relacionamentos, nosso trabalho e nossa capacidade de aproveitar a vida ao máximo. Altos níveis de estresse nos deixam irritáveis e até mesmo furiosos com as pessoas e circunstâncias que nos cercam. Discussões na família e comportamento raivoso no trânsito são dois resultados comuns. Quando não pensamos claramente devido ao estresse, somos ineficientes e cometemos mais erros, o que só aumenta nosso sofrimento. Com o passar do tempo, os níveis de estresse chegam a um ponto em que o sistema imunológico é comprometido, e tendemos a ficar doentes com mais frequência.

À medida que o *estresse situacional* vai aumentando, cria um nível de *estresse fisiológico*. E é o estresse fisiológico que causa quase todas as enfermidades e doenças, como você já aprendeu na Parte Um sobre os Sete Segredos. O estresse interrompe funções importantes em nossas células e, com o passar do tempo, a saúde é prejudicada.

Como já vimos, a reação de luta ou fuga é necessária para salvar nossa vida em emergências, mas não deve ser mantida por longos períodos. O problema é que as pessoas comumente a mantêm por muito tempo. Quando isso acontece, há um resultado inevitável: algo acaba falhando e se revelando como um sintoma. Quando temos vários sintomas, chamamos isso de doença.

O PROBLEMA É O ESTRESSE NÃO ALIVIADO

Mais cedo nos referimos à teoria do "barril de estresse", criada pela Dra. Doris Rapp, considerada por muitos a melhor alergista do mundo. Enquanto nosso barril não está cheio, podemos ter novas fontes de estresse em nossa vida ou nosso corpo e lidar bastante bem com eles, sem que nos afetem negativamente. Quando nosso barril transborda, nossa área física mais fraca se rompe de algum modo. Uma alergia ou doença é simplesmente o ponto em que uma área fraca se rompeu sob a pressão chamada estresse.

Em seu livro *The Single Cause and Cure for Any Health Challenge*, Ray Gebauer, Ph.D., descreve um estudo impressionante sobre os efeitos do estresse não aliviado em ratos:

"Quando os ratos são colocados em uma rede elétrica e recebem choques muito leves, não são afetados *desde que lhes seja dado tempo suficiente para se recuperarem do estresse dos choques.* Mas se esses choques leves são frequentes demais, os ratos não conseguem se recuperar desse estresse inofensivo e morrem de velhice em alguns dias. Embora cada choque elétrico em si seja inofensivo, *o efeito cumulativo do estresse frequente* sem tempo suficiente para recuperação *faz o corpo simplesmente desistir e morrer.*"

As consequências desse estudo para as pessoas são bastante claras:

QUANDO NÃO TEMOS TEMPO SUFICIENTE PARA NOS RECUPERARMOS DE CADA ACONTECIMENTO ESTRESSANTE ANTES DE O PRÓXIMO OCORRER, NOSSAS CÉLULAS PERMANECEM FECHADAS, NOSSOS CORPOS ENVELHECEM E MORREMOS ANTES DE TER CHEGADO A NOSSA HORA.

Alguns efeitos comuns do estresse situacional:

Insônia
Tensão 0210e ansiedade
Pensamento confuso
Ação ineficiente
Erros aumentados
Irritabilidade
Depressão leve
Hipertensão
Doença cardiovascular
Doença cardíaca
Úlceras
Alergias
Asma
Enxaqueca
Envelhecimento precoce

Precisamos aliviar esse estresse situacional durante o dia de um modo simples, rápido e que não interfira em nossos horários já cheios.

FERRAMENTAS PARA ESTRESSE SITUACIONAL

Ao longo dos anos, foram desenvolvidas várias ferramentas eficazes para ajudar as pessoas a lidar com o estresse situacional. Há *abordagens físicas* como exercícios aeróbicos vigorosos que promovem mudanças cardiovasculares; técnicas de respiração profunda e medicina energética. Tudo isso provou aliviar o estresse situacional. As abordagens não físicas da administração do estresse situacional, sobretudo a oração e a meditação, também se revelaram eficazes. Provavelmente 99% do material de autoajuda disponível se concentra em uma abordagem física ou não física. Raramente é oferecida qualquer combinação.

Contudo, o exercício simples que você está prestes a aprender combina *todos* os elementos comprovados de redução de estresse — físico e não físico — em um exercício poderoso. Nós o chamamos de Impacto Instantâneo. E, sim, só leva dez segundos para ser feito.

O Impacto Instantâneo combina, pela primeira vez, as abordagens conhecidas físicas e não físicas que mais reduzem o estresse. Em apenas dez segundos você pode se sentir tão bem quanto se sentiria após trinta a sessenta minutos de exercícios vigorosos, respiração profunda ou meditação.

Use o Impacto Instantâneo sempre que tiver uma queda brusca de energia ou se sentir estressado durante o dia. Isso interromperá a reação de estresse fazendo com que seu corpo não armazene o estresse, mas se livre dele e o mantenha em equilíbrio.

Para aqueles que gostam de "ir direto ao ponto", eis como fazer o exercício de Impacto Instantâneo. Depois lhe explicaremos por que uma técnica tão rápida e simples é tão poderosa.

COMO FAZER O EXERCÍCIO DE IMPACTO INSTANTÂNEO, PASSO A PASSO

O Impacto Instantâneo leva apenas dez segundos para ser feito, embora, é claro, você possa fazê-lo por mais tempo. A maioria das pessoas sente resultados em dez segundos. Nós recomendamos que você o faça sempre que precisar, mas pelo menos três vezes por dia.

Eis os passos:

1. Avalie seu estresse. Quando você começar a usar o Impacto Instantâneo, concentre-se no nível geral de estresse que está sentindo naquele dia ou momento. O quanto é intenso? O quanto é forte? O quanto está afetando o modo como você se sente? O modo como vê o mundo? Você o sente em todo o seu corpo?

Pedimos que avalie seu estresse em uma escala de 0 a 10, com 0 sendo ausência total de estresse e 10 um nível insuportável de estresse. Quando você avaliar seu nível de estresse antes e depois de fazer o Impacto Instantâneo, terá uma medida de seu sucesso na redução desse nível. Saberá se deve fazê-lo de novo para reduzir ainda mais seu estresse. Saberá quando seu nível geral de estresse começou a diminuir após praticar o Impacto Instantâneo por algum tempo.

2. Junte as palmas das mãos em uma posição confortável. Você pode entrelaçar os dedos, usar uma posição de oração ou qualquer outra — desde que suas palmas fiquem juntas.

3. Concentre-se no estresse que você quer que deixe seu corpo — físico, emocional ou espiritual.

4. Pratique a Respiração de Poder por dez segundos:

- Inspire e expire rápida e profundamente pelo diafragma. Faça isso vigorosamente pela boca. Use seu diafragma de modo a que seu abdômen se mova para fora quando inspirar e para dentro quando expirar. Se você se sentir um pouco tonto, respire do mesmo modo, mas reduza a intensidade.

- Ao praticar a Respiração de Poder, visualize algo positivo. Pode ser o estresse deixando seu corpo, uma cena tranquila ou o que você quiser que seja oposto ao estresse. Por exemplo, se você estiver se sentindo zangado, pode visualizar ou dizer mentalmente *"paciência"*. Ou *paz*. Essa é a parte de "meditação" do exercício.

Sugerimos que você faça isso três vezes por dia. Mesmo se o fizer uma vez, verá resultados. Contudo, recomendamos firmemente que faça esse exercício três, quatro ou mais vezes por dia se quiser reduzir rapidamente seu estresse imediato e baixar seus níveis gerais. Afinal de contas, isso só leva alguns segundos de cada vez — mas você sentirá uma enorme diferença!

Você pode estar se perguntando como um exercício tão simples, rápido e fácil pode remover o estresse e produzir os efeitos de muitos minutos de exercícios intensos ou meditação. Eis como e por que isso funciona.

A ENERGIA DA RESPIRAÇÃO

O Impacto Instantâneo usa uma técnica de respiração chamada Respiração de Poder. *É a Respiração de Poder do Impacto Instantâneo que lhe permite interromper o ciclo de estresse e se sentir em apenas alguns segundos como se sentiria após vinte minutos de exercícios vigorosos combinados e meditação.*

A lei física da inércia afirma que nada muda sem energia suficiente, e a Respiração de Poder cria uma enorme energia fisiológica interna. A Respiração de Poder acrescenta grande força a esse processo — um combustível de alta energia de oxigênio e esforço físico. Assim como o vento é uma fonte primária de energia eólica no mundo, a respiração é nossa fonte pessoal de energia eólica.

Se você praticasse apenas a Respiração de Poder, provavelmente se sentiria mais revigorado e relaxado, e seu humor também melhoraria. Isso é uma técnica por si mesma eficaz e o elemento que torna o Impacto Instantâneo tão rápido e profundo.

A Respiração de Poder trata de um dos efeitos do estresse: respiração rasa. A respiração rasa habitual é um sinal comum de estresse crônico. Começa com incidentes específicos que nos assustam ou alarmam e acaba se tornando um hábito. A respiração rasa crônica é como viver em um estado constante de apreensão.

Em *Conscious Breathing*, o Ph.D. Gay Hendricks, diz: "Quando uma emoção é muito dolorosa, nossa primeira reação é parar de respirar. Esse é um reflexo protetor de luta ou fuga desencadeado pelo sistema nervoso. Logo depois você é inundado de adrenalina e o sistema nervoso simpático, que controla a circulação sanguínea, entra em ação, acelerando seus batimentos cardíacos e sua respiração." Em resumo, a respiração rasa é remanescente dessa reação. Algumas pessoas também costumam prender a respiração quando realizam até mesmo pequenas tarefas. Toda respiração rasa reduz a quantidade de oxigênio inalada e o dióxido de carbono expelido, e isso leva a estresse no nível celular.

Concentrar-se na respiração várias vezes por dia irá ensiná-lo a se conscientizar mais dela. As respirações pelo diafragma da Respiração de Poder mostram ao seu corpo qual é a sensação de respirar plena e profundamente. Sua respiração será naturalmente mais profunda quando você se concentrar em se livrar do estresse ou em sentir paz. Quando continuar a praticar o Impacto Instantâneo, começará a respirar mais profundamente entre as sessões. Seus pulmões gostarão da sensação da respiração profunda, porque ela é mais natural e saudável. O Impacto Instantâneo deve aumentar gradualmente o volume do seu pulmão, um fator que promove a saúde e possivelmente aumenta a expectativa de vida.

Já em 1981, o jornal *Science News* publicou descobertas do National Institute of Aging sobre função pulmonar e longevidade. Um estudo clínico de trinta anos com 5.200 indivíduos mostrou que a função pulmonar é um indicador confiável da saúde geral e do vigor, e também a principal medida da expectativa de vida. Uma avaliação da função pulmonar pode identificar pessoas que morrerão em dez, vinte ou trinta anos.

Quando você fizer o Impacto Instantâneo, se sentirá mais relaxado e os músculos que controlam ou inibem sua respiração permitirão as plenas inspirações e expirações para as quais seu corpo foi criado.

Logo você se tornará mais consciente de quando não está respirando profundamente. Isso é um sinal de que está estressado e precisa de uma pausa para o Impacto Instantâneo.

Com o uso regular, o Impacto Instantâneo também:

Estimula o sistema cardiovascular.

Aumenta a entrada de oxigênio.

Desintoxica o corpo de dióxido de carbono.

Estimula o sistema imunológico aumentando a energia para o sistema endócrino.

Melhora o funcionamento do sistema linfático.

MEDITAÇÃO

Quando você faz o Impacto Instantâneo, há um aspecto de "meditação" simples em sua concentração no estresse deixando seu corpo. A combinação da Respiração de Poder com a Intenção Focada — concentração no estresse deixando seu corpo — é parte do motivo de o Impacto Instantâneo durar várias horas. Você usa a força da sua respiração para reforçar sua intenção e imprimi-la em sua mente e em seu corpo.

Estudo após estudo provaram e continuam a provar que a meditação reduz o estresse e melhora a saúde fisiológica e psicológica. Está se tornando um fato médico aceito o aumento do bem-estar geral que a meditação produz. Embora o processo não seja totalmente compreendido, pesquisas mostram que a meditação leva a um padrão de onda cerebral alfa, que é um nível de consciência relaxado e tranquilo que promove a cura. Também mostram que os níveis sanguíneos de hormônios e outros compostos químicos presentes no estresse costumam diminuir com a prática regular da meditação. Em todos os Estados Unidos e ao redor do mundo, milhares de médicos, conselheiros e terapeutas recomendam para seus clientes várias técnicas de meditação como parte da cura e uma prática diária regular.

Pode ser surpreendente saber que a profissão médica — geralmente tão conservadora — recomenda uma prática que as pessoas consideram espiritual. É verdade que a meditação é definida principalmente como uma forma de contemplação espiritual. Usando várias técnicas, as pessoas meditam há milhares de anos para elevar seu nível de consciência espiritual.

Mas a meditação não tem de modo algum um objetivo espiritual. Todo o seu objetivo pode ser simplesmente mudar o cérebro do modo de estresse para o modo de paz. O Impacto Instantâneo incorpora a meditação induzindo uma bem-documentada "reação de relaxamento" que estimula áreas particulares do cérebro.

Um estudo conduzido por Jon Kabat-Zinn, Ph.D., neurocientista da University of Massachusetts Medical School, descobriu que a meditação muda a atividade cerebral do córtex frontal direito, que fica mais ativo quando a pessoa experimenta estresse, para o córtex frontal esquerdo, que fica mais ativo quando ela está calma. Essa mudança reduz os efeitos negativos não só do estresse como também da depressão leve e ansiedade.

Estudos do Dr. Adrian White na University of Exeter produziram resultados similares ao mostrar que pessoas que meditam têm uma maior atividade elétrica na área do córtex frontal, o que indica que experimentam menos ansiedade e um estado emocional mais positivo. A meditação também reduz a atividade na amígdala, onde o cérebro processa o medo.

Em outras palavras, a meditação, literalmente, muda o foco do medo e da ansiedade para a paz. Quando você faz o Impacto Instantâneo e visualiza o estresse deixando seu corpo ou uma cena tranquila, muda suas ondas cerebrais de estresse para paz.

MEDICINA ENERGÉTICA: USANDO AS MÃOS

Como você aprendeu com o Código da Cura, há um poder curativo nas mãos. Quando junta as palmas, está usando a energia em suas mãos para aliviar o estresse. Mais uma vez, essa é uma técnica muito simples, porém poderosa, que promove a redução do estresse geral.

O IMPACTO INSTANTÂNEO E O CÓDIGO DA CURA TRABALHAM JUNTOS

Há situações estressantes que são tão complexas e provocam tantas emoções negativas que fazer o Impacto Instantâneo só alivia o estresse muito brevemente. É preciso o Código da Cura para alcançar as memórias celulares e crenças erradas que estão causando a reação a essas situações.

De igual modo, há ocasiões em que o Código da Cura não alivia o estresse da vida diária. Esse estresse consciente ou até mesmo medo torna mais difícil a ação do Código da Cura. Torna mais complicado para nós relaxar e deixá-lo trabalhar. Antes de tudo, torna mais difícil fazê-lo! Quando nos livramos do estresse situacional e da resistência com o Impacto Instantâneo, isso parece preparar o caminho para o Código da Cura. É mais fácil fazer quase tudo ao usar o Impacto Instantâneo. Em apenas dez segundos, esse exercício remove uma alta porcentagem da resistência à cura.

O Código da Cura funciona mais rápido e melhor quando não estamos combatendo ao mesmo tempo o estresse situacional. Em outras palavras, o Código da Cura faz coisas diferentes e complementares ao Impacto Instantâneo. Você precisa de ambos para alcançar a saúde ótima.

Recomendamos que você faça o Código da Cura três vezes por dia e "dê-se um tempo" com o Impacto Instantâneo três vezes por dia também. Isso representa 18 minutos e meio por dia — um pequeno investimento com grandes resultados para sua saúde, seus relacionamentos e o sucesso.

Agora você tem ferramentas para lidar com o estresse no nível celular e situacional. Por mais que elas sejam maravilhosas e úteis para eliminar o estresse na fonte, acreditamos que há outros componentes de uma vida equilibrada e saudável.

TENDO UMA VIDA EQUILIBRADA E ABENÇOADA

Eis mais algumas sugestões importantes para você ter uma vida mais equilibrada, saudável (mente, corpo e espírito) e gratificante — o tipo de vida abençoada pela qual todos ansiamos.

Espírito. O primeiro e mais importante componente de uma vida saudável é desenvolver um relacionamento pessoal com Deus. De fato, acreditamos que se você curar sua vida, mas não desenvolver um relacionamento amoroso com o Criador, nunca terá aquilo de que precisa mais — amor incondicional. Por isso, o encorajamos a buscar Deus e o amor abundante Dele acima de tudo. O Código pode curar você física e emocionalmente, ajudá-lo a se tornar mais bem-sucedido em termos desta vida. Mas não faz nada pelo seu destino eterno, que é o mais importante de tudo. Por isso, recomendamos firmemente que não negligencie esse passo.*

Estilo de vida. Além de fazer o Código da Cura e Impacto Instantâneo, você precisa desenvolver um estilo de vida saudável. Há muitos modos conhecidos de manter a saúde e cura. Incluem ingerir alimen-

---

* Para mais sobre nossas crenças espirituais, veja "Uma palavra sobre nós e nossa filosofia".

tos nutritivos, limitar os não saudáveis, beber muita água pura, respirar ar puro, tomar vitaminas e minerais, fazer exercícios, repousar bastante, passar tempo com pessoas que você ama e muitos, muitos outros. Você definitivamente não pode ter uma vida equilibrada se negligenciar esses fatores, portanto, não faça isso.

O estresse afeta a hidratação e a respiração. A desidratação é o contribuidor físico mais comum para o estresse fisiológico, seguido pela oxigenação insuficiente. Apenas beber de seis a oito copos de água por dia e respirar profunda e plenamente pode melhorar sua memória e seus níveis de energia, e reduzir a fadiga e as dores em geral. A importância disso para a saúde não pode ser suficientemente enfatizada. O uso regular da Respiração de Poder no Impacto Instantâneo melhorará os níveis de oxigênio em seu sangue.

Conflito consciente. Como já foi mencionado, conflito consciente é quando você vivencia continuamente algo em que não acredita. Descobriu-se que é a principal causa da desaceleração da cura porque cria estresse constante. Se você não está obtendo os resultados que gostaria do Impacto Instantâneo ou do Código da Cura, procure sinceramente conflito consciente em seu coração. Lide com os problemas assim que se conscientizar deles. Deixe-os ser o foco de seu trabalho do Código da Cura.

Monólogo interno. É o que chamamos de "plantar semente podre". Em seu livro *Love the Life You Live*, o Dr. Neil Warren cita pesquisas que mostram que normalmente a pessoa diz para si mesma 1.300 palavras por minuto. Essas palavras são pinceladas que pintam imagens em nosso coração. Esses pensamentos são sementes que plantamos em nosso coração, que crescem e dão frutos.

Se você planta constantemente novas imagens e crenças destrutivas enquanto faz o Código da Cura ou Impacto Instantâneo, obviamente "enche o barril" e impede os efeitos curativos. Pense conscientemente e concentre-se na verdade, no amor e respeito por si mesmo e pelos outros e em tudo que for útil e curativo. Você vai gostar do que está plantando hoje quando crescer e der frutos? Se não for, plante boas sementes agora! Isso é vital para o sucesso a longo prazo.

NOSSO DESAFIO E APELO

Neste livro fizemos algumas promessas muito corajosas.

Dissemos que uma técnica simples, que você pode aprender em cinco minutos e fazer em seis, é capaz de tratar a fonte de toda a saúde e todos os problemas de relacionamento ou sucesso/desempenho que possa ter.

Dissemos que um exercício de respiração/meditação de dez segundos pode fazer você se sentir tão bem quanto se tivesse se exercitado e/ou meditado por vinte minutos.

Por isso, lançamos o desafio: prove que estamos errados!

Vá em frente e faça esses exercícios regularmente. Para o Código da Cura, um mínimo de seis minutos por dia, duas a três vezes por dia. Essa é a sua prescrição.

Para lidar com o estresse situacional, faça o Impacto Instantâneo conforme necessário, três a quatro vezes por dia.

Se isso realmente não funcionar para você, escreva para nós! (Se funcionar, também escreva. Adoraríamos conhecer sua história.)

O único modo de essas técnicas não funcionarem é você não usá-las.

Tendo dito isso, se você estiver fazendo o Código e se sentir emperrado, ou quiser resultados mais rápidos, há outro nível, o sistema dos Códigos da Cura, que tende a ser mais poderoso porque é mais específico para determinadas questões. É possível registrar seu livro em www.thehealingcodebook.com (em inglês), para obter mais informações sobre todo o sistema.

Mas o que você tem agora vai equipá-lo para lidar com as questões do coração e o estresse situacional pelo restante da sua vida.

Preste atenção, se você ouvisse falar em uma pílula que curaria qualquer sintoma físico que tivesse, melhoraria seus relacionamentos, removeria quaisquer bloqueios para o sucesso para poder aproveitar o que quer que o sucesso signifique para você...

E se disséssemos que sempre que você precisasse disso, para si mesmo, sua família ou seus amigos, nós enviaríamos, de graça?

Você não encomendaria imediatamente um vidro? Não encomendaria para seus amigos, parentes e colegas?

Bem, sentimos muito — isto não é um remédio! Se fosse, provavelmente teríamos um produto de 1 bilhão de dólares em nossas mãos. (Foi o que nos disseram.)

Pedimos desculpas por não podermos lhe vender um remédio. Em vez disso, vendemos um livro. Meras informações. Mas informações que você pode usar para si mesmo, sua família, seus amigos. Duas técnicas simples que a esta altura você, sem dúvida, já aprendeu e pode usar para tratar qualquer questão do coração, pelo resto da sua vida.

Nosso desafio para você é provar que estamos errados.

Nosso apelo é que *use essas ferramentas* (embora não estejam em forma de um comprimido ☺).

E mais uma coisa...

PASSE ADIANTE!

Para nós dois, os Códigos da Cura são muito mais do que um negócio. Como disseram certa vez os Blue Brothers: "Estamos em uma missão de Deus!"

Queremos ver a cura ser levada para o mundo. É por isso que escrevemos este livro. Por favor, depois que lê-los e souber como fazer o Código e o Impacto Instantâneo e onde acessar o Descobridor de Questões do Coração, empreste este livro para outra pessoa que precise dele. Ensine as técnicas para um amigo durante o almoço. Se o Código da Cura e o Impacto Instantâneo o ajudaram, fale aos outros sobre isso!

Ajude-nos a espalhar a cura para o mundo. Deus sabe que todos nós precisamos dela!

Que Deus o abençoe e guie em sua jornada de cura!

INDO MAIS FUNDO...

Uma palavra sobre nós e nossa filosofia

Fomos a dezenas de seminários, palestras e workshops ao longo dos anos. Lemos centenas de livros na escola de pós-graduação, para programas de treinamento ou apenas por lazer. Sempre gostamos imensamente quando os palestrantes falam sobre aquilo em que acreditam, especialmente em relação à sua espiritualidade e visão do mundo.

Achamos que você poderia gostar de saber disso sobre nós.

Em poucas palavras, somos seguidores de Jesus. Acreditamos em um Deus único, seu filho Jesus e seu Espírito Santo que vive em nós, e em sua palavra escrita, a Bíblia. Acreditamos que Deus é o único ser no universo incapaz de qualquer coisa exceto o amor — porque Ele *é* amor. Acreditamos que Deus sabe e se importa com cada lágrima que cai de cada pessoa na Terra.

Eu (Alex) cresci sendo ensinado que Deus era mesquinho, vingativo e egoísta, pelo menos é disso que me lembro. Precisei de muitos anos para superar minha educação religiosa. Finalmente percebi que a Bíblia não retrata Deus como me ensinaram. A Bíblia é uma carta de amor. Realmente contém instruções sobre o que devemos e não devemos fazer, mas o manual do meu DVD também contém. Essas são instruções amorosas do Criador sobre como viver com amor, alegria e paz.

Acreditamos que Deus chama os indivíduos para certas tarefas a fim de espalhar seu amor. Para nós, o que estamos fazendo não é principalmente um negócio, mas uma missão. Acreditamos que Deus nos chamou para a missão de ajudar os que sofrem por meio do amor. Um pouco disso pode ser feito através dos métodos de cura maravilhosos que vendemos.

Parte de nossa missão pode ser realizada através da doação do dinheiro gerado por esses produtos para programas com uma missão semelhante à nossa.

Atualmente, nossa principal obra de caridade é um programa na América do Sul para crianças de rua de 2 a 12 anos. Elas são tiradas da rua, recebem um lar, são alimentadas, vestidas, ensinadas sobre o amor de Deus e aprendem um ofício. Em resumo, recebem sua vida de volta.

Portanto, em poucas palavras, é nisso que acreditamos. Se você quiser saber mais sobre nossas crenças, sinta-se à vontade para entrar em contato conosco em www.thehealigcodebook.com (em inglês). Se desejar informações sobre como ajudar essas crianças de rua, ficaremos felizes em lhe dizer.

Obrigado, e que Deus o abençoe!
Alexander Loyd e Ben Johnson

Este livro foi composto na tipografia Chaparral Pro,
em corpo 11,5/15,6, e impresso em papel off-white
no Sistema Digital Instant Duplex da
Divisão Gráfica da Distribuidora Record.